U0498599

利用上合组织与CAREC机制
推进新疆与中亚区域经济合作研究

陈闻君 黄佛君 石 岚/著

西南财经大学出版社

中国·成都

图书在版编目(CIP)数据

利用上合组织与 CAREC 机制推进新疆与中亚区域经济合作研究/陈闻君,黄佛君,石岚著 . —成都:西南财经大学出版社,2022. 6

ISBN 978-7-5504-5301-2

Ⅰ.①利…　Ⅱ.①陈…②黄…③石…　Ⅲ.①"一带一路"—国际合作—区域经济合作—研究—新疆、中亚　Ⅳ.①F127. 45②F125. 536

中国版本图书馆 CIP 数据核字(2022)第 055405 号

利用上合组织与 CAREC 机制推进新疆与中亚区域经济合作研究

Liyong Shanghe Zuzhi yu CAREC Jizhi Tuijin Xinjiang yu Zhongya Quyu Jingji Hezuo Yanjiu

陈闻君　黄佛君　石岚　著

策划编辑:孙婧
责任编辑:李思嘉
责任校对:李琼
封面设计:墨创文化
责任印制:朱曼丽

出版发行	西南财经大学出版社(四川省成都市光华村街55号)
网　　址	http://cbs. swufe. edu. cn
电子邮件	bookcj@ swufe. edu. cn
邮政编码	610074
电　　话	028-87353785
照　　排	四川胜翔数码印务设计有限公司
印　　刷	四川五洲彩印有限责任公司
成品尺寸	170mm×240mm
印　　张	13. 75
字　　数	290 千字
版　　次	2022 年 6 月第 1 版
印　　次	2022 年 6 月第 1 次印刷
书　　号	ISBN 978-7-5504-5301-2
定　　价	78. 00 元

1. 版权所有,翻印必究。

2. 如有印刷、装订等差错,可向本社营销部调换。

前言

　　"一带一路"倡议提出后，2014年中央新疆工作会议召开，提出新疆长治久安的总目标，并明确了新疆丝绸之路核心区的定位。2020年召开第三次中央新疆工作座谈会，强调坚持依法治疆、团结稳疆、文化润疆、富民兴疆、长期建疆，努力建设新时代中国特色社会主义新疆的治疆方略，赋予了新疆新的发展内涵。近年来，随着中国向西开放的力度不断加大，上海合作组织（SCO，以下简称"上合组织"）从安全合作领域不断向经济和人文领域拓展，对包括中亚在内的成员国的影响力不断扩大，亚洲开发银行（以下简称"亚行"）倡导的中亚区域经济合作（CAREC）机制对中国（新疆）与中亚区域经济合作的助推力量也不断增强，"一带一路"倡议无疑为充分利用上合组织和CAREC机制、推进中国（新疆）与中亚的区域经济合作带来了新的机遇，也有了整合力量、构建协同机制的可能。理念的契合、基础设施互联互通建设、能源及新能源合作和投资贸易便利化等一致目标，均为中国（新疆）与中亚区域经济合作提供了前所未有的新平台和更丰富的国际资源，为充分利用上合组织与CAREC的合作机制深化中国（新疆）与中亚区域经济合作提供了一个新的研究视角。

　　本书立足于"一带一路"倡议的中国智慧和中国（新疆）与中亚区域经济合作的长期进程和广阔前景，通过系统的文献研究、资料汇总、数据统计、比较研究等多种方法，以相关理论为依据，在新的背景下系统地梳理总结了上合组织与亚行倡导的CAREC机制发展的宗旨目标和未来战略，系统地梳理总结了二者的发展沿革、目标进度、资源优势，并进行了比较研究。本书还分析了在中国（新疆）与中亚区域经济合作过程中对于国际合作组织的响应和平台的运用，面临的机遇和取得的进展，全面阐述了两个机制发展的战略和中国（新疆）在中亚区域经济合作中的需求对接，研究了中国（新疆）与中亚区域经济合作的模式，分析提出了上合组织与 CAREC 双效合作机制下中国（新疆）与中亚区域经济合作的新路径，及在亚洲基础设施投资银行（以下简称"亚投行"）平台下合作机制的新拓展，最后提出了"一带一路"倡议的点轴连接作用，以及与上合组织和 CAREC 机制整合构建协同合作机制的新思路。

作者

2022 年 3 月

目录

第一章 导论

"一带一路"倡议提出后，2014 年中央新疆工作会议召开，提出新疆长治久安的总目标，并明确了新疆丝绸之路核心区的定位。2020 年召开第三次中央新疆工作座谈会，强调坚持依法治疆、团结稳疆、文化润疆、富民兴疆、长期建疆，努力建设新时代中国特色社会主义新疆的治疆方略，赋予了新疆新的发展内涵。近年来，随着中国向西开放的力度不断加大，上合组织从安全合作领域不断向经济和人文领域拓展，对包括中亚在内的成员国的影响力不断扩大，亚行倡导的 CAREC 机制对中国（新疆）与中亚区域经济合作的助推力量也不断增强，为如何充分利用上合组织与 CAREC 的合作机制深化中国（新疆）与中亚区域经济合作提供了一个新的研究思考和机制探索的方向。

一、研究动态及价值

（一）国外研究述评

区域经济合作机制的发展在较大程度上改变了原有的世界经济格局，推进了全球化进程。到 2017 年，向 WTO 告知的区域贸易协定（RTA）数量已达到 659 个，已经生效的有 445 个。在中亚区域经济合作问题上的研究成果较为丰富，相关性与借鉴性较强的有对亚太经济合作组织（APEC）、CAREC 以及上合组织的研究。

较早期的日本研究者山泽逸平（2001）、海尔曼（2001）认为，APEC 应努力提升和优化区域经济与金融合作机制制度设计，还需要构建安全方面的合作机制，不应无视经济繁荣与政治安全的相互关系①。上合组织属于现阶段研

---

① 山泽逸平. 亚洲太平洋经济论：21 世纪 APEC 行动计划建议 [M].范建亭，施华强，姜涛，译. 上海：上海人民出版社，2001；黑塞，姚保琮. 论年龄 [J]. 中华散文，2001（2）：49-50.

究热点。科米辛娜、库尔托夫（2005）较早地对其成立过程、今后的发展前景及对上合组织背景下的中亚经济合作问题进行了比较翔实的梳理和分析①。近年来俄罗斯研究者对于中亚区域合作问题进行了众多探讨，其中有代表性的学者是马拉特（2010）、弗拉基米尔·帕拉莫诺夫（2012），他们在多篇文章中就中国和上合组织的关系应如何利用以解决众多问题、中亚国家的相互协作以及中亚的新联合关系进行了广泛的研究②。很多俄罗斯学者认为制定上合组织的经济机制有很突出的意义，有一部分俄罗斯和中亚国家的研究者认为区域经济合作和推动持续性的经济改革应该彼此连接，不赞成将上合组织推动的区域经济合作关系单纯地演变为资源与市场之间的交换契约。

在覆盖中亚地区的各种经济合作机制中，亚行所倡导的中亚区域经济合作（CAREC）机制是较为重要的一个，在一些核心领域取得了重大的发展。很多俄罗斯学者对于 CAREC 机制的研究主要体现在利用此机制推动中亚与俄罗斯解决一体化、亚行的投资方向以及交通能源领域的开发等。但是对于亚行推动的合作机制评价研究相对较少。早期的赫希（2002）和尤西（2008）认为亚行在地区治理中存在一些短视行为，认为亚行需要把可持续发展作为长远的目标，援助开发应该和保护环境相关联③。

亚行于 1997 年制定的《中亚区域经济合作综合行动计划》中许多内容与上合组织成员国间的经济合作项目有相似甚至衔接之处。综合来看，国际上对区域经济合作机制的研究主要聚焦于探讨具体合作组织及其运行机制的建立完善和推进，探索区域性经济合作机制的协同创新，各种国际合作组织间的资源优化协同推进合作的研究还很鲜见。

（二）国内研究综述

中亚地区是一个地理位置非常重要、资源非常丰富的地区，但由于各种原因现阶段发展缓慢，需要大量开发资金和其他组织的援助。亚行倡导的 CAREC 和中国主导的上合组织是这一地区主要的合作组织机制，如何充分利用好两种机制提供的战略平台和资源互补优势，推动中国（新疆）作为"一

---

① 科米辛娜，库尔托夫. 上海合作组织：新现实的形成［M］. 上海：上海人民出版社，2005.

② 帕拉莫诺夫. 中国与上合组织：如何解决不断增加的问题以及广泛利用可能性？［EB/OL］.［2012-07-13］. http://www.ceasia.ru/.

③ 赫希，皮军. 环境政治学：反对与合法性［J］. 南洋资料译丛，2002（1）：83-92；谢菲. 柔韧：麻省理工学院供应链管理精髓［M］. 杨晓雯，译. 上海：上海三联书店，2008.

带一路"核心区与中亚国家的区域经济合作发展，争取更多中国在中亚的利益并为"一带一路"的共同建设探索新的合作机制和路径，是需要重点关注与研究的问题。

1. 关于上合组织与 CAREC 机制的比较研究

对于上合组织和 CAREC 机制，分别研究两种机制的作用及其对区域的影响，内容很丰富，但对于两个合作平台协调互补推进中国（新疆）与中亚区域经济一体化进程的研究，虽有所涉及但远没有形成系统。比较有代表性的是赵常庆（2009）研究了亚行与中国和上合组织的关系，指出亚行《中亚区域经济合作综合行动计划》确定的"四根支柱"与上合组织框架内中国和中亚五国间的合作领域基本是重叠的。因此建议各个合作组织通过配合协调优化资源配置产生出更高的效益①。李道军等（2011）比较了中国与中亚区域经济合作的两种作用机制，指出上合组织和 CAREC 存在较强的资源互补，建议充分利用好两个合作组织，建立以中国（新疆）为主体的与中亚国家区域经济合作更加合理的机制，推进和巩固中国（新疆）与中亚区域经济合作中能够获得的利益②。

关于"一带一路"倡议的研究有众多文献，但本书关注的是"一带一路"倡议与上合组织和 CAREC 如何能够形成合力，能否搭建协同合作机制，在区域经济合作的国际实践中走出一条新的加快区域经济一体化之路。在这个协同机制方面，国内有为数不多的文献涉及。马莉莉（2017）③、韩璐（2019）④、王树春和刘思恩（2018）⑤、卢山冰等（2018）⑥ 均从上合组织与"一带一路"倡议对接角度探索了上合组织平台和"一带一路"倡议的契合协同问题，涉及从协同理论视角对于中国主导和倡议的两个平台，如何相互扶持和相互补充更好推进共同目标建设。而对于 CAREC 和"一带一路"倡议的对接以及协同

① 赵常庆. 亚洲开发银行《中亚区域经济合作综合行动计划》与中国和上海合作组织的关系［J］. 俄罗斯中亚东欧市场，2009（5）：1-5.
② 李道军，胡颖. 中国新疆参与中亚区域经济合作的机制比较与启示［J］. 新疆社会科学，2011（3）：54-58.
③ 马莉莉. "一带一路"建设中发挥上海合作组织平台的作用［J］. 海外投资与出口信贷，2017（2）：42-45.
④ 韩璐. 上海合作组织与"一带一路"的协同发展［J］. 大陆桥视野，2019（4）：60-65.
⑤ 王树春，刘思恩. "一带一路"建设与上海合作组织合作路径探析［J］. 俄罗斯东欧中亚研究，2018（5）：106.
⑥ 卢山冰，易苗，平菲. 上海合作组织有效助力"一带一路"倡议的思考［J］. 金融经济：下半月，2018（1）：3-5.

研究比较鲜见，目前只有胡颖（2016）[①]、王世钰（2017）[②] 等少量文献研究了 CAREC 与"一带一路"倡议如何实现平台的对接并相互补充形成合力，提出了协同的思想，但未进行进一步研究。对于"一带一路"倡议的框架在此区域合作方面结合上合组织和 CAREC 等合作组织，借助亚投行的平台完成协同机制的构建，找到共振的核心，实现区域经济合作的发力提升的研究尚无人涉及。本书尝试性进行初步探索。

国内在上合组织和 CAREC 的两种机制比较研究方面有一些理论探索和成果积累，并且有一定共识建议，两种机制可以互补性合作并进行机制创新。对于不同合作机制如何进行对接联通，如何搭建一个协同机制或者更优化的平台尚无较为完善的成果，还需要填补空白。

2. 中国（新疆）与中亚区域经济合作研究综述

学术界关于中国（新疆）与周边国家开展区域经济合作提出过很多概念，有"中亚自由贸易区""中亚经济圈""缘西边境国际经济合作带""环新疆经济圈"等。CAREC 把中国（新疆）纳入中亚经济圈。近 10 年来大量的文献提出建立中亚五国与中国（新疆）自由经济区的设想，如王海燕（2010）研究了双方面地缘政治和经济关系[③]。于宏君（2007）等人又提出建立"环新疆经济圈"的思考，将中国（新疆）与中亚五国、俄罗斯等 13 个经济体纳入整个中亚的区域范围中，研究这个范围内的中国（新疆）主体功能区建设问题[④]。高志刚（2010）、柴利（2006）建议由各方地方政府出面，建立健全对话机制，内容包括"中亚次区域经济合作与发展论坛"和"中亚次区域城市经济合作市长论坛"等，提出建立中国（新疆）与中亚国家区域经济合作平台的思路[⑤]。刘晏良（2006）、陈德峰（2008）、秦放鸣等（2012）众多学者人认为，新疆应当充分利用上合组织平台，发挥已建立的经贸合作机制，为区域投资合作提供金融支持，充分利用与中亚国家得天独厚的条件，大力拓展，进

① 胡颖."一带一路"倡议下中亚区域经贸合作机制比较与对接研究 [J]，北京工商大学学报（社会科学版）.2016（5）：27；胡颖.利用 CAREC 机制促进"一带一路"贸易便利化建设 [J].国际经济合作，2016（4）：39-43.

② 王世钰."一带一路"倡议对接 CAREC 中企面临诸多机遇：专访亚洲开发银行副行长张文才 [J].中国对外贸易，2017（7）：2.

③ 王海燕.中国与中亚国家参与周边区域经济合作机制比较研究 [J].新疆师范大学学报（哲学社会科学版），2010，31（2）：54-62.

④ 于宏君.关于交通管理行政处罚自由裁量权的探析 [D].延吉：延边大学，2007.

⑤ 高志刚.基于三类模式的中国新疆与中亚次区域经济合作平台构建 [J].俄罗斯中亚东欧市场，2010（10）：21-27；柴利.中国新疆与中亚五国人口状况对比分析 [J].农村经济与科技，2006（7）：21-22.

一步加快开放步伐，为推动国际区域经济一体化的实践做出一定的贡献①。

近年来这一方向的研究又有所拓展。玉素甫（2011）、多力坤（2011）提出应将更多的资金投入中国（新疆）与中亚国家合作的基础设施联通中，发挥好上合组织和CAREC两个国际组织的资源优势。胡颖、李道军（2010）研究了中国（新疆）参与中亚区域经济合作的经济效应，认为在大开放背景下中国（新疆）依托上合组织和CAREC平台，参与中亚区域经济合作进程中还存在很多不足，比如合作各方对话机制不足、各参与方对于合作协议的执行力和约束力都还比较弱等，使得区域经济合作的效果不能充分显现②。建议对中国（新疆）与中亚区域经济合作机制高度关注，作为提升区域经济合作效果的切入点。随着习近平"一带一路"倡议问世，中国（新疆）与中亚区域经济合作的战略意义被提到了新高度，引发新一轮研究热点。何茂春、张冀兵（2013）、张春林（2013）等较有代表性的研究表明中亚经济带是"丝绸之路经济带"的核心，其特征表现为国家安全战略的一系列转型。在战略框架上要以上合组织和多机制并进不断推进中亚区域经济的大合作。预示着新疆的战略地位凸显，不论是增长极还是"一带一路"倡议的先锋队，都会对中国经济转型与升级创造新的活力③。

因新疆特殊的地缘与经济优势，学术界对于中国（新疆）与中亚区域经济合作的构想，以及上合组织与CAREC对中国（新疆）的影响和推动作用等方面积累了比较丰富的研究成果，但是如何充分利用两个合作组织的资源优势，协调整合更多合作资源，尤其是借助"一带一路"倡议，发挥中国发起的亚投行的金融支持，以及利用新疆核心区建设机遇发挥出国际平台作用，完善和创新合作机制，推进合作进程以取得实质性的收益，这些方面的研究极少，还有待填补空白和拓展。

---

① 刘晏良. 统筹区域经济发展以新思路加快建设和谐新疆 [J]. 宏观经济研究，2006（10）：14-22，43；陈德峰. 依托上海合作组织促进新疆与中亚区域经济一体化进程 [J]. 新疆金融，2008（5）：19-22.；秦放鸣，张力民，毕燕茹. 从投资角度看中国与中亚国家区域经济合作 [J]. 开发研究，2012（2）：1-5.

② 胡颖，李道军. 新疆参与中亚区域经济合作的经济效应分析 [J]. 新疆财经，2010（4）：41-46.

③ 何茂春，张冀兵. 新丝绸之路经济带的国家战略分析：中国的历史机遇、潜在挑战与应对策略 [J]. 人民论坛·学术前沿，2013（23）：6-13；张春林. 丝绸之路经济带框架下促进新疆对外开放与经济发展的建议 [J]. 中国经贸导刊，2013（33）：16-19.

（三）研究价值与意义

1. 理论意义

"一带一路"倡议提出后，2014年中央新疆工作会议召开，明确提出新疆长治久安的总目标，并给予了新疆丝绸之路核心区的认定，赋予了新疆新的定位和发展方向。近年来，随着中国向西开放的力度不断加大，上合组织以及亚行倡导的CAREC机制对中国（新疆）的关注和推进的合作越来越多。因此，研究CAREC部长级会议宗旨及上合组织的运行机制，探索新形势下如何优化中国（新疆）与中亚区域经济合作的新平台和更高合作效率的新机制，必将对新疆的区域经济发展有着非常重要的理论研究意义，也为国家向西开放、"一带一路"倡议的务实推进及相关政策的制定提供研究参考。

2. 实践价值

中国（新疆）与中亚各国的贸易往来构成了中国（新疆）经济发展的重要组成部分。针对中亚在国际格局中的显要位置及价值，中国无法忽视其战略合作利益。上合组织的中期发展战略将能源、通信、金融、农业四大领域作为经济合作的聚焦方向，"一带一路"倡议的提出预示着中国与中亚之间除了经贸方面还包括很多制度安排、政府之间的协调等多方的协作。"丝绸之路经济带"是中亚国家特殊地缘优势、充当东方和西方桥梁作用的体现，也意味着中国（新疆）和中亚国家的区域经济合作走入新的历史时期。研究利用"一带一路"倡议与上合组织和CAREC协同机制推进区域经济合作是一个多赢的举措，应用价值更加重大。因此，新疆应发挥自身优势，利用好上合组织与CAREC的国际平台资源，与"一带一路"倡议相互支撑、相互补充实现新疆长治久安的总目标，无疑具有深远的实践意义。

二、主要内容、观点、方法和创新

（一）研究内容及思路

本书研究内容共包括七个部分。第一部分主要是理论研究和框架设计；第二部分为背景研究，对最新形势和政策导向明确把握；第三部分是对上合组织与中亚区域经济合作的研究，厘清上合组织的发展进程及面向中亚区域的合作优劣势；第四部分是对CAREC机制的研究，厘清CAREC机制以及亚行主导的发展进程和面向中亚区域经济合作的平台资源；第五部分对中国（新疆）与中亚区域经济合作现状和进程，包括对取得的成果、合作的优劣势进行了研究；第六部分是对上合组织和 CAREC 两个合作平台进行比较研究，厘清两者的关联度和双效合作的现实基础，对于中国（新疆）与中亚区域经济合作需求对接，以及相应的推进作用；第七部分是对中国（新疆）与中亚区域经济合作面临的新平台、新的机遇进行整合分析，提出构建协同合作机制的建议。

本书内容框架如图 1-1 所示。

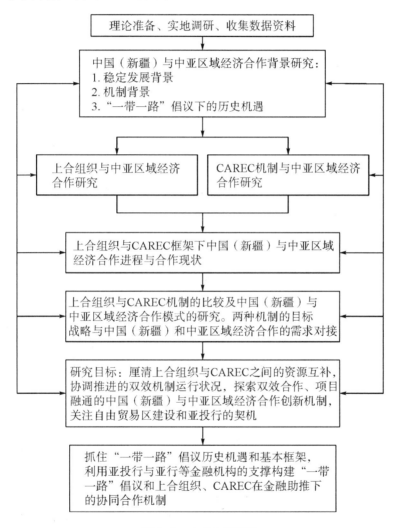

图 1-1　本书内容框架

（二）基本观点

1. 上合组织与 CAREC 机制是中国（新疆）与中亚区域经济合作的最有利平台，应研究两者的互补性和融合性，推进双效合作机制的构建，对于深化区域经济合作，推进机制创新具备应用价值。

2. 亚行推进的"CAREC 2030"战略正朝改善管理机制、加强环境保护和促进经济增长以解决相对贫困问题等方向转移，新疆借助"一带一路"倡议核心区定位的契机，加快与中亚国家合作进程需要充分利用国际组织的资源优势，争取更大范围的国际资源和国际组织协同建设，在新形势下加大加快中国向西开放的步伐。

3. 充分借助"一带一路"倡议实施的黄金时机，搭建在亚投行与亚行的金融支撑平台之下的协同机制。研究"一带一路"倡议与上合组织和 CAREC 的机制的协同能力与可行性，充分利用几种平台和机制的互补优势，加快推进中国（新疆）与中亚区域经济合作的进程，实现中国在中亚利益上的最大化，也必将有利于新疆长治久安目标的实现，同时为"一带一路"倡议的务实合作提供现实的区域合作借鉴。

（三）研究方法

本书涉及多学科融合。通过运用国际政治经济学、区域经济学、国际贸易、新经济地理、区域经济一体化理论、次区域经济合作理论等，以系统科学方法为指导。本书采用规范与实证、定性与定量相结合的方法，对利用国际合作组织以及新形势下借助"一带一路"倡议的契机，协同多方力量推动中国（新疆）与中亚经济区域合作与各个合作组织需求对接，资源更有效利用，机制更为完善优化的可行性与合理性进行研究。

（四）创新之处

1. 中国（新疆）与中亚区域经济合作借助的合作机制一直以来主要采用上合组织和 CREEC 机制，从前期研究成果看其主要局限在单一机制的作用和成效，尤其集中在由中国主导的上合组织框架下进行的合作。对于两者资源的共享，如何利用两者的优势和互补性，推进双方的合作进程的理论探讨在学术研究领域还属空白。

2. 在"一带一路"倡议和促进"新疆丝绸之路经济带"核心区发展背景下，利用"一带一路"倡议以及亚投行平台，搭建与上合组织与 CAREC 的新平台推进整体的协同合作机制，推进中国（新疆）参与中亚区域经济合作进程，获取更多国家利益，属于机制创新的思维。CAREC与上合组织的互补性将有利于资源的充分利用和项目投资的空间优化，促进区域经济合作向更高层次和更有效的途径迈进，对于中国（新疆）与中亚区域的国际合作将是新的思路。

3. 对于通过国际合作机制的协同创新促进"一带一路"的共建，发展人类命运共同体以及中国（新疆）和中亚国家之间的长期合作愿景是一个新的思考，对于合作机制创新和构建也将是一个尝试性和规范性探索。

三、相关理论依据

（一）地缘经济理论

地缘经济理论属于国际政治学范畴，发源于美国，是一种从经济地理位置、经济利益和经济关系视角来认知和取代军事对抗以及政治关系的理论[①]。主要理论观点为：

第一，地理因素是地缘经济中的基本要素，它是指国家的区位价值、国家幅员形态、国家自然条件和国家自然环境等。区位价值是指国家的地理位置、周边环境和邻国状况[②]。第二，地缘经济突出表现在区域经济一体化和经济集团化两个方面。某一区域内的邻国因政治经济的外交关系和自然条件接近，会出于共同利益和长远发展的需要，建立经济联盟最终达到维护国家利益的目标，这是地缘经济促成经济一体化和集团化产生的原因。第三，跨国公司属于经济集团，成为地缘经济的首要载体。其对国家之间生产、交换、流通、消费等各方面的经济联系以及区域经济一体化的推动和发展都起着至关重要的作用[③]。

地缘经济实质上是指用经济力量结合经济的运行规律参与全球化的竞争和合作，通过最终在世界经济和政治地位中谋求一席之地来完成和适应在全球演变下的新要求。20世纪90年代以来，全球化竞争发展到国际政治与经济战略

---

① 黄慧. 中国与周边国家地缘经济合作研究 [D]. 长春：东北师范大学，2011.
② 耿喜梅. 地缘经济理论初探 [J]. 石家庄师范专科学校学报，2003（2）：11-14.
③ 朱瑞雪. "丝绸之路经济带"背景下中国与中亚国家区域经贸合作研究 [D]. 大连：东北财经大学，2015.

性结合的新高度和新范畴。

（二）区域经济一体化理论

二战后世界各国为恢复生产、生活，开始探索经济发展的途径。按照市场经济的原则和经济规律，一个地区如果要取得发展和进步必须要允许各个要素的自由流动和优化配置。局部区域的一些发达国家慢慢形成了区域经济一体化的雏形，形成了经济密切关联的有机整体，产生了生产的交换分工、要素自由流动的协调机制。但目前对于区域经济一体化的理论以及概念界定存在较大差异。

根据丁伯根（Tinbergen）[1] 提出的概念，经济一体化分为消除歧视和管制制度的消极一体化，和建立新的自由化政策和制度的积极一体化。国际贸易理论发展使得关税同盟理论发展为区域经济一体化的核心理论。美国经济学家雅各布·维纳（Jacob Viner，1950）在《关税同盟问题》一书中第一次提出了关税同盟的理论，对成员国或者地区取消关税，而对非成员国或者地区设置无差别的关税。斯巴克（1956）进一步提出了共同市场理论，他认为共同市场是更高维度的区域经济一体化集团。共同市场理论核心思想：一是通过具有规模经济的大市场获得经济利益；二是通过扩大市场规模和加剧竞争实现规模经济效益。协议性国际分工理论认为两国如果工业化水平和要素比率差别不大，则经过两国的协议分工，分别生产差别化产品，最后能够降低成本、增加市场份额[2]。

（三）次区域经济合作理论

相比较来看，成功的区域经济集团都是在发达国家之间或以他们为主建立起来的，而发展中国家之间大多数存在比较大的差异，它们之间不管是开展经济合作还是建立具有排他性的经济一体化组织都是行不通的，次区域经济合作方式便应运而生，首先因为"增长三角"而在东亚地区得到了发展，大湄公河、泛珠三角、图们江、马来西亚的柔佛州、新加坡和印尼的廖内群岛"成长三角"均是比较早出现的次区域经济合作的典型案例。1993 年，亚行把"成长三角"定义为"次区域经济合作"，即包括三个或三个以上国家的地理毗邻的跨国经济区，通过利用成员国之间生产要素禀赋的不同来促进外向型的

---

[1] 丁伯根. 生产、收入与福利 [M]. 北京：北京经济学院出版社，1991：12.
[2] 王德忠，吴琳，吴晓曦. 区域经济一体化理论的缘起、发展与缺陷 [J]. 商业研究，2009（2）：18-21.

贸易和投资①。

经过实践观察，次区域经济合作的基本特点主要表现为：一是根据经济一体化理论，其起点是建立起特别关税区和自由贸易区，以贸易自由化为典型形式，而次区域经济合作体现为区域内基础设施建设与联通、贫困的减少、经济增长、贸易和投资便利、促进经济增长等较低层次的合作目标。二是次区域经济合作因参与国家在政治、经济和法律等方面的发展差距，还缺乏条件开展全面经济合作，需要政府之间协议合作达成相互保护的契约，能够降低投资风险，完成比较重大项目的合作。三是次区域合作主体既可以是国家也可以是地区，主要发挥地方政府的作用。四是次区域经济合作存在对区域外部资金的依赖性，区域内缺乏资金供给者导致落后国家和地区必须坚持开放性合作②。

（四）增长极与协同理论

佩鲁于 1950 年提出"增长极"概念③。增长极理论强调经济空间内经济要素间的联系，作为一种"受力场"，每个空间均拥有若干中心（极），能够对经济要素产生吸引或者排斥，其核心思想是经济增长不会出现在所有产业或地区之中，而是从增长点或增长极开始受到扩散或者回流的作用，最后发展为整个区域的经济增长。

增长极理论认为增长极均是具有比较强的创新、带动和支配能力的代表企业，具有规模大、发展速度快、产业联系连锁效应作用明显，也被称为增长诱导单元（growth-inducing unit）。通过产业的连锁作用最后带动区域整体的发展以及均衡发展，也因为支配型企业与其他企业间的连锁效应而产生的乘数效应实现了分配的均衡④。

增长极研究点的问题，而协同理论研究由点到线到面的问题。由德国斯图加特大学教授哈肯提出，描述了各种系统和单元在运行中从无序到有序的变化规律。协同理论下的区域经济发展涉及了机制层面，提出区域经济合作形成四种机制：一是要素和产业可以自由流动与转移的市场机制；二是技术、人才、产业等均能够合作和谋求共同发展的合作机制；三是发达地区对落后地区能够对口支援的互助机制；四是由公共服务均等化要求加大对落后地区扶持和保障的机制。协同理论在区域经济合作中的应用主要指构建一个区域经济主体之间

---

① 刘胜君. 新疆丝绸之路经济带核心区建设研究 [D]. 长春：吉林大学，2016.
② 王胜今. 中国与周边国家区域合作的研究 [J]. 东北亚论坛，2003 (3)：3-7, 96.
③ 佩鲁. 新发展观 [M]. 北京：华夏出版社，1987.
④ 安虎森. 增长极理论评述 [J]. 南开经济研究，1997 (1)：31-37.

优势互补、合作发展、分工合理的协同机制，确保各个地区经济优势能够得到充分发挥①。

（五）新经济地理理论

基于规模报酬递增和不完全竞争理论，西方区域经济学在20世纪90年代得到发展，新经济地理学成为最活跃的领域之一，其区位理论和新贸易理论对贸易利益的源泉、分配及区域经济增长模式进行了有效的诠释。新贸易理论的核心观点是，要素和运输的密集度等因素在一定程度上决定了贸易的区位方向，在同等的贸易活动环境下，国家间距离与运输成本、交易费用呈正向关系，而与贸易额呈反向关系，且反向的变动幅度显著。输送成本、规模经济和制造业占比诸条件衍生了区域经济理论。新经济地理学侧重研究经济活动的空间分散与空间集聚的历程，由于研究侧重点不同，区域发展理论呈现百家争鸣的局面，但观点仍存有共性，即经济集聚决定了区域发展中的产业与经济活动，区域外势力对区域集聚与分散产生影响。

20世纪90年代初，保罗·克鲁格曼发表了《规模报酬和经济地理》一文，开辟了新经济地理的研究热潮。克鲁格曼的新贸易理论模型指出了欠发达国家间进行区域经济合作的瓶颈：受欠发达国家较低的经济发展和需求水平所限，不发达国家间进行自由贸易致使区域内所有国家的福利均减少。故而，基于贸易保护主义的发展中国家间区域合作效果欠佳。新贸易理论对后冷战时代区域经济合作兴盛的原因进行了更为细致的诠释。其一，诠释了区域经济合作的地理因素。在一般情况下，国家间距离越短、运输成本越低，对双边贸易越有积极的影响。其二，诠释了区域经济合作的市场因素。该理论强调市场对区域经济中心形成的驱动作用。其三，产业外溢效应对贸易保护主义下的欠发达国家间区域经济合作有制约作用，应与区域经济中心进行有效的互联互通。其四，区域中心和区域边缘的产生有时归因于历史溯源，国家的区域政策及实施是推动区域经济合作和提升区域竞争力的最主要着力点②。

---

① 马环宇. 协同理论下区域经济合作策略探讨 [J]. 商，2015 (9)：219-221.

② 克鲁格曼，藤田昌久. 空间经济学：城市、区域与国际贸易 [M]. 北京：人民大学出版社，2013：1.

四、研究难点、相关研究对象的界定以及有待深入研究的问题

（一）研究难点

1. 机制不同，搭建合作平台缺乏融通自觉性

上合组织是第一个由中国倡导建立的区域性组织和多边合作机制，在1996年"上海五国"的基础上发展而来。自2001年成立至今，在各成员国政府的积极努力下，区域经济合作进入了务实合作的新时期。截至2018年，上合组织共有8个成员国：中国、俄罗斯、印度、哈萨克斯坦、吉尔吉斯斯坦、塔吉克斯坦、乌兹别克斯坦、巴基斯坦。上合组织有4个观察员：阿富汗、白俄罗斯、伊朗、蒙古国。上合组织是以法律合约为框架的国家首脑级合作机制，其性质类似于顾问，但设立了监督机制，遵循协商一致、互不干涉的原则。其缺陷是，无规范和约束成员国的统一的法律法规，其执行准则是各成员国的国内法则，仲裁能力和执法能力。资本金应来源于成员国政府，目前主要由中国政府出资，通过各种会晤机制协商推动成员国间经济合作。

CAREC是亚行主导的合作机制，1997年倡导成立，2002年正式建立。该机制截至2018年年底，成员包括11个国家，南亚的巴基斯坦，西亚的阿富汗、阿塞拜疆和格鲁吉亚，东亚的蒙古国和中国及中亚5国即哈萨克斯坦、吉尔吉斯斯坦、塔吉克斯坦、土库曼斯坦和乌兹别克斯坦。亚行、世界银行、国际货币基金组织、联合国开发计划署、欧洲复兴开发银行、伊斯兰开发银行、联合国亚太经社理事会7个国际组织参与了CAREC的合作。因此CAREC是由部长级、高官会议和技术委员会组成的非正式论坛，无执行机制，凭借贷款项目进行日常活动，不是以法律合约为基础，故不具有争端解决能力。

两个合作机制建立的主导国家和利益诉求不同，因此推动两个合作机制的双效合作效率属于理论上的思考与探索，实践中还缺乏合作的自发性。

2. 联结合作组织的沟通机制匮乏

CAREC的核心合作领域涉及交通、能源、贸易便利化和贸易政策，其在2020年战略规划中，又将加强区域交通网络的互联互通及经济走廊的构建作为重点投资领域。上合组织的合作范畴主要涵盖传统国家安全，而区域经济合作的重心主要涉及能源、交通、电信、现代技术和农业。CAREC设立的6条交通走廊与"一带一路"倡议下确定的6条经济走廊在中亚区域均有交集，合作目标和合作机制亦高度重叠。因此促进上合组织和CAREC在区域交通基

础设施建设、区域贸易投资便利化、区域标准一致化等重点领域的合作是建立协同机制的出发点和立足点，但缺乏国际公认的共同利益沟通机制，导致双方在重点领域内存在交叉重叠资源的重复使用。如何实现两个合作机制的资源优化配置，搭建"一带一路"基础上的协同合作机制，平台目前尚无法进行论证，但形势的发展已经有必要开始理论上的探索。

得益于 CAREC 较为完善的区域合作模式，其在推进"一带"建设中有无可比拟的重要性。上合组织在维护地区安全，推动构建公平、合理的国际政治经济新秩序方面的作用越来越突出，但是多边合作比较少，因受到融资机制缺乏的制约，"一带一路"倡议提出以来，上合组织需要尽快建立完善的融资机制以加快组织发展和推动区域经济一体化的进程。

（二）研究对象和范畴的界定

基于上合组织和 CAREC 成员国的范畴涵盖了中国、巴基斯坦和中亚五国，本书将中亚五国作为主要研究对象，上合组织的八国和 CAREC 的十一国在研究中会涉及。把中国（新疆）与中亚区域经济合作的范畴界定为中亚五国经济合作区域。

上合组织与 CAREC 机制因有共同的针对中亚五国区域开展经济合作的目标，本书将其称为双效合作机制。

协同机制建立是指"一带一路"倡议搭建了新的、更为广阔的共同合作平台，以亚投行为金融支撑，在上合组织和 CAREC 机制双效推动作用下，具备建立中亚区域经济合作协同机制的条件。

（三）有待深入研究的问题

机制研究侧重于理论联系实际的分析，本书中对于国际合作机制产生的实际效应，因缺乏系统时间序列数据支撑无法通过实证方法进行验证，只能从大量资料和一定量的成果数据进行理论性研究总结。因此后续需要结合对中亚国家的深度调研，对于投资贸易便利化进展程度、对上合组织和 CAREC 机制包括在亚行和亚投行的推动和支持下，实际开展的合作项目投入产出及成本收益分析进行尽可能的实证测算，研究国际性合作产生的社会与经济效应，对推进"一带一路"沿线更大范围的国际性合作提供切实有用的参考。

第二章 中国（新疆）与中亚
经济合作的背景研究

中亚国家独立后积极参与世界经济合作，取得了较为突出的成果。中国（新疆）与中亚国家为邻，经济往来的历史纽带和现实需求较多。在建设"丝绸之路经济带"的背景下，中国（新疆）参与中亚区域经济合作的步伐加快，未来双方合作渠道不断拓宽。

一、区域经济合作的中国智慧

改革开放以来，中国与世界的关联性显著增强，从世界合作关系中获取了更多机会，经济社会取得了巨大进步。同时，世界也从与中国的合作参与中体验到中国智慧。

（一）中国智慧：新时期中国推动世界发展的抉择

2017年党的十九大报告提出了习近平新时代中国特色社会主义思想，预示着中国发展进入了快车道。在这一思想引领下，一方面，我们坚持和自觉增强道路自信、理论自信、制度自信、文化自信，保持强大的政治定力，坚持实干兴邦，奋发图强，始终把党和国家建设中国特色社会主义的理念贯彻到实践中；另一方面，在已经取得的改革开放和社会主义现代化建设的成就基础上，适时提出建设"人类命运共同体"的理念，将自身的发展与世界联系起来，也将中国发展的经验成就与世界的共同进步联系起来。

根据IMF和WB测算，从2013年到2016年的4年间，中国对世界银行平均贡献率为31.6%，高于欧美日的综合贡献率[①]。这充分证明了中国经济的稳

---

① 资料来源：IMF官网，https://www.imf.org/zh/home。

第二章　中国（新疆）与中亚区域
经济合作的背景研究

中亚国家独立后积极参与世界经济合作，取得了较为突出的成果。中国（新疆）与中亚国家为邻，经济往来的历史纽带和现实需求较多。在建设"丝绸之路经济带"的背景下，中国（新疆）参与中亚区域经济合作的步伐加快，未来双方合作渠道不断拓宽。

一、区域经济合作的中国智慧

改革开放以来，中国与世界的关联性显著增强，从世界合作关系中获取了更多机会，经济社会取得了巨大进步。同时，世界也从与中国的合作参与中体验到中国智慧。

（一）中国智慧：新时期中国推动世界发展的抉择

2017年党的十九大报告提出了习近平新时代中国特色社会主义思想，预示着中国发展进入了快车道。在这一思想引领下，一方面，我们坚持和自觉增强道路自信、理论自信、制度自信、文化自信，保持强大的政治定力，坚持实干兴邦，奋发图强，始终把党和国家建设中国特色社会主义的理念贯彻到实践中；另一方面，在已经取得的改革开放和社会主义现代化建设的成就基础上，适时提出建设"人类命运共同体"的理念，将自身的发展与世界联系起来，也将中国发展的经验成就与世界的共同进步联系起来。

根据 IMF 和 WB 测算，从 2013 年到 2016 年的 4 年间，中国对世界银行平均贡献率为 31.6%，高于欧美日的综合贡献率[①]。这充分证明了中国经济的稳

---

① 资料来源：IMF 官网，https://www.imf.org/zh/home。

定发展对世界经济的拉动作用和巨大贡献不容漠视。中国为世界经济的持续复苏带来了活力。中国取得的重大成就，是以中国的改革开放为基础，根植于中国国情的社会主义建设实践以及具有中国特色的社会主义道路。改革开放 40 多年以来，中国的改革发展为世界各国提供了成功经验，也为各国改善国计民生提供了理论创新和实践突破的中国选择。

人类历史发展的经验表明，没有放之四海而皆准的国家发展模式。国情不同，道路不同，取得成功的方式和路径不同。中国一贯主张求同存异，相互尊重差异和道路选择，共同谋求繁荣富强的发展前景。在当前世界经济发展形势较为复杂的背景下，中国经济的稳定为发展中的各国提供了新的"模式""经验""路径"或"案例"，是中国作为负责任的国际社会成员为世界做出的承诺和有益实践。

世界格局依然处于巨大变动和调整时期，各种"灰犀牛"和"黑天鹅"不时显现，人类面临许多共同的挑战，正因如此，中国方案引起世界关注。中国所倡导的"合作共赢"和"人类命运共同体"建设等理念，将作为中国的长期政策主张和行动目标，也被一些国际组织纳入报告或宣言中，为世界治理提供了参考和行动力，当前已经为世界贡献给出了有效的中国智慧与中国方案。

（二）"一带一路"倡议：区域经济合作的中国方案

习近平总书记 2013 年提出发展和建设"丝绸之路经济带"的倡议。同年 10 月，中国访问印度尼西亚时提出建设 21 世纪"海上丝绸之路"的主张。这些内容是对中国新时期外交政策方向的阐释，更是中国未来开展国际和区域经济合作的重点方向。"一带一路"倡议的提出，体现出中国和平发展的理念，开放包容的精神，创新、智慧、联动、包容、合作共赢的目标。为中国的改革开放，提供了新的契机。近年来"一带一路"倡议在中国与世界各国的互动中不断拓展，实现了理念创新、路径创新和成果创新。

第一，"丝绸之路经济带"的建设得到了沿线国家的广泛认同，具有一定的民心基础。第二，秉持丝路精神，搭建互信通道。倡议的问世不但对沿线国家的投资、贸易等具体项目产生了积极影响，而且将推动共商、共建、共赢、共享理念在世界范围内被接受、推广[1]。"丝绸之路经济带"对亚欧腹地产生的积极影响使得中国（新疆）与周边地区国家正逐步建立起日益密切的合作

---

[1] 石岚. 复兴丝绸之路，创新发展理念 [N]. 中国周刊，2017-08-15.

关系。丝绸之路在亚欧腹地产生了吸引力、凝聚力。第三，务实推进合作成果，努力惠及当地民生①。周边国家社会各界在"丝绸之路经济带"的建设过程中切实地感受到了生活、经济发生的变化。近年来中国在哈、塔、吉、乌的电力、铁路、矿产资源开发冶炼项目都被民众所熟知②。第四，在舆论宣传上，中国（新疆）已经做出了一些成绩，虽然依然存在一些问题，但是总体上提升了周边国家对我们的认识。比如开设孔子学院，开展留学生以及科技文化交流、组团举办展览活动，走亲访友越来越普及③。

习近平总书记用"和平之路、繁荣之路、开放之路、创新之路、文明之路"绘制出"一带一路"倡议的发展蓝图，"五个之路"的提出，是中国面对当今世界一系列重大问题，提出的清晰明确的行动纲领④。

第一，推进"一带一路"共建合作以及发展战略的对接，落实高峰论坛形成的合作成果。为加快互联互通和促进贸易便利化，需要从口岸、交通、物流合作潜力的提升，以及新亚欧大陆桥、中国—中亚—西亚经济走廊和"双西公路"项目的推进入手，还要研究灵活有效的投融资方式，加快双边本币结算的扩张，提供合作的金融支持。

第二，为企业营造良好营商环境。为将产能合作作为新的增长极，须完善产能和投资合作对话机制以及有效信息沟通和政策协调机制。

第三，创新驱动发展提上议事日程，推动大数据、云计算、智慧城市建设，促进信息技术、电子商务领域、高技术和创新、航空航天、数字经济、新能源等前沿领域的合作。

第四，建设民心相通工程，从互设文化中心、联合创办高校、交换影视文学作品、鼓励跨国旅游观光等方面推动人员交往和文化交流。

第五，从共同、综合、合作、可持续安全观的角度开展安全合作，打击恐怖主义、维护网络安全、共建"一带一路"双边安保机制，保障管线及大型合作项目安全，保护公民和企业合法权益和人身财产安全。

第六，加强在联合国、上海合作组织、亚信等多边框架内的沟通和协调，加强国际和多边领域合作，及时就国际或地区热点问题交换意见⑤。

推动"一带一路"建设，是新疆千载难逢的历史机遇和战略抓手。新疆

① 石岚.复兴丝绸之路，创新发展理念［N］.中国周刊，2017-08-15.
② 石岚.复兴丝绸之路，创新发展理念［N］.中国周刊，2017-08-15.
③ 石岚.复兴丝绸之路，创新发展理念［N］.中国周刊，2017-08-15.
④ 石岚.复兴丝绸之路，创新发展理念［N］.中国周刊，2017-08-15.
⑤ 石岚.复兴丝绸之路，创新发展理念［N］.中国周刊，2017-08-15.

是丝绸之路中最前沿、最核心也是最长的地带，建设"丝绸之路经济带"是包括新疆在内的西北各省区的重大历史机遇①。中央在 2014 年 5 月第二次新疆工作座谈会中提出以通道建设为依托扩大对内对外开放，加强铁路等基础设施建设，发展现代物流，立足区位优势，建设好"丝绸之路经济带"核心区。明确了新疆的核心区建设，要按照习近平"五个之路"的要求，以政策沟通、设施联通、贸易畅通、资金融通、民心相通"五通"为抓手，进一步完善建设规划，创新体制机制，扩大开放，推动重大项目建设，营造创新创业环境，积极建设交通枢纽、商贸物流、金融、医疗、文化科教"五大中心"。加快推进"丝绸之路经济带"核心区建设，也是实现新疆社会稳定和长治久安的总目标、实现中华民族复兴的重要举措②。

（三）周边外交：亲、诚、惠、容新理念的实践

近年来，中国对周边外交的重视度提高到前所未有的高度，并在顶层设计和具体实践上，采取了一系列积极政策。2014 年 11 月，中央外事工作会议上再次突出周边外交的重要性，并强调要以周边外交为重点，落实新时期人类命运共同体建设的责任。在党和国家的各个重大会议、报告、文件中，凡涉及中国的国际环境和外交政策时，多次谈到中国周边外交。周边地区在中国外交总体布局中的核心地位无可替代，一定时期将成为中国外交的主导领域和拓展方向。

中国的周边外交思想以亲、诚、惠、容为理念，采取了新的举措，建立起新的机制，为国家的外交政策及其实践发挥了积极作用。作为传统的陆疆国家，中国的周边环境一直是影响中国内部稳定发展的重要因素。在融入全球化日益深刻的背景下，中国更加重视和发展与周边国家的相互认同、相互亲近、相互支持、荣辱与共的友好关系。中国也是世界上周边环境较为复杂的国家之一，其中部分国家或地区的局势事关国际格局演变方向，但中国始终坚持和平与发展的理念，积极谋求稳定和平的周边环境，将国家的主权维护和领土统一，与周边安全紧密结合起来。"一带一路"倡议，就是这一背景下产生的新的国际和地区合作的具体实践，有着重大意义。

1. "一带一路"倡议顺应了区域合作的发展需要，突出了周边国家在中国对外合作中的重要价值，彰显中国对周边外交的关注度和利益交融的理解。

---

① 赵萍. 新疆与中亚贸易合作的新机遇、新问题与对策 [J]. 现代经济信息，2014（1）：128-129.

② 石岚. 为共建共享"一带一路"作出新疆贡献 [N]. 新疆日报（汉），2017-10-12.

"一带一路"倡议的落实，是中国贯彻周边外交"亲、诚、惠、容"理念的最佳诠释。

2. 命运共同体的倡议为区域合作确定了方向。其内涵有政治、安全、文化、经济和生态五个方面。党的十九大报告倡导各国人民应同心协力，共同构建人类命运共同体，建设持久和平、普遍安全、开放包容、共同繁荣、清洁美丽的世界①。这是中国面对当今世界形势与人类的共同挑战，提出的解决国际关系与人类发展未来的新思路。

3. 上合组织扩员，拓展合作地域和空间的尝试。2017年上合组织首次扩员正式接纳印度、巴基斯坦为成员，上合组织不仅在地域面积、人口数量、经济总量等有了新的增长，也预示着中国主导的上合组织区域合作集体，在磨合与合作中不断成长。

4. 亚投行和丝路基金等金融机构的建设，吸引、吸纳了众多的周边国家以及欧洲、拉美国家，反映出中国紧紧围绕周边外交的理念，推进"一带一路"倡议的实施，创新模式，开拓机制，为区域经济合作提供了可靠的金融保障。

5. 区域经济走廊建设为"一带一路"沿线区域合作打开了新通道。中国提出把中巴经济走廊、中蒙俄经济走廊、中国—中亚—西亚经济走廊、亚欧大陆桥、中国—中南半岛国际合作走廊以及孟中印缅走廊六大走廊建设，作为"一带一路"倡议的支撑和补充，以及倡议的优先项目。六大走廊建设目前已经取得了一些成效。

二、中国（新疆）与中亚区域经济合作的地缘意义及战略机遇

一个国家和地区的安全稳定受到诸多因素的影响。除了内部因素外，外部环境因素，尤其是国际大环境下的地缘因素，也对该国或该地区的发展演变方向，起着至关重要的作用。相邻国家的内部变革、社会发展水平和经济道路选择、政治稳定状况、社会制度性质、内外政策基础等，都可能或多或少跨越边界，影响到其周邻国家。

---

① 林其锬. 新时代中国特色大国外交与五缘文化［J］. 国际关系研究，2019（1）：113-126，158.

（一）中国（新疆）与中亚区域经济合作的地缘意义

新疆陆路疆界线超过 5 600 千米，与周边八个国家相邻，自南向北分别为巴基斯坦、印度、阿富汗、塔吉克斯坦、吉尔吉斯斯坦、哈萨克斯坦、俄罗斯、蒙古国。这些邻国不但与中国（新疆）有着密切的历史往来与现实联系，更是中国践行新时期周边外交理念的重点地区，是中国重要国际合作项目的核心实施地区，自 2012 年以来也一直是中国领导人频繁出访的地区，是"一带一路"建设的示范区、重点区。新疆的特殊地理区位和地缘意义因此更为突出。

1. 地缘政治

当代新疆地缘政治环境的变化，缘起于冷战结束与苏联解体和中亚国家的独立。从地缘政治角度看，苏联解体和中亚国家独立给新疆带来的变化非常明显。首先，冷战时期两大阵营的对抗彻底崩溃，取而代之的是转型中的国家，包括中亚国家。政治意义和军事意义上的冷战对峙消失。其次，中亚国家的独立带来民族国家意识的冲击，刺激了新疆地区的民族主义、地区主义和宗教极端行为，各种思潮泛滥和政治化倾向明显，相互比较的结果有时体现为相互攻击。再次，中亚各国的政治制度出现有差异性的变化，在地区安全与和谐社会建设上，呈现出截然不同的结果。这些变化也影响到中国（新疆）的选择。最后，中亚国家参与地区合作的积极性高涨，以哈萨克斯坦为代表的新兴经济力量开始在区域性合作中发挥出更大作用，带动整个亚欧大陆内部的改变，提升了这一地区在世界政治舞台上的影响力和作用力。

2. 地缘经济

经济利益是主导国家间关系的主要内容，为谋求经济利益最大化，地区间合作成为必然选择。中亚国家独立带给中国（新疆）地区的地缘经济变革，正是双方区域合作的全面深化。2017 年，中国（新疆）围绕打造"丝绸之路经济带"核心区的功能定位，重点推动与周边，尤其是与中亚国家的次区域经济贸易合作，取得了突出成果：

一是双方基础设施建设进入高速联通状态。

基础设施建设是实现"五通"的关键内容。2017 年年初，新疆制定了超1.5 万亿元的全社会固定资产投资计划，力争补齐发展中"基础设施滞后"的"短板"，对于重点领域公路、铁路、机场、水利、能源、通信项目建设加快推进。目标在于优化新疆经济结构，促进新疆经济持续稳定增长，为新疆未来经济社会发展挖掘潜力①。这一计划的出台，为新疆基础设施建设提供了巨大的增长空间，对落实国家"一带一路"倡议，建设好"丝绸之路经济带"核心区，提供了支撑。

2018 年中欧班列乌鲁木齐集结中心共开行班列 700 列，超额完成年初制定的任务目标。目前，新疆出境班列已经形成霍尔果斯、阿拉山口的多点通关、多点布局双通道模式，优化了运行路线，提升了运载量，降低了运行成本，基本做到密集化、常态化出行。新疆机场建设在 2017 年步入新的增长轨道。截至 2018 年 12 月 30 日，新疆机场集团年旅客吞吐量突破 3 000 万人次。运行国际和地区航线 24 条，联通 17 个国家，24 个国际（地区）城市，有 75 个国内城市与乌鲁木齐机场通航②。乌鲁木齐国际机场的北区改扩建工程也在 2017 年获得国家发展和改革委员会批复。此项工程总投资将达到 410 亿元，按照设计目标——2030 年旅客吞吐量达 6 300 万人次施工建设③。此外，2017 年起塔城至克拉玛依铁路新建 190 千米，投资 50 亿元。该铁路项目为未来延伸至哈萨克斯坦的第三条国际铁路大动脉创造了前期基础。

二是经济与贸易合作。

经济贸易合作，是中国（新疆）与中亚国家次区域合作的重点领域。近年来双方排除各种不利因素干扰，在经济贸易合作领域，取得了较好成果，如表 2-1 所示。

表 2-1　2018 年中国（新疆）与中亚国家贸易情况统计

国家	进出口/美元	同比/%	出口/美元	同比/%	进口/美元	同比/%
哈萨克斯坦	8 516 398 000	−9.2	7 013 131 000	−16.0	1 503 267 000	46.5
吉尔吉斯斯坦	2 874 106 000	−31.3	2 830 802 000	−31.1	43 303 000	−43.7
塔吉克斯坦	923 015 000	−12.9	910 059 000	−13.7	12 956 000	162.2
乌兹别克斯坦	774 788 000	31.3	580 474 000	36.4	194 314 000	18.0
土库曼斯坦（1—10 月）	34 710 000	4.7	17 836 000	−42.5	16 874 000	691.0

数据来源：乌鲁木齐海关网站。

三是跨境电子商务和霍尔果斯国际边境合作中心等新型合作领域增长快速。

2018 年中哈霍尔果斯国际边境合作中心作为中哈两国共建的跨境自由贸

---

① 资料来源：新华社。
② 资料来源：新疆机场集团公司网站。
③ 资料来源：网易财经。

易区，正成为中国西部最大的免税购物区。在总面积为 5.28 平方千米的全封闭区域内，中哈两国公民和第三国公民，无须签证即可凭护照或出入境通行证等有效证件出入合作中心，开展面对面商务洽谈或商品交易①。

跨境电子商务的发展是新疆依托"一带一路"倡议和自身地缘优势而重点培育和加快发展的领域。作为"丝绸之路经济带"核心区，政府出台了《国务院关于大力发展电子商务加快培育经济新动力的实施意见》《新疆电子商务"十三五"发展规划》等文件，有重点地发展电子商务。基于新疆独特的地理位置和较为完善的交通物流设施、海关服务，及较为先进的现代物流平台技术，新疆的跨境电子商务生态体系在信息、支付、物流、人力、清关服务、品牌和平台建设等方面都具有一定优势②。

新疆开展跨境电子商务，主要进出口国为中亚五国，占比高达 78.26%。已开展跨境电子商务的外贸企业中，52.17%的外贸企业通过境外网站宣传和推广企业产品；34.78%的外贸企业利用企业网站与消费者互动，提供注册功能；39.13%的外贸企业借用第三方平台实现了在线出口，而在线进口比例仅为 8.70%③。

四是金融合作为深化区域合作创造了新的机遇。

2017 年全年，新疆跨境人民币实际收付结算额为 378.1 亿元，同比增长 45.6%，占本外币跨境收支总额的 37%。经常项目跨境人民币收支结算额为 189.3 亿元，同比增长 28.5%；资本项下跨境人民币结算额为 188.8 亿元，同比增长 72.6%。2018 年上半年，新疆跨境人民币业务结算量达 264.1 亿元，同比增长 42.5%。

跨境人民币业务以居民和非居民间，用人民币开展或人民币结算的各类跨境业务为服务对象，涵盖商品贸易、服务贸易等各项经常项目和人民币的跨境放款、融资等资本项目。跨境人民币结算减少了通过美元套算的二次环节，节省了企业的汇兑成本，同时避免了美元汇率波动带来的损失，为稳定中国（新疆）与中亚国家的经济贸易合作开拓了新的空间。同期，境外商业银行在新疆辖内银行开立同业往来账户 126 个，实现了人民币与周边国家，如哈萨克

---

① 资料来源：人民网。

② 亚心网．新疆跨境电子商务发展调研报告（2017）[EB/OL].[2017-10-25].http://www.iyaxin.com/content/201710/25/c179845_0.html.

③ 亚心网．新疆跨境电子商务发展调研报告（2017）[EB/OL].[2017-10-25].http://www.iyaxin.com/content/201710/25/c179845_0.html；张晨．中国新疆跨境电商发展环境评价研究 [D].乌鲁木齐：新疆财经大学，2019.

斯坦坚戈、塔吉克斯坦索莫尼的现汇或现钞挂牌交易①。

3. 地缘文化

新疆对外开放有两大独特优势：一是新疆的区位优势，二是新疆的人文优势。两者合并，即为地缘文化优势。前者可以借助国家之力有所作为，后者则更多需要新疆自身的建设和创新，以开放与包容的姿态，将文化传承与合作在中国（新疆）与中亚区域合作中的作用和功能充分发挥好。

文化是一种社会现象、历史传统、人文景观，是人类历史长期延续的产物，是历史沉淀，凝结于物质之内却游离于物质之外。文化的传承与民族、国家的发展息息相关，与国家"软实力"密不可分。军事、政治、经济、历史是传统的"四重维度"，长期、广泛地作为国际问题研究的重要内容被进行深入细致地剖析。近年来，关于文化（心理）维度作为国际关系理论研究中的第五重维度的研究视角开始逐渐为人们所熟知②。文化作为现代国家综合实力的重要载体，是国家"软实力"的体现，作为国家外交政策的重要内涵，体现出国家综合国力与战略方向。

在新疆深化改革，推进向西开放的进程中，增强文化的作用与影响意义重大。新疆及其周边地区有着非常紧密的历史文化往来，传承与合作基础扎实，这是新疆对中亚开展经济与对外交往的人文优势。中国、哈萨克斯坦、吉尔吉斯斯坦三国于 2014 年 6 月联合申请的"丝绸之路：长安天山廊道路网"项目获批通过，被收录进《世界遗产名录》。该项目涉及三国境内 33 个申遗点，包括各古帝国都城、宫殿群和佛教石窟寺等。这也是中国完成的首个跨国申报项目③。该项目以历史文化为锲入点，获得了各方的一致赞誉。该项目的中国境内部分以新疆为重要落脚点。该项目在申请过程中得到中亚国家的积极回应，这与中亚与中国（新疆）之间长久的历史文化联系密不可分。

（二）中国（新疆）与中亚国家共建"丝绸之路经济带"的战略机遇

中国 2014 年颁布了《推动共建丝绸之路经济带和 21 世纪海上丝绸之路的愿景与行动》，指出"发挥新疆的区位优势和向西开放重要窗口作用，深化与中亚、南亚、西亚等国家交流合作，形成丝绸之路经济带上重要的交通枢纽、

---

① 王丽丽. 新疆跨境人民币业务 4 年增长五倍 [N]. 乌鲁木齐晚报，2017-12-15（A03）.

② 勒博. 国际关系的文化理论 [M]. 陈锴，译. 上海：上海社会科学院出版社，2012.

③ 资料来源：新华视频。

商贸物流和文化科教中心，打造丝绸之路经济带核心区"①。新疆作为"丝绸之路经济带"核心区的定位和几大"中心"任务要求，为新疆自身发展以及进行区域合作提供了机遇②。

1. 推进互联互通建设

新疆自然地理条件与国家发展战略选择，决定了中国（新疆）与周边国家的互联互通建设需要持续推进，建设成为当今亚欧中部重要的交通枢纽和商品贸易中心区。不论哈萨克斯坦还是中国（新疆），都把互联互通建设，包括空中航线的设置、国际铁路的客货联运、亚欧国际班列运行、能源和通讯管道、公路网络建设等，作为经济社会发展的重点和热点，以带动区域经济全面发展。近年来，新疆逐渐从国家交通网络末端，发展为中国西部的交通枢纽中心，为新疆在"丝绸之路经济带"中的地位和作用奠定了坚实基础。新疆已经成为国家四大国际枢纽港之一。互联互通建设极大地提高了经济效率，带来了新的区域经济发展活力。哈萨克斯坦希望中国的"丝绸之路经济带"与哈国"光明之路"新经济政策实现有效对接，共同建设好中国（新疆）与哈萨克斯坦两个"核心区"。

2. 区域经济合作加快

中国（新疆）与邻国之间的经济合作，是中国"丝绸之路经济带"合作的重要组成部分，也是中国向西开放的巨大成果。2010—2013 年，哈萨克斯坦自中国进口实现了倍增，其中中国（新疆）在中哈经济合作中的地位特别突出，长期占据"半壁江山"，但 2015 年在各种因素影响下，降幅明显，达到30.9%。在中哈项目对接的支持下，2015 年中国对哈直接投资增长 53%，中国在哈萨克斯坦投资总量中的比例也达到 11.5%。2016 年年初，在哈萨克斯坦运营的中资企业超过 600 家，绝大多数中资企业登记为贸易与建筑行业。2015年中哈签署的协议金额达到 240 亿美元，绝大部分集中在工业和物流领域。计划修建穿越哈萨克斯坦的中俄北京—莫斯科高速铁路项目，中哈铁路在中国西部的物流中心建设也已启动。

3. 人文交流升温

人文交流是中国（新疆）与周边地区合作中的一个亮点。这与新疆独特的地理区位和优良的人文资源有关，也与新疆与周边地区历史文化纽带的积淀相连。中国（新疆）已经成为周边地区留学生的主要选择，中国在周边地区

---

① 《推动共建丝绸之路经济带和 21 世纪海上丝绸之路的愿景与行动》于 2015 年 3 月由国家发改委、外交部、商务部联合发布。

② 石岚. 复兴丝绸之路，创新发展理念 [N]. 中国周刊，2017-08-15.

的孔子学院多以新疆的院校为基础。在学术交流、智库合作等方面，中国（新疆）与周边地区已经建立起密切的关系。2016年8月中哈旅游合作启动，其拓展了中国（新疆）与哈萨克斯坦的人文合作范畴。中国与俄罗斯、巴基斯坦和印度等国开展的文化交流年等活动，也在不断丰富人文领域的交融合作。中国（新疆）与周边地区的中高端智库合作、民间人士往来、舞蹈音乐和体育等各方面日益联系密切。

4. 新疆沿边自由贸易区建设初见成效

自由贸易区建设，是一个从贸易自由化、投资便利化到利益分享全球化的过程。自由贸易区作为区域经济一体化的发展模式，从最初以减少或消除成员国之间的商品流通障碍、最大可能实现区域内贸易自由化为目的，逐渐向更为深入的投资政策自由化、公平待遇统一标准、政府采购、知识产权保护、投资保护与争端解决等涉及多领域制度安排方面的合作拓展。中国在经济发展常态化形势下进行深化改革，推进新一轮对外开放程度，实施自由贸易区建设是必然选择①。2013年9月中国（上海）自由贸易试验区正式挂牌，2015年4月第二批自由贸易区试点又新增了广东、天津、福建三地。随着"一带一路"倡议的提出和深入实施，推进区域经济合作的愿望日益急切，2015年国家发布文件《国务院关于加快实施自由贸易区战略的若干意见》，对中国自由贸易区进行了规划：首先加快构建和所有与中国相邻的周边国家及地区构建自由贸易区；其次是同"一带一路"沿线国家共同构建自由贸易区，建设统一的"一带一路"共同大市场；最后力争同发展中国家、大多数新兴经济体、重要区域经济集团和一部分发达国家建立自由贸易区，构建金砖国家、新兴经济体和发展中国家大市场，逐步构筑全球的自由贸易区网络。

从现有建设成就分析，新疆的自由贸易区建设具备优势也存在问题。需要结合自由贸易区建设的理论和政策要求，以改革和创新的意识探索与周边国家建设"沿边自由贸易区"的路径选择，为政策拓展提供借鉴。2015年确立新疆核心区定位后至今，新疆结合"丝绸之路经济带"核心区建设的需要，开展了较有成效的区域经济合作，与周边国家和地区建立了密切的往来关系。这充分体现出新疆独特的区位优势、地缘优势、资源优势、人文优势和政策优势。新疆已经成为中国与中亚、中东、南亚等地区合作的主要力量，其也是中国与上述地区各国合作的重要通道、桥梁与纽带。

---

① 资料来源：《国务院关于加快实施自由贸易区战略的若干意见》（国发〔2015〕69号，2015年12月17日）。

（三）积极推进"丝绸之路经济带"核心区建设

国家发布的《推动共建丝绸之路经济带和 21 世纪海上丝绸之路的愿景与行动》中，新疆作为全国重点对外开放地区，位列各地方开放布局之首。中国（新疆）与中亚等国家的交流合作是"丝绸之路经济带"建设的重点内容。新疆的交通枢纽、商贸物流和文化科教中心的三大"中心"建设，也成为核心区建设的重中之重。2014 年 9 月，新疆维吾尔自治区通过了《推进新疆丝绸之路经济带核心区建设的实施意见》和《推进新疆丝绸之路经济带核心区建设行动计划（2014—2020 年）》，全面部署核心区建设。2015 年 11 月，新疆维吾尔自治区党委八届六次全委（扩大）会议上确定提出新疆要努力打造"丝绸之路经济带"核心区，建设"五中心三基地一通道"①。

沿线国家根据本国诉求，主动与"丝绸之路经济带"倡议相关政策对接，哈萨克斯坦提出"光明之路"计划；中国与巴基斯坦经济走廊项目（CPEC），作为"一带一路"旗舰项目和中国对外合作六大廊道建设之一全面推进；中国、蒙古国与俄罗斯之间的经济走廊建设，也完成了相应的顶层设计和规划发布，进入具体实施阶段。俄罗斯提出将欧亚经济联盟与"丝绸之路经济带"倡议对接、乌兹别克斯坦制定规划完善与"丝绸之路经济带"的契合度；中国与吉尔吉斯斯坦的边境地区合作规划开启②。中巴、中塔、中蒙俄等合作规划在同步推进中。2016 年 10 月 8 日，国家发改委对外公布《中欧班列建设发展规划（2016—2020 年）》。阿拉山口、霍尔果斯在 4 个沿边陆路口岸节点之内。目前，中欧班列的几大品牌班列，如蓉新欧、渝新欧、汉新欧、义新欧都经过阿拉山口出境。2016 年经阿拉山口出境的中欧、中亚国际货运班列达 35 个，全年开行 1 200 余列。同期阿拉山口"丝绸之路"号货运专线班列开通运行。西行班列带去了物资、产品和技术，也将"一带一路"倡议的理念从亚洲东部传递到欧洲，实现了亚欧大陆的联通。

继霍尔果斯、阿拉山口实现国际客货运输外，中巴铁路、中吉乌铁路等已在规划设计中，正在建设的经克拉玛依到巴克图（塔城）的铁路线有希望成为下一个出境铁路枢纽。高速铁路建设，新疆向东已达兰州以东，向西的高铁正在建设中③。口岸建设取得实质性进展，新疆电子口岸于 2016 年 5 月在乌鲁木齐正式启动并上线运行。以中哈霍尔果斯合作中心为龙头，口岸建设对促进

---

① 石岚. 为共建共享"一带一路"作出新疆贡献 [N]. 新疆日报（汉），2017-10-12.
② 石岚. 为共建共享"一带一路"作出新疆贡献 [N]. 新疆日报（汉），2017-10-12.
③ 石岚. 为共建共享"一带一路"作出新疆贡献 [N]. 新疆日报（汉），2017-10-12.

沿线国家间的合作贡献突出。在管道建设方面，中国中亚已有 6 条能源管道相通，为"丝绸之路经济带"沿线国家能源合作提供了可参考的重要例证①。

经历近几年的发展，"丝绸之路经济带"建设进入一个新的时期。到目前为止，中国已成为重要的公共产品供应者，"丝绸之路经济带"的倡议在国际社会得到广泛的认同。

三、利用上合组织与 CAREC 推进中国（新疆）参与中亚区域经济合作的战略意义

中亚区域经济合作组织类型多样，范围广阔。早在 1995 年，吉尔吉斯斯坦就发起设立了"伊塞克论坛"，在强化独立国家地位与安全的同时，倡议区域经济合作。1998 年，乌兹别克斯坦发起建立"中亚合作组织"，强化独立国家的地位。2004 年，该组织被 2000 年由俄罗斯发起建立的"欧亚经济共同体"（EAEC）合并。2001 年，哈萨克斯坦、乌兹别克斯坦等国发起建立"中亚经济论坛"（CAEF），再次强化独立国家的地位与安全。

在中亚各国倡议建立的各种地区性国际组织之外，也出现由国际组织或域外国家倡议建立的区域经济合作组织，如俄罗斯倡议建立的独立国家联合体（CIS）；1992 年俄罗斯发起的里海油管财团（CPC）；2004 年俄罗斯倡议建立的欧亚反洗钱和反恐融资小组；2001 年中国、俄罗斯与中亚倡议建立的上海合作组织（SCO，承担安全与经济双重职能）；1985 年土耳其和伊朗倡议建立的中西亚经济合作组织（ECO）；联合国经济社会理事会 2000 年 10 月发起建立的"丝路区域计划"，日本 2004 年发起建立的"日本+中亚论坛"等。

（一）上合组织与 CAREC 机制

上合组织成立于 2001 年 6 月 15 日，现有成员国包括中国、俄罗斯、哈萨克斯坦、吉尔吉斯斯坦、乌兹别克斯坦、塔吉克斯坦、印度和巴基斯坦。这是当今世界上唯一以中国城市命名的永久性地区间国际组织。上合组织成立至今，致力于区域政治、经济、文化、安全等各领域的合作，经过 17 年的发展已经取得人所共知的重大成就。该组织以加强成员国间互信与睦邻友好为宗旨，鼓励成员国在政治、经济、文化、体育、教育、交通、环境保护等多领域

---

① 石岚. 为共建共享"一带一路"作出新疆贡献 [N]. 新疆日报（汉），2017-10-12.

全方位开展合作，共同维护和保障区域和平发展与安全和谐。为新时期重构公正、合理的国际政治经济新秩序，提供了实践的案例。

2015 年 7 月 10 日，在俄罗斯乌法上合组织成员国元首理事会上，启动了巴基斯坦和印度加入上合组织的程序。同期，白俄罗斯共和国获得观察员地位，给予阿塞拜疆共和国、亚美尼亚共和国、柬埔寨王国和尼泊尔联邦民主共和国对话伙伴地位①。印、巴的加入，不但扩大了上合组织的成员国疆域，更进一步带动了以下领域的区域合作：一是有助于印度打击恐怖主义和跨国犯罪，强化区域安全合作；二是提升中国在地区合作中的地位和能量；三是在地区能源、管道、互联互通网络建设中，拥有更佳的合作机遇；四是扩大上合组织的政治影响力，提高中国区域合作的话语权。

CAREC 全称为中亚区域经济合作机制，由亚行 1996 年倡议建立，2002 年提升为部长级合作②。CAREC 机制以合作发展，减少贫困为宗旨，通过一系列基础性建设和能源等领域合作，以提高地区的经济社会发展能力，提升区域合作水平为目标。目前，中国、哈萨克斯坦、乌兹别克斯坦、塔吉克斯坦、吉尔吉斯斯坦、土库曼斯坦、巴基斯坦、蒙古国、阿塞拜疆、格鲁吉亚和阿富汗为 CAREC 机制成员国。亚行世界银行、国际货币基金组织、联合国开发计划署、欧洲复兴开发银行、伊斯兰开发银行六个多边机构，以及一些发达国家的双边援助机构为发展伙伴，共同参与了 CAREC 机制的活动③。

近年来，中亚区域经济合作组织体系有新的发展：吉尔吉斯斯坦、塔吉克斯坦和哈萨克斯坦先后成为 WTO 成员，俄白哈关税同盟的建立，欧亚经济联盟的运行。

（二）中亚国家间区域经济合作的重点领域与成果

1. 劳务

中亚国家传统的劳务输出大市场在俄罗斯，中亚国家内部也存在不同程度的劳务输出与输入。随着俄罗斯经济近年来出现一定下滑，卢布贬值，导致部分在俄务工的中亚人员不得不返回自己的国家，从而加剧了中亚地区劳务人员的内部流动。中亚地区主要劳务输入国为哈萨克斯坦、吉尔吉斯斯坦、塔吉克斯坦以及乌兹别克斯坦。近年来在地区和国际经济形势变化的刺激下，中亚地

---

① 新华网. 上海合作组织成员元首乌法宣言［EB/OL］.［2015-07-11］. http://news.xinhuanet. com/2015-07/11/c_1115889128. htm.

② 资料来源：搜狗百科。

③ 资料来源：搜狗百科。

区的劳务输出情况略有调整，对劳务输出和输入的管理日趋严格，但对于吉尔吉斯斯坦、塔吉克斯坦等国家而言，劳务输出依然是获取外汇的主要来源。

2. 贸易

贸易往来是加强中亚区域经济关系紧密性的重要领域。历史的惯性与现实的需求，导致中亚国家之间的贸易活动一直占据非常大的比例。以哈萨克斯坦为例，2018 年哈萨克斯坦是塔吉克斯坦第二大贸易伙伴国，两国之间的双边贸易额达到 8.459 亿美元，同比增长 8.2%[①]。2017 年在吉尔吉斯斯坦贸易伙伴国家中，哈萨克斯坦位列第三，占比为 14.1%，其中对哈萨克斯坦的出口额为 2.972 亿美元，从哈萨克斯坦的进口额为 5.86 亿美元。2018 年，乌兹别克斯坦外贸总额为 338.15 亿美元。哈萨克斯坦是乌兹别克斯坦第三大贸易伙伴国家，占乌外贸总额 47%[②]。

3. 货币

随着经济相互依存度的提高，国家地区之间相互影响力会不断增加，典型案例是 2014—2015 年中亚国家货币贬值的相互牵制。受卢布贬值和世界经济不景气拖累，哈萨克斯坦货币出现大幅贬值，同期受影响的也包括中亚其他国家的货币。部分国家甚至不允许公开外币兑换或限制个人兑换额度。参与国际经济合作的程度越深，对货币和汇率的依赖度越强。一些发展相对较好的国家，如哈萨克斯坦、乌兹别克斯坦，开始通过强化国际合作的方式，提升自身抵御风险的能力。而另一些国家，如土库曼斯坦，则进一步加大了对货币和汇率的政府管制以防止风险。

4. 基础设施建设

区域合作的一项重要内容是基础设施建设。2013 年 5 月，哈萨克斯坦和土库曼斯坦跨境铁路开通。2014 年 12 月，连接哈萨克斯坦—土库曼斯坦—伊朗的国际铁路正式接轨。同期，亚行援助下的"西欧—中国西部"道路建设也为哈萨克斯坦国内公路网络的修缮与拓展提供了机遇。目前该项目已经联通了哈萨克斯坦和中国（新疆）。随着越来越多的中亚国家加入 WTO，以基础设施建设为主要领域的合作不断在更大范围开展。在哈萨克斯坦，亚投行和丝路基金支持下的阿斯塔纳轻轨于 2014 年开工建设，反映出"一带一路"倡议在金融支持下有了实质性进展。

---

① 资料来源：中国新闻网。
② 资料来源：中华人民共和国商务网。

5. 投资

受自身产业结构、经济规模、产业科技水平，以及融资能力等多重因素的影响，中亚国家之间的投资缺少大型项目，但不乏中小型投资，包括民间投资与项目共建。餐饮、旅游、手工艺品制作、食品加工，甚至矿产品开发等都是中亚国家间投资的重要领域。独立至今20多年的发展，已经让中亚国家在寻找和建立本国特色经济发展道路上取得了卓越的成绩。不论是哈萨克斯坦还是乌兹别克斯坦模式为区域经济合作提供的借鉴，都充分表明未来中亚区域经济合作的前景明朗。

但是区域合作并不是一帆风顺的，存在很多制约因素，如中亚国家经济发展水平不均衡、产业结构的互补性不突出、融资能力和企业创新能力不足、中亚经济易受国际经济市场的波动影响等，但中亚区域经济合作的趋势并未因此改变。

（三）依托上合组织和 CAREC 推进中国（新疆）参与中亚区域经济合作的意义

"一带一路"倡议的提出，为新疆向西开放提出了新的任务、目标。作为核心区，新疆依托现有的国际和地区机制，拓展与周边区域的经济合作势在必行。广义的中亚地区都是新疆对外开放与合作的重要方向。依托和充分利用上合组织和 CAREC 机制所能提供的各种资源，将有助于推进中国（新疆）与中亚区域经济合作的深度和广度。其意义突出表现为：

第一，上合组织和 CAREC 虽有差异，但目标有共同性。借助两大组织，新疆可以有更加广泛的施展能力的平台。

上合组织和 CAREC 是不同背景和工作目标的两个组织体系，其重点合作领域与资金、项目来源，有交集也有很大差异。目前，上合组织的各类培训、演习，以及部分人员往来、项目落实、协商会议等，依然以新疆为主要实践地。在安全和警务合作、边境反恐、军事演习、商务培训、留学生和各类专业人员交流等方面，新疆是工作开展的重点地区。CAREC 机制建立至今，正逐渐将中国新疆地区纳入建设重点。目前，CAREC 已经在中国新疆乌鲁木齐市设立了该机制的国际工作中心 CAREC 学院，定期招聘来自不同成员国家的官员或专家入驻，并有来自中国的常务主任负责日常工作。该中心的成立和运行提升了 CAREC 的实践推动力，为中国（新疆）参与区域经济合作提供了更广阔的国际平台。

第二，新疆的地缘优势如何转化为现实优势，取决于中国（新疆）与中亚区域经济合作的进程。新疆的地缘优势在向西开放中的地位和作用是中国其他省份无法替代的。核心区的提出，从政策层面构建了中国（新疆）与中亚区域经济合作将地缘优势转化为现实优势的更高平台。中国（新疆）与中亚地区的合作已经取得了一些成果，但需要借助上合组织和 CAREC 机制的资源拓展合作领域和范围，提升合作层次。

第三，利用上合组织与 CAREC 加强中亚区域合作，有益于为新疆拓展国际合作提供经验。新疆地处中国西北内陆地区，对外的国际合作对象以周边国家为主，合作的层次和水平还需提升。作为地区性国际组织，上合组织和 CAREC 的合作成果丰硕，积累了宝贵的合作经验。积极参与上合组织和 CAREC 所倡导的地区合作，充分利用两个合作机制的资源，推进中国（新疆）与中亚国家间的区域经济合作可以为中国向西开放扩充平台，加快新疆核心区建设，真正建设成为亚欧大陆的地理中心、人文中心、经济合作中心，为推进"一带一路"倡议的合作共赢提供更加便捷的路径。

第三章 上合组织与中亚区域经济合作研究

中亚区域经济合作因不同目的、不同层次而存在不同的合作状态，中亚国家之间的区域合作形式有：中亚五国之间的经济合作、中亚与西亚国家之间的经济合作、中亚国家与独联体国家之间的经济合作、中亚五国与中国之间的经济合作。国际组织框架下的经济合作包括：上合组织框架下成员国之间的区域经济合作、欧亚经济共同体机制框架下的成员国之间的区域经济合作、四国统一经济空间框架下的国家与国家之间的区域经济合作、CAREC 机制下成员国之间的经济合作。在以上区域经济合作中针对中亚区域经济合作有广泛影响力和推动力的当属上合组织和 CAREC 框架下的经济合作。

一、上合组织概况

（一）上合组织成立的背景

20 世纪末期，新自由制度主义作为西方国际关系理论的流派之一，对世界政治产生了重大影响。新自由制度主义代表罗伯特·基欧汉解释国家间是存在共同利益的，"共同利益"是国际合作问题的前提。《霸权之后：世界政治经济权利与纷争》与《国际制度与国家权力》这两本书的出版，标志着罗伯特·基欧汉的新自由制度主义理论框架和思想的成熟。

新自由制度主义理论中包含了一个重要的概念，就是国际制度。新自由制度主义认为，国际制度内在上包括了国际机制，国家活动时常受到国际制度的管束。罗伯特·基欧汉表示："要明了国际合作产生的前提，就务必通晓国际制度运转的形式及其存在的前提。一切努力推动国际合作的行为都是在某种制度背景下产生的，这种背景或许对合作产生积极作用，或许会产生不利影响。

为了充分地认识合作与纷争，就需要探究国际制度的起源和本质，还要摸索国际制度是怎样发生变化的。"① 新自由制度主义创建了国际制度和国家合作之间的因果构架，认为国际制度促成了合作行为的产生②。该理论为成立上合组织，以及建立上合组织成员国之间国际合作、互利共存的关系奠定了基础。

20世纪末，苏联解体，冷战结束后中亚五国独立并且作为亚欧大陆的中心开始迈进国际社会，国际战略地位越来越凸显。中国原与苏联接壤地区，变成与哈萨克斯坦、吉尔吉斯斯坦、塔吉克斯坦接壤。随着世界局势以及经济的发展，中亚区域所蕴含的大量资源使得中亚地区成为国际社会尤其美日欧等发达国家高度关注的地区。同时中亚独立后成为"三股势力"活动猖獗区域，国际恐怖主义、宗教极端主义以及民族分裂主义活动猖狂集中在该区域，使得该地区的不稳定性以及不确定性不断加剧，产生冲突以及爆发战争的可能性也在增大。这势必会影响该地区的和平稳定发展，中国（新疆）与中亚国家接壤，中亚的不稳定对我国的社会环境也造成不利的影响。中国、俄罗斯、中亚受到"三股势力"的威胁，加之各国对中亚区域内资源使用的利益考量，均产生国际合作的需求。为了达成和平稳定的发展愿望，上合组织在1996年"上海五国"基础上发展而来。2001年1月乌兹别克斯坦申请加入"上海五国"，同年6月，中国、俄罗斯以及中亚共同在上海宣布成立永久性政府间国际组织，至此，上合组织正式成立。同年9月14日在阿拉木图举办的经济贸易合作问题成员国总理会晤，对上合组织框架下的经济合作具有重要意义。而且不断深化经济合作，不仅能够促进地区的经济发展，而且有利于提高成员国应对组织外部威胁的综合能力，经济合作又是上合组织框架下各成员国推动安全合作的强大动力。

自2001年成立至今，在各成员国政府的积极努力下，区域经济合作进入了务实合作的新时期。八个成员国和四个观察员国为追求高质量经济发展，提高经济发展水平，主动扩展经济领域的合作，上合组织逐渐成为推进中亚区域经济合作不断走向深化的有效渠道。

（二）上合组织运行机制的建立及特点

随着上合组织的发展，区域经济合作的内容越来越丰富，形式多样而且充实。并且随着合作的深入，对上合组织机制建设以及完善的需求越来越强烈。

---

① 基欧汉. 霸权之后：世界政治经济权利与纷争 [M]. 上海：上海人民出版社，2016：56
② 米里. 丝绸之路经济带倡议下上合组织发展研究 [D]. 沈阳：辽宁大学，2017.

成员国每年举办一次峰会，通过会议各国元首进行探讨协商，制定并通过了一系列的法律文件确保上合组织能够正常、高效运转，推动成员国间经济合作。

上合组织是以法律合约为基础的国家首脑级合作机制。其运行机制包括会议机制和常设机构以及计划成立的上合组织反恐中心三个部分。会议机制中的国家元首理事会是组织中最高地位的决策机构，确定并负责上合组织中重大原则性问题。此外还包括政府元首理事会经济、交通、文化等会晤机制。上合组织的常设机构是上合组织秘书处以及地区反恐机构。上合组织秘书处于2004年在北京正式启动。其主要职责是为各个成员国组织的活动提供技术保障，会议相关文件的协商和落实等。地区反恐机构在乌兹别克斯坦首都塔什干运行①。其运行机制具有以下几个特点：

第一，上合组织是以和平稳定为前提，在各成员国相互尊重、互不干涉的基础之上建立的。

第二，与其他国际组织相比，上合组织强大的生命力在于开放度与透明度。

第三，上合组织的建立最初以安全为主，但组织成员国的安全合作不针对成员国以外的任何国家。

第四，任何一个组织的建立都有共同的利益所在，上合组织也不例外，并且是在相互信任的基础之上成立的。

经过不断的建设和发展，上合组织形成了三个组成部分，即成员国、观察员国和对话伙伴。上合组织参与国家不断地增加，组织机构不断完善，同时上合组织的影响力正在扩大。上合组织各成员国位于亚洲核心地带，又以中国（新疆）和中亚五国为核心。该地区在亚洲乃至世界上都占有重要的战略地位。各成员国都为地区的安全稳定以及多领域的高效合作做出了很多努力，对该组织也都抱有很高的期望。

上合组织和以往的国际组织有所不同，为了更好地完成宗旨和任务，各成员国于2002年在圣彼得堡签署了《上海合作组织宪章》，为进一步提升地区的和平稳定，以及推进地区的经济贸易、能源、环境、交通等领域的合作打下了坚实基础。为了促进中亚地区经济可持续发展，2005年各国签署《上海合作组织银行联合体协议》，为上合组织地区提供金融服务。至今，上海合作组织银行联合体（以下简称"上合银联体"）成立了17年，已成为中亚区域经

---

① 中国国际问题研究基金会俄罗斯中亚研究中心. 中亚区域合作机制研究（论文集）［C］.
北京：世界知识出版社，2009：4-5.

济合作的重要金融合作平台。上合组织资金来源于成员国政府，上合银联体主要由中国国家开发银行对中亚地区合作项目提供贷款，投资的项目主要在基础设施、能源和农业等领域。上合组织在多年的建设过程中，不断完善法律机制，不断挖掘合作潜力，尤其"一带一路"倡议提出之后，中亚各国间的关系进入一个全新的时期①。

（三）上合组织的合作理念及愿景

能够顺应时代潮流的合作理念才能展现强大的生命力和强盛的发展动力。合作理念作为上合组织重要观念之一，在具体合作实施中起着引领的作用。上合组织最核心的理念就是"上海精神"。提出的 20 字经典内容，即互信、互利、平等、协商、尊重多样文明、谋求共同发展。很多权威学者对"上海精神"进行了解说，它不仅是"上海五国机制"的基础，也是上合组织的灵魂②。比较精准的解说源自我国现代国际关系研究院的陆忠伟院长，他把"上海精神"包含的内容总结为"五个 C"和"三个新"，即前者为信任、交流、合作、共存、共同利益，后者为国家关系、安全观、区域合作模式三个新的理念③。"上海精神"既代表我国至诚的工作态度，又代表我国的创新精神，不遗余力地帮助各成员国在最大程度上达成共同利益④。上合组织理念的成功构造，一定程度上缓解了国家间的摩擦，不断探寻国家间、区域间合作的新模式，在这个探寻过程中合作理念不断完善并发展成熟，被正式写入《上海合作组织成立宣言》和《上海合作组织宪章》。

"一带一路"倡议的提出，构建了亚、欧、非地区之间的联系。上合组织的核心理念与"一带一路"倡议提出的"丝路精神"具有相通性，也符合我国外交新理念。在信息技术高速发展的时代，上合组织与"一带一路"倡议体现了多样性发展，符合中亚地区以及周边国家的利益诉求，具有广泛的适用性和实用性。

（四）上合组织在区域经济发展中的地位与作用

上合组织的建立是我国在外交历史迈出的重要一步，它展现了我国的国际

---

① 中国国际问题研究基金会俄罗斯中亚研究中心. 中亚区域合作机制研究［C］. 北京：世界知识出版社，2009：4-5.
② 王潇涵. 从上合组织青岛峰会看区域合作及全球治理［J］. 散文百家，2019（2）：257.
③ 邢广存，孙壮志. 上海合作组织研究［M］. 长春：长春出版社，2007：128.
④ 陈佳欢. 上合组织发展经验对深化中国周边外交的启示［D］. 兰州：兰州大学，2016.

影响力在不断增强，在保障地区安全、促进区域经济发展方面日益发挥着重要的效力。在上合组织中框架下各成员国之间合作深化有利于加快区域经济一体化发展，提高各国面对全球经济冲击的应对能力。作为开放性的组织，上合组织也在积极欢迎其他国家的加入，上合组织若接收观察国为成员国后，将进一步提升其在国际组织中的地位，协调大国之间的关系，有利于促进国际格局向多极化变动，为公正合理的国际新秩序添砖加瓦①。

对于我国和中亚地区来说，上合组织还具有重要的战略地位。中亚地区丰富的资源吸引了世界各国的关注，在国际经济一体化发展和区域经济利益的重新分配中，中亚地区都备受瞩目。尤其我国与中亚各国以及俄罗斯在经济上的互补性很强，经济合作也主要集中于能源方面。因此上合组织成立十几年来，区域经济合作一直是本组织的主要合作领域。推动以及深化区域经济合作已成为每年一次的高峰论坛中各国元首会晤的重大议题。上合组织对区域经济发展已发挥了如下积极的作用：

其一，各成员国通过十几年的经济安全合作，深化了国家间的友谊，增强了国家间的政治互信度，提升了成员国之间的亲密度。"上海精神"从理解到运用再到深入各成员国的工作中，开启了中亚地区新型的合作形式。在上合组织的推动下，各成员国的贸易持续较快发展，本区域的投资以及经济技术合作迅猛发展，合作由个别项目到整个领域，由单一类型到复合类型，由初级到高级。中亚区域各国之间的经济联系和依存度不断地增强。

其二，上合组织不断的扩员，增加了观察员国，使得参与区域经济合作的范围扩大，经济合作的空间不断加大。

其三，在积极应对经济危机的冲击以及应对组织外国家对组织内国家经济安全等冲击方面起到了一定抵御作用。

其四，支持技术创新前景广阔。随着技术进步的推进，创新性企业、高科技技术企业迅速占领市场并具有一定的地位。在上合组织框架下进行创新合作的前景十分广阔。目前加快合作的高技术产业主要有：资源节约、环境保护、新材料新能源、医疗、计算机科学与电信。上合组织在政府协商的基本条件下，不断为这些新项目、新企业提供资金方面的支持②。

---

① 栾军波. 上海合作组织的战略地位 [D]. 北京：中国人民大学，2008.

② 列别捷夫，郑润宇. 上合组织框架内的创新合作：目标、策略与前景 [J]. 俄罗斯研究，2009（6）：129-131.

二、上合组织框架下中亚区域经济合作的模式及历程

在上合组织框架内，中亚区域经济合作主要采取会议驱动模式和边境自由贸易区模式。上合组织的会议驱动模式主要包括成员国元首理事会会议、政府首脑（总理）理事会会议、各合作领域部长级会议等，通过召开不同层次的会议共同讨论磋商上合组织成员国在经济、安全、政治等领域的具体合作。边境自由贸易区模式是由两国政府在边境特定的区域内，通过签订相关协议，以便促进贸易便利化和自由贸易。

（一）上合组织框架下会议驱动合作模式

上合组织自 2001 年 6 月成立以来，先后建立了由上合组织成员国的国家元首、国家总理、国家总检察长、国家安全会议秘书、国家外交部部长、国家国防部部长、国家经贸部部长、国家文化部部长、国家交通部部长、国家紧急救灾部门领导人、国家协调员等组成的多层次、多领域的各种会议机制，不断建立和完善了涵盖不同层次且涉及众多领域的机构体系。

成员国元首理事会是上合组织的最高决策机构，每年一次的上合组织成员国元首理事会，决定上合组织框架下安全、边界、经济、人文等领域合作的重要问题。上合组织政府首脑（总理）理事会，每年召开一次，讨论上合组织框架下重点解决成员国经济双边、多边合作和优先合作领域的战略，确定成员国之间在经济发展和其他领域发展中的基本原则，决定成员国之间在经济发展和其他领域发展中的重大事项。不定期召开的上合组织成员国经贸部长会议、交通部长会议、银行行长会议、财政部长会议等，讨论解决贸易投资、海关、金融、税收、交通、能源、农业、科技、电信、环保、卫生、教育等领域的具体合作问题①。

1. 上合组织元首理事会峰会促进区域经济合作

上合组织自成立以来，每年的 6 月至 9 月定期召开上合组织成员国元首理事会峰会。该峰会作为上合组织最高级别的会议，通过成员国元首会议形成成员国在安全、经济等方面合作的重大决议，确定上合组织在安全、经济等方面合作的具体发展目标和规划。18 年来上合组织成员国元首在安全、经济、人

① 根据上合组织历年峰会文件整理（参见上合组织官网，2019-05-30）。

文、教育等领域合作以发表宣言、通过决议等形式签署的经济合作基础文件有10多项，包括：《上海合作组织成立宣言》（2001年6月上海峰会）①、《上海合作组织五周年宣言》（2006年6月上海峰会)②、《上海合作组织十周年宣言》（2011年6月阿斯塔纳峰会)③、《上海合作组织中期发展战略规划》(2012年6月北京峰会)④、《上海合作组织至2025年发展战略》（2015年7月乌法峰会)⑤、《〈上海合作组织至2025年发展战略〉2016—2020年落实行动计划》（2016年6月塔什干峰会)⑥、《上合组织成员国旅游合作发展纲要》《上海合作组织十五周年宣言》（2016年6月塔什干峰会)⑦，《上合组织成员国旅游合作纲要联合行动计划》（2017年6月9日阿斯塔纳峰会)⑧，《〈上合组织成员国长期睦邻友好合作条约〉实施纲要（2018—2022年）》（2018年6月青岛峰会)⑨，2018年6月青岛峰会发表《上海合作组织成员国元首关于贸易便利化的联合声明》⑩为上合组织成员国开展经济合作奠定了非常重要的法律基础。

上合组织成员国元首理事会多次提出建立区域经济合作的重要建议，审议、签署由上合组织成员国总理理事会会议形成的关于区域经贸合作纲要，经贸合作纲要落实措施及项目清单、能源、交通、旅游、科技、中小企业发展等多项文件。每一次会议都是推动区域经济合作进一步发展的巨大动力，18次元首理事会见证了上合组织框架下中亚区域经济合作在范围上的不断扩大、目标定位上的准确和机制更加成熟的过程。其中意义重大的几次峰会有：

上合组织第一次峰会（2001年6月）首次确立了上合组织的宗旨："加强各成员国之间的相互信任和睦邻友好；鼓励各成员国在政治、经贸、科技、文化、教育、能源、交通、环保及其他领域的有效合作；共同致力于维护和保障地区的和平、安全与稳定；建立民主、公正、合理的国际政治经济新秩序。"⑪

---

① 根据上合组织2001年6月峰会文件整理（参见上合组织官网，2001-06-20）。
② 根据上合组织2006年6月峰会文件整理（参见上合组织官网，2006-06-25）。
③ 根据上合组织2011年6月峰会文件整理（参见上合组织官网，2011-06-30）。
④ 根据上合组织2012年6月峰会文件整理（参见上合组织官网，2012-06-30）。
⑤ 根据上合组织2015年7月峰会文件整理（参见上合组织官网，2015-07-20）。
⑥ 根据上合组织2016年6月峰会文件整理（参见上合组织官网，2016-06-26）。
⑦ 根据上合组织2016年6月峰会文件整理（参见上合组织官网，2016-06-26）。
⑧ 根据上合组织2017年6月峰会文件整理（参见上合组织官网，2017-06-20）。
⑨ 根据上合组织2018年6月峰会文件整理（参见上合组织官网，2018-06-23）。
⑩ 根据上合组织2018年6月峰会文件整理（参见上合组织官网，2018-06-23）。
⑪ 杨恕，张会丽. 评上海合作组织与独联体集体安全条约组织之间的关系 [J]. 俄罗斯中亚东欧研究，2012（1）：68-76，96.

该宗旨特别强调积极挖掘上合组织各成员国之间在经济贸易领域互利合作的优势和潜力以及机遇，锐意进取，不断推进上合组织各成员国之间双边、多边和多元化合作，提出在上合组织框架内启动贸易和投资便利化，制定长期多边经贸合作纲要。

在上合组织第二次峰会（2002年6月）上，会议明确发展经济关系是上合组织非常重要的工作任务，确定将交通和能源设施建设、能源开采和运输作为上合组织成员国优先建设项目①。

在上合组织第四次峰会（2004年6月）上，会议明确了六国在能源、交通运输、信息通信、农业等优先领域开展务实合作的方向、目的和任务，并确定了具体实施途径和方式②。

在上合组织第五和第六次峰会（2005年、2006年）上，会议重点强调建立发展基金、加强银行间协作，成立了上合组织实业家委员会和银行联合体，强调支持中亚经济发展，制订上合组织成员国之间区域经济合作的长期计划和发展方向③。

在上合组织第七次峰会（2007年8月）上，会议重点讨论能源领域合作问题，加强能源生产国、过境国、消费国之间的务实合作，促进中亚国家经济可持续发展④。

在上合组织第十二次峰会（2012年8月）上，会议签署了《上合组织成员国元首关于构建持久和平、共同繁荣地区的宣言》《上合组织中期发展战略规划》等10项重要合作文件。上合组织在建立后的11年间，首次确立了上合组织发展的方向、具体目标、合作框架以及很多务实的倡议，表明了要从安全领域向经济、人文领域拓展⑤。

在上合组织第十五次峰会（2015年7月）上，会议确定了上合组织深化政治、安全、经济和人文领域合作的主要方向，在工业生产、能源开发、交通运输、电讯通信、科学技术、农业生产、创新领域的多边合作中制定切实可行的具体实施方案，并大力支持中国"丝绸之路经济带"倡议的实施⑥。

在上合组织第十六次峰会（2016年6月）上，会议确定了上合组织框架

---

① 根据上合组织2002年6月峰会文件整理（参见上合组织官网，2002-06-26）。
② 根据上合组织2004年6月峰会文件整理（参见上合组织官网，2004-06-28）。
③ 根据上合组织2005年、2006年6月峰会文件整理（参见上合组织官网，2006-06-28）。
④ 根据上合组织2007年8月峰会文件整理（参见上合组织官网，2007-08-30）。
⑤ 根据上合组织2012年8月峰会文件整理（参见上合组织官网，2012-08-30）。
⑥ 根据上合组织2015年7月峰会文件整理（参见上合组织官网，2015-07-30）。

内成员国进一步扩大互利经贸合作的协调措施，为贸易、相互投资和实业界合作创造便利；继续深化在贸易、产能、财政、投资、农业、海关、通信、卫星导航等领域的合作；积极落实中国"丝绸之路经济带"倡议，进一步推动区域内的经济合作；将成员国之间交通领域的多边合作作为重点项目加以推进，加速国际运输走廊网络体系建设，以便打通亚洲和欧洲交通枢纽建设①。

在上合组织第十八次峰会（2018 年 6 月）上，会议重点讨论在上合组织框架内发展服务业和服务贸易，促进电子商务合作；深化交通运输、能源、农业等领域的多边合作；积极落实中国"一带一路"倡议提出的政策沟通、设施连通、贸易畅通、资金融通、民心相通②。

2. 上合组织首脑（总理）会议形成经济合作实施方案

上合组织自成立至今，于每年的 9—12 月定期召开上合组织政府首脑（总理）理事会会议。19 次政府首脑（总理）理事会会议的召开，促成了 50 多项合作纲要、计划等文件的签署，这些基础性经济合作文件涉及经贸、交通、海关、银行业和实业家委员会、农业、科技、环保及中小企业等领域的合作。上合组织政府首脑（总理）理事会在经济贸易合作领域提出了一系列措施，并不断加以改善和深化③，并积极推动各项合作措施与项目落到实处，取得显著成效。

上合组织首脑（总理）第一次会议（2001 年 9 月，阿拉木图）签订了《上海合作组织成员国政府间关于区域经济合作的基本目标和方向及启动贸易和投资便利化进程的备忘录》④。此后多次会议不断完善和推进了一系列关于经贸合作、交通领域以及发展战略方面的制度和文件，主要有《上海合作组织成员国多边经贸合作纲要》⑤《〈上海合作组织成员国多边经贸合作纲要〉落实措施计划》⑥《上海合作组织秘书处关于〈上海合作组织成员国多边经贸合作纲要〉实施情况报告》⑦《上海合作组织至 2025 年发展战略》⑧《〈上海合作组织至 2025 年发展战略〉2016—2020 年行动计划》⑨《上海合作组织成员国

---

① 根据上合组织 2016 年 6 月峰会文件整理（参见上合组织官网，2016-06-30）。
② 根据上合组织 2018 年 6 月峰会文件整理（参见上合组织官网，2018-06-30）。
③ 根据上合组织历年峰会文件整理（参见上合组织官网，2019-05-30）。
④ 根据上合组织 2001 年 9 月峰会文件整理（参见上合组织官网，2001-09-30）。
⑤ 根据上合组织 2003 年 9 月首脑峰会文件整理（参见上合组织官网，2003-09-30）。
⑥ 根据上合组织 2004 年 9 月首脑峰会文件整理（参见上合组织官网，2004-09-30）。
⑦ 根据上合组织历年首脑峰会文件整理（参见上合组织官网，2019-05-30）。
⑧ 根据上合组织历年首脑峰会文件整理（参见上合组织官网，2019-05-30）。
⑨ 根据上合组织历年首脑峰会文件整理（参见上合组织官网，2019-05-30）。

关于加强多边经济合作、应对全球金融经济危机、保障经济持续发展的共同倡议》①《上海合作组织成员国政府首脑（总理）关于区域经济合作的声明》②《上海合作组织成员国元首关于贸易便利化的联合声明》③《上海合作组织成员国政府间国际道路运输便利化协定》④《上海合作组织信息高速公路》示范项目⑤、《"上海合作组织信息高速公路"项目方案（草案）》⑥《上海合作组织成员国政府首脑（总理）关于进一步开展交通领域合作的联合声明》⑦《上海合作组织公路协调发展规划草案》⑧《上海合作组织成员国政府间建立和运行交通运输一体化管理系统协定》⑨《上海合作组织铁路合作构想（草案）》⑩《上海合作组织成员国政府关于海关合作与互助协定》⑪ 等。

上合组织政府首脑（总理）理事会在银行业和实业家委员会合作领域提出具体方案。2007 年 11 月塔什干第六次会议签署了《上海合作组织银行联合体与实业家委员会合作协议》⑫《上海合作组织银行联合体投资项目筛选、评估和实施写作条例》⑬，后又陆续签署《上海合作组织专门账户组建和运作基本原则》⑭《上海合作组织银联体中期发展战略（2012—2016）》⑮《关于成立上海合作组织开发银行和上海合作组织发展基金（专门账户）下一步工作的决议》⑯《关于加强金融合作、促进区域发展措施计划》⑰《上海合作组织银联体 2017—2021 年中期发展战略》⑱ 等。

上合组织政府首脑（总理）理事会在科技合作领域提出很多具体方案，

① 根据上合组织历年首脑峰会文件整理（参见上合组织官网，2019-05-30）。
② 根据上合组织历年首脑峰会文件整理（参见上合组织官网，2019-05-30）。
③ 根据上合组织历年首脑峰会文件整理（参见上合组织官网，2019-05-30）。
④ 根据上合组织历年首脑峰会文件整理（参见上合组织官网，2019-05-30）。
⑤ 根据上合组织历年首脑峰会文件整理（参见上合组织官网，2019-05-30）。
⑥ 根据上合组织历年首脑峰会文件整理（参见上合组织官网，2019-05-30）。
⑦ 根据上合组织历年首脑峰会文件整理（参见上合组织官网，2019-05-30）。
⑧ 根据上合组织历年首脑峰会文件整理（参见上合组织官网，2019-05-30）。
⑨ 根据上合组织历年首脑峰会文件整理（参见上合组织官网，2019-05-30）。
⑩ 根据上合组织历年首脑峰会文件整理（参见上合组织官网，2019-05-30）。
⑪ 根据上合组织历年首脑峰会文件整理（参见上合组织官网，2019-05-30）。
⑫ 根据上合组织历年首脑峰会文件整理（参见上合组织官网，2019-05-30）。
⑬ 根据上合组织历年首脑峰会文件整理（参见上合组织官网，2019-05-30）。
⑭ 根据上合组织历年首脑峰会文件整理（参见上合组织官网，2019-05-30）。
⑮ 根据上合组织历年首脑峰会文件整理（参见上合组织官网，2019-05-30）。
⑯ 根据上合组织历年首脑峰会文件整理（参见上合组织官网，2019-05-30）。
⑰ 根据上合组织历年首脑峰会文件整理（参见上合组织官网，2019-05-30）。
⑱ 根据上合组织历年首脑峰会文件整理（参见上合组织官网，2019-05-30）。

包括《上海合作组织使用电子数字签名开展跨境电子合作》①《上海合作组织成员国政府间科技合作协定》②《〈上海合作组织成员国政府间科技合作协定〉2016—2020年落实措施计划》③ 和《上海合作组织科技伙伴计划》④。

上合组织政府首脑（总理）理事会在其他领域均有涉及。上合组织政府首脑（总理）理事会在农业合作领域提出的具体方案有《上海合作组织成员国农业合作协定》⑤。上合组织政府首脑（总理）理事会在环保合作领域提出具体方案有《上海合作组织成员国环保合作构想（草案）》⑥。上合组织政府首脑（总理）理事会在中小企业发展合作领域提出具体方案有《上海合作组织成员国经贸部门间促进中小企业合作谅解备忘录》⑦。

上合组织政府首脑（总理）理事会是推动上合组织成员国经济合作的重要机构，是制定上合组织成员国经济合作领域、项目、措施并敦促其切实落实的会议机制，是一个不断完善上合组织成员国经济贸易、交通运输、海关、银行业、农业、科技、环保、中小企业等重要领域的制度制定和具体措施计划执行的合作机制。上合组织政府首脑（总理）理事会的每一次会议都会确定上合组织成员国的具体目标和合作的优先范畴，并出台切实可行的关于经济贸易、能源、交通运输、海关等各个领域的合作规划和方案。

2001年9月第一次会议正式启动上合组织框架内成员国之间的经济合作。2003年9月第二次会议重点讨论上合组织深化经贸等各领域的合作问题，确定贸易和投资便利化是上合组织经济合作的首要任务，确定完善交通运输基础设施，协调成员国之间的过境运输便利化政策，建立成员国之间的国际运输大通道是上合组织长期以来经济合作的重点领域。此后一直到2016年11月第十五次会议，将提高上合组织成员国人民福祉和生活水平，以及不断提高成员国之间在基础设施、能源合作开发、金融贸易投资等领域的合作视为首要方向，进一步向《上海合作组织宪章》所规定的商品进出口、资本流动、服务和技术的自由流动目标靠近。

2017年11月，第十六次会议积极落实上合组织2030年可持续发展的目标，促进成员国之间的多边交通运输领域的深度合作，特别是对已有的国际公

---

① 根据上合组织历年首脑峰会文件整理（参见上合组织官网，2019-05-30）。
② 根据上合组织历年首脑峰会文件整理（参见上合组织官网，2019-05-30）。
③ 根据上合组织历年首脑峰会文件整理（参见上合组织官网，2019-05-30）。
④ 根据上合组织历年首脑峰会文件整理（参见上合组织官网，2019-05-30）。
⑤ 根据上合组织历年首脑峰会文件整理（参见上合组织官网，2019-05-30）。
⑥ 根据上合组织历年首脑峰会文件整理（参见上合组织官网，2019-05-30）。
⑦ 根据上合组织历年首脑峰会文件整理（参见上合组织官网，2019-05-30）。

路和铁路运输走廊进行升级，并在此基础上继续新的国际公路和新的铁路运输走廊建设，对成员国之间的高速公路干线进行合理规划，加快区域内多功能物流中心建设，开展成员国之间其他的基础设施项目合作，建立统一高效的过境运输系统；继续推动金融机构和金融服务网络化布局，加强金融监管交流；扩大农产品贸易和农业投资领域的合作。

2018 年 10 月，第十七次会议提出继续深化政治互信、安全保卫、进出口贸易等领域的合作，大力促进建立新型的"相互尊重、公平正义、合作共赢"的国际关系，首次提出"人类命运共同体"的构建理念；为成员国之间经济贸易合作、金融投资合作提供更加便利的条件，在此基础上，还要以发展成员国高科技产业作为发展动力，不断促进成员的工业产业现代化建设；提升成员国的国际经济竞争力，缩小成员国之间生产技术水平的差距；通过成员国服务业和服务贸易的深度合作，促进成员国经济贸易的深度合作，不断挖掘成员国经济增长潜力，共同实施"一带一路"倡议。

3. 部长级会议及其他工作机制落实合作项目

自上合组织成立以来，成员国部长级会议每年定期或不定期召开，形成了30 多个经贸部长级会议机制，涉及经贸、交通、财政、央行、农业、科技等领域。在此会议机制下又分设了海关专业工作组、电子商务专业工作组、投资促进专业工作组、发展过境潜力专业工作组、现代信息和电信技术专业工作组和贸易便利化专业工作组，同时设立上合组织实业家委员会和上合组织银行间联合体，形成了推动上合组织框架下区域经济合作的重要平台①。

上合组织召开成员国经贸部长会议的目的在于，积极贯彻落实成员国元首、总理领导人峰会达成的经济贸易合作共识，启动成员国之间区域经济发展的监测机制，建立成员国之间的电子商务交易平台，建立成员国之间的专门交易账户，落实成员国之间具体合作的投资项目。

上合组织召开成员国交通部长会议的主要目的在于确定成员国之间双边或多边交通运输合作的主要方向，消除成员国之间双边或多边各种交通运输壁垒，建立完善成员国之间双边或多边国际交通运输走廊、多式联运物流等过境运输通道。

上合组织召开成员国农业部长会议的目的在于落实粮食生产、农业灌溉、科技运用、食品卫生安全等问题。上合组织召开成员国财政部长和央行行长会议的目的在于加强成员国之间财政政策与货币政策协调，为区域经济合作提供

---

① 王健. 上海合作组织发展进程研究 [D]. 上海：上海社会科学院，2012.

投资、融资保障。

（二）上合组织自由贸易区驱动合作模式

边境自由贸易区模式是由两国政府在边境特定的区域内，通过签订相关协议，达到实现成员国之间双边或多边自由贸易的目的。中哈霍尔果斯国际边境合作中心就是中哈自由贸易区的初步形态。长期以来，因为在上合组织成员国的经济合作中，中亚国家在面对中国的竞争时试图采取保护贸易政策来维护本国利益，所以贸易自由化面临挑战①。在区域一体化的道路上，欧亚经济共同体关税同盟的快速发展与上合组织自由贸易区的停滞不前形成了鲜明的对比②。

由于中亚各国正处于经济转型过程中，在各种矛盾交织的情况下，上合组织考虑如何为本地区提供区域性公共产品和成为本地区经济增长的发动机，以此带动上合组织取得真正的发展③。为了扩大上合组织成员国之间的经济合作，2003 年 9 月在上合组织成员国首脑（总理）理事会上，我国总理表达了建立自由贸易区的诚意，并写入了上合组织经贸合作长期发展规划中，但是建立自由贸易区的倡议没有得到俄罗斯和中亚国家的积极响应。近年来，俄罗斯经济出现金融危机、中亚国家出现货币危机，俄罗斯和中亚国家开始意识到建立上合组织自由贸易区的重要性和紧迫性，因此哈萨克斯坦领导人提出建立自由贸易区的建议。2017 年 1 月上合组织秘书长表示，应该在上合组织内部建立自由贸易区，虽然现实中存在成员国建立自由贸易区的各种障碍，但是建立自由贸易区的问题已经提上了上合组织的议事日程④。

三、上合组织框架下区域经济合作机制构建

各上合组织成员国经济实力有差异，利益诉求也有差异。我国作为上合组织的缔造国，充分利用组织机制提供的有利条件方能体现我国创建上合组织的

① 王维然，陈彤. 关于建立上海合作组织自贸区的回顾与反思：2003—2013 [J]. 俄罗斯中亚东欧研究，2014（6）：49-54.

② 王维然，陈彤. 关于建立上海合作组织自贸区的回顾与反思：2003—2013 [J]. 俄罗斯中亚东欧研究，2014（6）：49-54.

③ 王维然，陈彤. 关于建立上海合作组织自贸区的回顾与反思：2003—2013 [J]. 俄罗斯中亚东欧研究，2014（6）：49-54.

④ 胡贝贝，吴笛，李新. 上海合作组织自贸区建设及其经济效应分析 [J]. 国际展望，2018，10（3）：50-69，154-155.

意义。经济合作是上合组织顺利发展的基础和保证，2001 年至今，组织成员国之间达成一系列经济合作文件，促使我国与中亚成员国之间的区域经济合作步入正轨。上合组织区域经济合作机制包含以下主要领域：

（一）能源合作机制构建

2007 年上合组织在莫斯科召开能源部长会议，五国代表一致同意建立能源俱乐部，让能源俱乐部协调成员国能源运输和开采方案。乌兹别克斯坦对建立能源俱乐部积极响应，并提出建立能源论坛，实现能源政策沟通和交流。中亚国家可持续发展跨国委员会通过了中亚可再生能源区域中心理事会章程和条例，主要目标任务是促进和协调清洁能源在中亚区域广泛的领域内推广，并将该中心设在塔什干①。2013 年哈萨克斯坦总理召开政府会议，讨论为可再生能源投资提供支持，并制定相应管理机制支持可再生能源进一步发展。

（二）贸易合作机制构建

2005 年，为进一步深化中国和乌兹别克斯坦的经贸合作，中乌两国签订了《中乌友好合作伙伴关系条约》，为两国企业合作提供了便利，增加了合作的密切度。2009 年 7 月对外经济贸易洽谈会在乌鲁木齐举办，开展中外企业论坛和座谈会，通过多样活动，推进中西亚经济合作。2015 年哈萨克斯坦总统签订了改善内外贸易机制的相关修改和补充法律，协定自 2017 年起开始以电子形式进行证券交易。2018 年上合组织青岛峰会召开，会议努力完善多边贸易体制，推进贸易便利化，完善法律基础，加强合作共识。

（三）交通合作机制构建

2002 年上合组织成员国交通部长会议机制在吉尔吉斯斯坦首都比什凯克正式运行。2004 年各国政府同上合组织成员国签订了《上海合作组织国际道路运输便利化多边协定（草案）》，成员国各方商定了六条运输线，为上合组织成员国跨境运输打下基础。2006 年，上合组织成员国第五次总理会议在塔吉克斯坦首都杜尚别召开，签订了《关于加快制订〈上海合作组织成员国政府间国际道路运输便利化协定〉（草案）的谅解备忘录》。

---

① 阿里莫夫. 中国与中亚能源合作：国之战略 [EB/OL]. [2014-11-15]. http://enery.people.com.cn/n/2014/1115/c71661-26031515.html.

（四） 农业合作机制构建

为加强土地耕种、农机制造、农业科研等领域的合作，2010 年上合组织成员国在乌兹别克斯坦召开的元首理事会上签署了《上海合作组织成员国政府间农业领域合作协议》。2010 年，第十次上合组织元首理事会各成员国签署了《上海合作组织成员国政府间农业合作协定》，认为上合组织各地区尤其新疆农牧业发达，在与中亚国家农业合作中均有很大潜力和合作空间，即使各成员国或者地区之间在地理区位、环境、资源禀赋、农业技术和自身的发展程度等存在比较大的差异。

（五） 金融合作机制构建

2006 年在上海召开的上合组织第六次元首理事会会议，通过了《上海合作组织银行联合体成员行关于支持区域经济合作的行动纲要》等文件，对于上合组织区域金融合作机制化建设注入新的活力。为了提高中亚区域贸易和投资水平，上合组织提出加强各国金融领域的信息交流、人员培训、开展金融创新合作等，逐步建立各国金融政策的多边协调机制。上合组织开发银行的建设在继续推进。2013 年后，金砖国家新开发银行尤其是中国倡导建立的亚投行和丝路基金等融资机构，开始逐步构建起"一带一路"完整的融资机制生态系统，为上合组织后续的加速发展产生了强大的助推能力。

（六） 科技合作机制构建

2009 年第一次科技部长会议在乌鲁木齐召开，会议通过了《上海合作组织成员国科技部长会议条例》《上海合作组织成员国科技合作常设工作组工作条例》。2010 年上合组织各成员国在北京举办首届科技部长会议，确定科技合作的相关机制、原则、任务等，目的是通过联合进行科学研究，建立科研机构，开展科技多边合作。2013 年上合组织第十三次元首会议签署了《上海合作组织成员国政府间科技合作协定》。2015 年新疆首先推动"上合组织科技伙伴计划"，此计划共安排了 16 个项目，内容主要涉及建立联合研究中心，建立高新技术产业园区、农业科技示范园区等①。

---

① 新华网."上海合作组织科技伙伴计划"在新疆正式启动[EB/OL].[2015-10-22].http://www.xinhuanet.com/.

四、上合组织推进区域经济合作进程

（一）"上海五国"时期上合组织关注的区域合作领域

中国、哈萨克斯坦、吉尔吉斯斯坦、俄罗斯、塔吉克斯坦五国于1996年4月26日在上海首次确立了五国元首会晤机制，并且签订了《关于在边境地区加强军事领域信任的协定》，目的在于以睦邻友好合作为前提，通过双边对话和谈判，解决历史遗留的边界问题（见表3-1）。

表3-1 "上海五国"时期的区域合作

年份	会议	签署的合作内容	评价
1996年	"上海五国"元首首次会晤，签署《关于在边境地区加强军事领域信任的协定》	边境地区军事力量互不进攻；限制军事演习的规模、范围和次数并不进行针对对方的军事演习；及时交换边境100千米纵深区的重大军事情报；相互邀请观看实兵演习；加强双方边境军事力量和边防部队间的友好交往等	促进中国同俄、哈、吉、塔边境地区的和平、稳定且为维护亚太地区乃至世界的和平稳定提供了不同于冷战思维的新安全模式，是加强地区安全的突破性举措
1997年	五国元首莫斯科会晤，签署了《关于在边境地区相互裁减军事力量的协定》	中国与俄、哈、吉、塔双方裁减边境地区的军事力量到最低水平与双边友好相匹配并且互不进攻，交换双方边境军事力量信息资料；不筹划单边的军事优势，相互不使用武力或相威胁；裁减和限制部署在边界两侧各100千米纵深的人员和武器；相互监督执行等	对于保障地区安定的多边关系起到了积极的建设与推动作用
1998年	阿拉木图第三次五国元首会晤	坚持平等互利、互不干涉的国际关系准则，用友好协商的方式解决国家间的分歧和争议，始终尊重彼此主权和领土完整；对于"三股势力"等暴恐及各种地区犯罪共同携手一致打击；维护国际公约反对核扩散，联合国际社会齐心协力阻止南亚核军备竞赛；从务实合作、互利共赢角度不断推进五国间的经济关系等	由前两次以中国为一方，俄、哈、吉、塔为另一方的双边会晤转变为五国间的多边会晤，五国合作的侧重点也从军事领域扩大到政治、经济等领域，对经济合作起到了重要助力作用

表3-1(续)

年份	会议	签署的合作内容	评价
1999 年	比什凯克第四次会晤	对于恐怖主义和国际犯罪行为坚决一致打击。不允许利用本国领土从事损害其中任一国主权、安全及社会秩序的行为	体现了开展经贸合作平等互利原则的价值,表达了继续拓宽多边合作领域的诉求

资料来源:https://baike.baidu.com/item/。

"上海五国"的初步合作理念和建立起来的协调机制,对于在冷战后为世界和各地区摒弃冷战思维,探索新型国际合作关系提供了珍贵经验,而且也对五国和亚太区域协调稳定乃至世界的和平发展产生了积极深远的影响①。这一时期的区域合作主要以建立基本的机制、建立互信的内容和模式为主体,其"信任协定"有着推广价值,对促进进一步的各领域合作奠定了基础,但由于处于合作的初级阶段,合作仅限于政治和军事层面,经济合作未能纳入。

(二)上合组织初期关注的区域合作

上合组织于 2001 年 6 月 15 日宣布在上海成立永久性政府间国际组织(见表3-2)。

表 3-2   上合组织成立时的区域合作

	签署的合作内容
发起国	中华人民共和国、俄罗斯联邦、哈萨克斯坦共和国、吉尔吉斯斯坦、塔吉克斯坦共和国和乌兹别克斯坦共和国六个国家
宗旨	致力于构建民主、公正、合理的国际政治经济新秩序;鼓励各成员国在政治、经贸、科技、文化、教育、能源、交通、环保及其他领域的有效合作,加强互信和友好协商;共同努力维护和保障地区的和平、安全与稳定
机制	轮流在各成员国每年举行一次元首正式会晤。视情况组建新的会晤机制,建立常设和临时专家工作组,研究不断推进合作的规划和建议,以扩展和强化各方向范围内的合作
准则	"互信、互利、平等、协商、尊重多样文明、谋求共同发展"

---

① 新华网."上海五国"模式具有示范意义 [EB/OL]. [2016-04-16]. http://www.xinhuanet.com/world/2016-04/16/c_128900571.htm.

表3-2(续)

	签署的合作内容
原则	严格遵循《联合国宪章》的宗旨与原则，平等互利，相互尊重独立、主权与领土完整，互不使用或威胁使用武力以及互不干涉内政；奉行不结盟、不针对其他国家和地区及对外开放的原则，愿与其他国家、有关国际和地区组织进行多种模式的磋商与互动
基础和现状	在上合组织五国元首签署《关于在边境地区相互裁减军事力量的协定》基础上，鼓励督促各成员国利用政治互信、经贸资源互补优势和自然资源禀赋，不断扩大合作领域，不断推进双边和多边的经贸合作，为后续上合组织框架内开始贸易与投资便利化磋商谈判，制定多边经贸合作的纲要文件打下了基础

资料来源：上海合作组织秘书处，《上海合作组织成立宣言》。

由表3-2可知，上合组织研究了区域经济合作与一体化的初步内容和方向，而且基于前期的政治和军事互信，同时发表的《上海合作组织成员国政府总理声明》《打击恐怖主义、分裂主义和极端主义上海公约》[1]，对于区域内的各国间政治互信提供了比外部更为有利的条件。合作的重点出现多样化的趋势，不再局限于政治与军事的单一合作，合作的模式也出现了多样化的趋势，这为上海合作组织框架下的中国（新疆）参与中亚经济合作与发展提供了根本性的条件。

2002年，上合组织正式公布了《上海合作组织宪章》，区域经济合作与一体化有了制度性保障。其相关内容见表3-3。

表3-3　2002年《上海合作组织宪章》框架下的区域经济合作

	合作内容
宗旨和任务	维护和加强地区和平、安全与稳定，发展多领域合作，推动建立民主、公正、合理的国际政治经济新秩序；鼓励开展政治、经济金融与贸易、生态、科教文卫、基础设施及其他感兴趣领域的区域内合作；以提升成员国百姓的生活条件和水准为责任，全面促进地区社会经济及人文环境的文明进步；保持和发展与其他国家和国际组织的关系
原则	各成员国在平等尊重及理解的立场上，在寻求利益一致以及共识的基础上，和平面对分歧，协商一致行动
合作方向	支持和协助各成员国的区域经济合作及扩大合作领域，推动贸易和投资便利化，以及生产要素的自由流通；有效使用交通运输领域内的现有基础设施，利用好成员国的过境潜力，充分使用现有水资源在内的自然资源、基础设施和完善能源体系；保护环境，实施专门规划；扩大旅游以及科教文卫领域的相互合作和共建

资料来源：上海合作组织秘书处，《上海合作组织成立宣言》。

---

[1]　资料来源：互动百科。

《2002 年上海合作组织成员国元首宣言》，把发展经济关系作为本组织工作中极其重要的任务，同时加快贸易和投资便利化及制定多边经贸合作长期纲要的谈判进程；确定了各方在交通和能源设施建设、水利、能源开采和运输以及其他共同感兴趣的领域开展具体协作的优先项目[①]。《2003 年上海合作组织成员国元首宣言》指出要开展政治、经贸、人文各领域的合作，以应对新的威胁和挑战；推进贸易投资便利化进程的磋商与谈判，完成《上海合作组织长期多边经贸合作纲要》的制定工作[②]。

从新疆的视角看，地方政府难以参与谈判的进程，因为地方是合作谈判结果的受体，所以其很难成为推动者。再者，新疆经济发展较为滞后，这一情况在近期难有实质性的改变。

在经济全球化和区域经济一体化背景下，深化上合组织成员国的合作，有利于凝聚各国，增强上合组织聚合能力。上合组织成员国在能源、信息、环保等方面合理利用自然资源，采取措施促进多边合作，目前的首要任务还是促进贸易投资便利化发展[③]。

《2004 年上海合作组织成员国元首宣言》指出，上合组织成员国已经明确了六个国家的共同目标利益，进入了全面合作新时期[④]。《上海合作组织成员国政府首脑（总理）理事会联合公报》指出，要持续地致力于六个成员国在石油石化、管道、水电以及矿产资源领域的开发建设与合作的推动[⑤]。

《2005 年上海合作组织成员国元首宣言》指出，成员国要与其他国际组织和国家开展积极合作，按照协商一致的原则建立发展基金，成立实业家委员会，加快上合组织框架内的一体化速度[⑥]。从 2005 年的相关合作进程可以看出，金融支持是该年区域经济合作的最大亮点，签署的建立合作基金，也为日后的亚投行、丝绸之路基金和中国—欧亚经济合作基金等建立了坚实的基础。

---

① 国务院. 2002 年上海合作组织成员国元首宣言[EB/OL].[2002 - 06 - 07]. http://chn. sectsco.org/documents/.

② 国务院. 2003 年上海合作组织成员国元首宣言[EB/OL].[2003 - 06 - 07]. http://chn. sectsco.org/documents/.

③ 国务院. 2003 年上海合作组织成员国政府首脑（总理）会晤联合公报[EB/OL].[2003-09-23].http://chn.sectsco.org/documents/.

④ 国务院. 2004 年上海合作组织成员国元首宣言[EB/OL].[2004 - 06 - 17]. http://chn. sectsco.org/documents/

⑤ 国务院. 2004 年上海合作组织成员国政府首脑（总理）理事会联合公报[EB/OL].[2004-09-23].http://chn.sectsco.org/documents/.

⑥ 国务院. 2005 年上海合作组织成员国元首宣言[EB/OL].[2005-07-05].http://chn.sectsco. org/documents/.

上合组织自成立到 5 周年期间，进行了卓有成效的区域合作，完成了机制和法律层面的主要工作，制定了区域经济合作的近期与远期的相关规划，提出了资金支持的金融手段和以实业家为动力的区域一体化的方向与目标，这些都是进一步深化合作的有利条件。需要说明的是，中国（新疆）与中亚区域经济合作还不具备推进全面合作的地区实力，还需要依托国家的支持。

（三）上合组织扩展时期关注的区域合作

2007 年的《上海合作组织成员国元首宣言》指出，在国际安全领域，要努力解决重大问题，消除经济发展的不平衡，保护本国居民和领土不受侵害；加强各国之间的能源合作，促进能源生产国、过境国、消费国之间的务实合作；对实施国家经济发展规划相互提供切实帮助①。该宣言意味着从过去 5 年的务虚阶段进入了各领域务实合作的阶段，能源与交通贸易成为早期的收获。比如，《上海合作组织成员国政府海关合作与互助协定》指出，要支持各形式的区域性经济合作②；《上海合作组织成员国政府间文化合作协定》，给新疆提供了很多双边文化合作的机遇；《上海合作组织成员国长期睦邻友好合作条约》提出在经济金融、基础产业、基础设施、技术信息及其他共同感兴趣的领域开展合作，促进实施各类区域性项目③，为中国（新疆）参与中亚区域经济合作提供了实质性的机遇，也为寻求相关合作及其模式创造了制度契机。如同《上海合作组织成员国元首理事会会议联合公报》指出，经济合作进入了切实落实有关计划和协议、实施能源、交通、电信等领域多方参与、共同受益的"示范项目"阶段④。

2008 年的《上海合作组织成员国元首宣言》指出，应加强国际合作，不以破坏环境为代价来开展国际合作，寻求全球共同发展，消除国家间的技术差距和贫困。故上合组织各成员国应一致联合，积极开发和应用环保型清洁能源以抵制因气候变迁带来的不良影响⑤。2009 年的《上海合作组织成员国元首叶

---

① 新华社. 上海合作组织成员国元首比什凯克宣言[EB/OL].[2007-08-16].http://www.gov.com/jizg/2007-08/16/content_719132.htm.

② 国务院. 上海合作组织成员国政府海关合作与互助协定[EB/OL].[2007-11-02].http://chn.sectsco.org/documents/.

③ 上海合作组织秘书处. 上海合作组织成员国长期睦邻友好合作条约[EB/OL].[2007-11-02].http://chn.sectsco.org/documents/.

④ 上海合作组织秘书处. 上海合作组织成员国元首理事会会议联合公报[EB/OL].[2009-06-17].http://www.gov.cn/ldhd/2009-0617/content_1342170.htm.

⑤ 新华社. 上海合作组织成员国元首杜尚别宣言[EB/OL].[2014-09-13].http://www.gov.cn/xinwen/2014-09/13/content_2749841.htm.

卡捷琳堡宣言》进一步明确了各成员国要通过合作共谋应对气候问题，努力维护粮食和能源领域的安全。

2010年召开了第十次上合组织元首理事会，宣称将致力于提高成员国的经济竞争力作为重要目标，积极将区域内或区域间的交通、通信基础设施项目的联合开发以及贸易投资便利化作具体任务落实①。会议最大的亮点是签署的《上海合作组织成员国政府间农业合作协定》② 提出了，合作的领域是第一产业领域，将农业领域的合作推进到制度化阶段。中国（新疆）是传统的农业发展潜力比较大的区域，对促进与中亚区域内的农业资源优化配置，提高农业技术水平和经济效益，提供了制度合作的框架和内容，也为中国（新疆）与中亚基层社会的沟通建立了坚实的基础。

2011年的《上海合作组织十周年阿斯塔纳宣言》，将实业家委员会和银行间联合体活动推进到操作层面，制定了成员国经济发展的合作纲要和计划。

（四）上合组织收获时期关注的区域合作

2012年的《上海合作组织成员国元首关于构建持久和平、共同繁荣地区的宣言》提出，上合组织各成员国之间将继续深化、完善互利互惠的区域合作，并且实施共同投资的大型项目以及吸收观察员国和对话伙伴参与；要加强互联互通，共享经济发展成果，同时努力保障本地区能源安全；建立相应的国际交通等基础设施走廊，提高各交通运输方式联运效果③。区域经济合作从关注重点领域向经济走廊、边境经济合作区、交通走廊、信息高速公路等综合性的合作方向迈进，这对深化区域合作有着重要价值，区域合作迈上了新的台阶。

2013年《上海合作组织成员国元首比什凯克宣言》指出，开始履行《上海合作组织成员国长期睦邻友好合作条约》，要进一步落实《2012—2016年上海合作组织进一步推动项目合作的措施清单》和《上海合作组织成员国多边经贸合作纲要落实措施计划》，扩大地区互联互通，建立多功能国际物流、贸

---

① 新华社. 2010年上海合作组织成员国元首理事会第十次会议宣言[EB/OL].［2010-06-11］.http://www.gov.cn/govneb/ldhd/2010-06/12/content_1626244.htm.

② 新华社. 上海合作组织成员国政府间农业合作协定[EB/OL].［2010-06-11］.http://chn.sectsco.org/documents/.

③ 中华人民共和国外交部. 2012年上海合作组织成员国元首关于构建持久和平、共同繁荣地区的宣言[EB/OL].［2012-06-06］.http://chn.sectsco.org.

易和旅游中心，应用新技术和节能技术①。

2014 年《上海合作组织成员国元首杜尚别宣言》②指出，加大经济高技术领域开发力度，加快贸易投资便利化、促成产业升级换代是优先扶持推进的方向，目的是提高成员国经济竞争力，改善上合组织地区居民的生活水平和质量。同时还关注和特别提到了要加强在科教文卫、体育事业和旅游产业的多边与双边合作，首次对中华人民共和国关于建设"丝绸之路经济带"的倡议表示欢迎。

2015 年《上海合作组织成员国元首乌法宣言》③在 2014 年宣言的基础上，依然将提高各成员国经济竞争力和人民生活质量作为宗旨，采取一致协商的举措，保证本组织各成员国经济与社会可持续发展，对于经贸投资、高科技发展、工业现代化以及涉及重要的联结联通作用的基础设施，合作共建和建设完善计划均下大力气积极推动。《上海合作组织成员国政府首脑（总理）关于区域经济合作的声明》④进一步落实上述宣言的内容，将产能投资和基础设施作为优先支持方向，加快工业化和现代化发展步伐，利用好上合组织的成果和成熟的经济合作机制（见表 3-4）。

表 3-4　上合组织成员国区域经济合作领域

合作领域	合作主要内容
交通领域	建立国际运输走廊，实施各方均感兴趣、可提高互联互通能力和发挥过境运输潜力的共同基础设施项目以及合作，运用先进交通技术发展高铁、多式物流中心等
便利化	落实 2014 年 9 月 12 日在杜尚别签署的《上海合作组织成员国政府间国际道路运输便利化协定》，并起草关于在国际道路运输过程中实施签证、边防、海关、交通、动植物检验检疫等领域便利化的单独协定草案。采取切实措施落实 2015 年 5 月 15 日在乌法举行的上合组织成员国交通部长第七次会议框架下达成的共识
贸易	推进电子商务合作和贸易结构多元化，提升商品和服务贸易规模和质量
投资环境	促进区域内投资环境的优化

① 上合组织成员理事会. 2013 年上海合作组织成员国元首比什凯克宣言[EB/OL].[2013-09-13].http://chn.sectsco.org/documents/.

② 新华社. 2014 年上海合作组织成员国元首杜尚别宣言[EB/OL].[2014-09-13].http://www.gov.cn/xinwen/2014-09/13/content_2749841.htm.

③ 新华社. 2015 年上海合作组织成员国元首乌法宣言[EB/OL].[2015-07-10].http://www.gov.cn/xinwen/2015-07/11/content_2895381.htm.

④ 上合组织成员国理事会. 上海合作组织成员国政府首脑（总理）关于区域经济合作的声明[EB/OL].[2015-12-15].http://chn.sectsco.org/documents/.

表3-4(续)

合作领域	合作主要内容
产能合作	条件许可时建立产业园区或经济合作区推进产能合作。通过利用先进技术和创造更多就业岗位以吸引更多企业之间建立合作关系
知识产权	保护知识产权,对盗版产品采取措施加强预防和阻止。将科学研究工作与贸易投资活动相结合,推进医疗、信息、电子商务等高科技、高技术领域合作共建
金融	共同维护金融市场的稳定,防范金融风险,发挥金融机制效能,做好为上合组织区域内融资服务支撑工作。加快推进本币互换,建立健全项目融资机制

资料来源:《上海合作组织成员国政府首脑(总理)关于区域经济合作的声明》。

目前上合组织已经有了雄厚的条约法律基础、运行顺畅的多边协作机制,成员国之间赞同上合组织的理念原则,已具备了将上合组织提升至成熟的区域性国际合作组织的基础。因此进一步提高其在政治、安全、经济领域的合作效率,深化人文合作,加大其对地区事务和全球治理的参与度已经具备相应的条件。显然,上合组织框架内的经济与人文合作已经有了近期和长远的战略与目标,这对促进一体化合作有着重要的价值(见表3-5)。

表3-5 上合组织至2025年发展战略经贸合作框架

战略方向	主要内容
主要任务	完善上合组织框架,发展成为综合性区域性国际合作组织,促成各成员国所在区域达到和平繁荣的目的;为发展贸易投资合作创造有利条件,同时加强实业家委员会和银联体的务实合作;与"一带一路"倡议达成共识,并充分利用它所创造的契机,借助有利地位推动上合组织区域经济合作;建立不可分割的安全空间,促进上合组织与联合国及其他国际和地区组织开展各领域的合作
经贸合作	落实优先领域合作项目,发展基础设施,落实上合组织框架下的经济和投资项目;为项目融资提供保障;加强金融领域合作;完善现有经贸合作机制;促进创新领域互利合作,包括开展中小企业合作,实施边境和跨区域合作项目,建立合资企业;构建地区跨境交通和运输走廊。合作的优先领域是农业、海关、信息通信、基础设施与物流现代化,包括扩大上合组织区域内的国际物流中心网和交通主干线沿线的产业集群培育;加强新兴的环境保护、新能源、节能等方向的大力合作
人文合作	发展科技、教育、文化、卫生、旅游合作,深化社会团体与民间交往;通过双边和多边方式扩大教育、科研机构的联系,实施共同感兴趣的科研项目和规划;开展文化与自然遗产研究与保护方面合作;开展卫生合作;增加旅游团组,提升旅游服务品质是旅游业的主要任务;重视环保、生态安全、应对气候变化消极后果领域的合作

资料来源:《上海合作组织至2025年发展战略》。

2016年《上海合作组织成员国元首塔什干宣言》① 进一步强调了成员国将谋求与各国发展战略对接，深化在符合共同利益领域的合作，尤其是发展基础设施，构建国际运输走廊，扩大具有经济可行性的互联互通潜能，释放地区过境运输潜力；特别关注在人文领域的双多边合作，包括在丝绸之路沿线的文化和自然遗产合作；发布了《上海合作组织成员国旅游合作发展纲要》② （见表3-6），旅游业合作必将带动区域内经济贸易的发展。

表3-6　《上海合作组织成员国旅游合作发展纲要》的内容

合作的框架	合作的内容
合作方向	各方将努力扩大和发展平等、互利的双边和多边旅游合作，在现行的文化、历史和经济联系的基础上形成共同旅游空间，加强旅游交流，增加在该领域的收入，创造新的就业机会，提高居民的生活质量；提升旅游服务质量，在保护旅游者合法权益和保障旅游安全方面开展合作；促进旅游企业和相关行业的合作，建立和完善成员国旅游基础设施；发展跨境和跨区域旅游合作
合作形式	通过参加国际旅游展览会、洽谈会和国家旅游部门支持举办的其他活动联合推广旅游产品；促进旅游主管部门和业界之间的合作；为上合组织成员国公民旅游往来创造便利条件；交换旅游资源信息资料，使用专业旅游信息中心的电子和印刷媒体，在上合组织区域内创造良好的旅游信息环境；举办旅游论坛、研讨会、圆桌会议，交流经验，形成组织旅游活动的共同观点；吸引投资，建立和完善旅游基础设施；支持旅游企业关于开通和推动新的旅游线路的倡议；在旅游科研和技术领域开展合作；在保障旅游活动安全、完善旅游保险体系方面进行合作
合作机制	上合组织成员国旅游合作专家工作组负责落实该纲要的协调工作。该工作组会议每年在上合组织秘书处或在某一成员国举行。提出的关于进一步发展旅游合作的建议和意见将在上合组织成员国旅游部门领导人会议期间进行审议。该部门领导人会议每两年在某一成员国举行一次。成员国在旅游领域互利合作，各方可以签订相关国际协议和其他必要文件

资料来源：《上海合作组织成员国旅游合作发展纲要》。

2017年《上海合作组织成员国元首阿斯塔纳宣言》③ 提出，因世界贸易保护主义复苏，需要预先做出区域内经贸合作制度安排，发展基础设施，在条件成熟时建设工业园区。成员国支持开展地方合作，比较接受建立"上合组

---

① 新华网. 2016年上海合作组织成员国元首塔什干宣言［EB/OL］.［2016-06-24］.http://www.xinhuanet.com.

② 上海合作组织成员国旅游合作专家工作组. 上海合作组织成员国旅游合作发展纲要［EB/OL］.［2015-03-01］.http://chn.sectsco.org/documents/.

③ 新华网. 上海合作组织成员国元首阿斯塔纳宣言［N］. 人民日报，2017-06-10.

织地方领导人论坛"的提议，支持各项国际、地区和国别倡议对接合作，本着相互尊重、平等互利和促进可持续发展原则。最大的亮点是支持地方开展合作，同时发展国家与私人伙伴关系，这就推动了中国（新疆）与中亚区域经济合作进入新阶段。

2018 年召开的《上海合作组织成员国元首理事会青岛宣言》① 指出推动贸易和投资便利化，通过了上合组织成员国元首关于贸易便利化的联合声明，加强电子商务合作、发展服务业和服务贸易、支持中小微企业发展；深化区域经济合作，特别是利用联合国亚太经社理事会的合作；开展成员国经济智库间合作；深化金融领域务实合作，扩大本币在贸易和投资中的使用；加强在上合银联体、亚投行、中国—欧亚经济合作基金、金砖国家新开发银行、丝路基金等本地区现有多边银行和金融机构的合作；推进经济可持续发展方向的国际、地区、国家发展项目和发展战略对接；促进"一带一路"和欧亚经济联盟对接。区域经济合作的亮点是建立了相关的金融机构并支持合作，与相关的国际机构合作开启了多机构推动经济合作的步伐，有利于中亚区域经济的合作与发展。

2019 年，《上海合作组织成员国元首理事会比什凯克宣言》② 肯定了各成员国共同推进"一带一路"倡议所采取的积极态度，特别是与欧亚经济联盟建设的对接方案，为推动贸易和投资便利化创造了良好合作基础③，进一步制定了地区贸易便利化解决方案；继续深化交通运输领域多边合作。《上海合作组织成员国关于数字化和信息通信技术领域合作的构想》《上海合作组织成员国地方合作发展纲要》和《上海合作组织成员国地方领导人论坛章程》的通过，显然已经开启了地方领导人论坛和地方合作纲要，为中国（新疆）参与中亚区域经济合作提供了模式与制度保障。

回顾上合组织在元首理事会议的推动下所走过的历程，其成就主要体现在以下三个方面：

第一，需要不断完善机制建设。建立起完善的高层会晤机制，从最初的边境谈判的单一功能机制逐渐发展到政治、安全、经济、人文等多领域、多功能、全方位的区域合作组织，并确立了合作的法律基础。

---

① 新华网. 上海合作组织成员国元首理事会青岛宣言[EB/OL].［2018-06-11］. http://world. people.com.cn/n1/2018/0611/c1002-30048526.html.

② 新华社. 上海合作组织成员国元首理事会比什凯克宣言[EB/OL].［2019-06-14］. http:// www.gov.cn/xinwen/2019-06-15/content_5400427.htm.

③ 新华社. 上海合作组织成员国元首理事会比什凯克宣言［N］. 人民日报，2019-06-15.

第二，全面推进，重点落实各项事业取得显著成就。在经济领域，建立了自然资源、基础设施、第一产业、高新技术以及金融领域的优势合作平台。中国也承诺提供 120 多亿美元优惠贷款满足各成员国合作建设的需要。

第三，"上海精神"彰显凝聚力。与联合国、独联体、欧亚经济共同体、集安条约组织等国际组织均建立了合作关系，秉持互信、互利、平等、协商原则，坚守谋求共同发展进步为实质内涵的"上海精神"，是上合组织持续进步、壮大的灵魂①。

五、上合组织推动中亚区域经济合作的成效

2001—2019 年，上合组织成员国之间的合作先是开展安全方面的广泛合作，之后进行了安全与经济"双轮驱动"合作，再到今天从"双轮驱动"拓展，向多领域合作②。而经济合作作为上合组织的重要基础和发展方向，推动了上合组织框架下的中亚区域经济合作并取得了明显的进展③，虽然，中国和俄罗斯是上合组织的核心成员国，但是在上合组织六个创始成员国中，中亚国家（哈萨克斯坦、乌兹别克斯坦、吉尔吉斯斯坦、塔吉克斯坦）占 67%，上合组织成员国在《上海合作组织成员国多边经贸合作纲要》的指导下，通过18 年的探索和奋斗，在中亚区域经济合作领域获得了公认的业绩。

（一）上合组织完善了中亚区域经济合作制度

上合组织根据中亚发展本国经济的实际需要出发，结合中亚处于社会经济转型时期，在区域经济合作中不仅受自身财力和物力的制约，而且受各国经济利益、发展模式及合作需求差异很大的水平制约的现实，首先提出了营造区域经济合作良性发展环境的制度建设，自 2003 年上合组织成员国政府首脑（总理）理事会通过《上海合作组织成员国多边经贸合作纲要》以来，特别是上合组织峰会（2004 年 9 月比什凯克）以来多次修改签署的《上海合作组织成员国多边经贸合作纲要（落实措施计划）》等 50 多项纲要、合作协议等决议

---

① 李进峰. 总报告：新十年新前景 [M] //上海合作组织发展报告（2013）. 北京：社会科学文献出版社，2013：9.

② 李进峰. 上合组织 15 年发展历程回顾与评价 [J]. 俄罗斯学刊，2017（6）：45-54.

③ 韩璐. 深化上海合作组织经济合作：机遇、障碍与努力方向 [J]. 国际问题研究，2018（3）：56-68，123-124.

的实施，推动着上合组织与中亚在能源、交通、农业、环保等领域的合作。

一是不断建立和完善经济合作的法律制度，使得中亚区域经济合作有了法律依据。上合组织自2001年成立至今，各成员国之间在上合组织牵头组织下制定了一系列区域经济合作的相关法律法规文件，特别重要的有《上海合作组织成员国间关于区域经济合作的基本目标和方向及启动贸易投资便利化进程的备忘录》（2001年9月）①、《上海合作组织成员国多边经贸合作纲要》（2003年9月）②、《〈多边经贸合作纲要〉实施措施计划》（2004年9月）③、《上海合作组织中期发展战略规划》（2012年6月）④、《上海合作组织至2025年发展战略》（2015年7月）⑤、《2017—2021年进一步推动项目合作的措施清单》（2016年10月）⑥、《〈上海合作组织成员国长期睦邻友好合作条约〉（2018—2022年）》（2018年6月）⑦，不断明确上合组织框架下中亚区域经济合作的具体目标、实施任务和对策措施，并以此为指导纲领，签署了上合组织框架下多项经济合作协议，主要涉及贸易、经济联通和金融等各经济领域。

二是区域经济合作机制不断得到完善，使得中亚区域经济合作更加便利。上合组织自成立以来，从多个方面建立起了区域经济合作机制，包括上合组织元首会议、首脑（总理）会议、各领域部长级的30多个协调机制。在经贸部长会议机制下又设立了由成员国高官组成的高官委员会和包括海关、质检、电子商务、投资促进、发展过境潜力、能源、信息和电信在内的七个专业工作组⑧，成立了上合组织实业家委员会和上合组织银行间联合体，为促进上合组织成员国实业界的经济合作及上合组织成员国之间的相互投资创造了便利条件。

三是制定具体实施方案，落实中亚区域经济合作具体任务。上合组织根据中亚经济发展中的特殊需要，在《上海合作组织成员国多边经贸合作纲要》[2003年成员国首脑（总理）理事会签署通过]⑨中，明确以能源合作作为中亚区域经济合作的优先和重点领域，分别制定了以成员国多边经贸合作为主要

---

① 根据上合组织2001年9月峰会文件整理（参见上合组织官网，2001-09-20）。

② 根据上合组织2003年9月峰会文件整理（参见上合组织官网，2003-09-26）。

③ 根据上合组织2004年9月峰会文件整理（参见上合组织官网，2004-09-30）。

④ 根据上合组织2012年6月峰会文件整理（参见上合组织官网，2012-06-20）。

⑤ 根据上合组织2015年7月峰会文件整理（参见上合组织官网，2015-07-30）。

⑥ 根据上合组织2016年10月峰会文件整理（参见上合组织官网，2016-10-30）。

⑦ 根据上合组织2018年6月峰会文件整理（参见上合组织官网，2018-06-25）。

⑧ 韩璐.深化上海合作组织经济合作：机遇、障碍与努力方向 [J]. 国际问题研究，2018（3）：56-68.

⑨ 根据上合组织2003年9月峰会文件整理（参见上合组织官网，2003-09-26）。

内容的"短期、中期、长期"三步走战略发展目标。其中,上合组织将成员国之间在 2020 年前实现上合组织区域内货物、资本、服务和技术的自由流动作为长期发展目标。中期目标则是在 2004 年成员国签署的《上海合作组织成员国多边经贸合作纲要(落实措施计划)》① 中明确了涉及 11 个领域和 127 个项目的合作目标。短期目标是将 2004 年成员国签署的《上海合作组织成员国多边经贸合作纲要(落实措施计划)》② 中明确的涉及 11 个领域和 127 个项目的合作目标具体分解到每个执行年度,推动了中亚在能源、交通、环保、紧急救灾、文化和教育部门的特色合作步入务实轨道③。

(二)上合组织推动了中亚区域经济合作便利化制度建设

一是上合组织贸易便利化工作组不断进行制度建设,为推进贸易便利化制度,制定了务实的措施,促使区域内道路便利化有了明显的成效。在 2014 年成员国签署落地的《上海合作组织成员国政府间国际道路运输便利化协定》④ 的框架下,俄罗斯、哈萨克斯坦、乌兹别克斯坦和塔吉克斯坦之间开展了道路连通项目的建设,其中中欧班列、双西铁路、安格连—帕普铁路卡姆奇可隧道、达特卡—克明项目、艾尼—彭吉肯特高速公路和瓦亚铁路项目顺利建成⑤。据联合国亚太经济社会专家估算,这些交通道路的建成,开通了超过 1.5 万千米的高速公路和超过 9 000 千米的最长干线道路,极大地便利了交通和货物的运输,初步建成了上合组织框架下的能源网络、交通网络和电信网络。《上海合作组织成员国政府间国际道路运输便利化协定》⑥ 不仅为上合组织框架下的内陆国家开通了道路,而且进一步为上合组织成员国之间在经济贸易交往、交通运输及基础设施建设等领域提供了新合作空间,上合组织成员国铁路营业里程超过 24.4 万千米,2018 年上合组织依然在成员国之间积极开展铁路运输领域的合作⑦。

二是上合组织框架下成员国之间在海关通关、支付结算、检验检疫方面获得极大的便利。经过 18 年的艰辛努力,上合组织成员国之间不断加强海关通

---

① 根据上合组织 2004 年 9 月峰会文件整理(参见上合组织官网,2004-09-30)。

② 根据上合组织 2004 年 9 月峰会文件整理(参见上合组织官网,2004-09-30)。

③ 许涛. 中亚区域合作与上海合作组织 [J]. 现代国际关系,2005(11):21-27.

④ 根据上合组织 2014 年 9 月峰会文件整理(参见上合组织官网,2014-09-30)。

⑤ 莫莉. 上海合作组织区域经济合作成就斐然 [N]. 金融时报,2018-06-05.

⑥ 根据上合组织 2014 年 9 月峰会文件整理(参见上合组织官网,2014-09-30)。

⑦ 上海合作组织. 上合组织秘书长:交通运输始终是经济发展的重要引擎[EB/OL]. [2018-09-12]. chn.sectsco.org/for_media/20180912/464245.html.

关、支付结算、检验检疫等方面便利化建设并取得了显著成效，特别是在上合组织成员国之间积极开展信息高速公路和利用电子签名进行跨境电子合作，从而极大地增强了上合组织成员国双边及多边贸易结算的便利性①。中国与俄罗斯、哈萨克斯坦、塔吉克斯坦等国完成了国家之间的货币互换协议②。2017 年 3 月有了突破性进展，中国工商银行莫斯科分行在莫斯科开始了人民币清算业务，使得人民币在中俄经贸中发挥更大的作用。

（三）上合组织推动了区域经济与贸易增长迅速

2001—2017 年，上合组织始终致力于建设完善的经济合作机制，为完成制度建设，提供合作的保障，上合组织制定了很多实质性的举措。《上海合作组织成员国多边经贸合作纲要》指导各成员国完成了区域经济合作的众多突破，16 年间上合组织成员国经济快速发展，成为世界经济普遍下滑，增长乏力大环境下的独特区域，成为经济增长的亮点。

一是促使中亚区域经济实现快速增长。2017 年上合组织六个创始成员国共实现 GDP 12.63 万亿美元，是 2001 年 1.67 万亿美元的 7.56 倍，增加了 10.96 万亿美元，增长了 656.3%。占上合组织扩员后八个成员国（新增印度、巴基斯坦）GDP 15.37 万亿美元的 82%③。2017 年六国 GDP 比 2001 年分别增长 9.1 倍、4.8 倍、7.1 倍、7.2 倍、4.7 倍、6.58 倍，均实现跨越式增长，增幅皆高于同期全球经济增长速度。此外，2017 年加入的成员国印度、巴基斯坦 GDP 分别为 24 390 亿美元、3 044 亿美元，同比增长 7.2% 和 5.3%，亦保持着上升势头。经过 16 年的发展，上合组织各成员国经济实力大幅提高，对世界经济的影响力进一步增强④。

二是中亚区域贸易规模扩张速度快。2017 年上合组织六个创始成员国实现贸易总额 4.90 万亿美元⑤，是 2001 年 6 720 亿美元的 7.29 倍，增加了 4.28 万亿美元，增长了 629.2%。其中，中国是 2001 年的 9.2 倍、俄罗斯是 2001 年的 4.73 倍、哈萨克斯坦是 2001 年的 4.7 倍、乌兹别克斯坦是 2001 年的 5.5 倍、吉尔吉斯斯坦是 2001 年的 6.9 倍、塔吉克斯坦是 2001 年的 3.6 倍。占上

① 莫莉. 上海合作组织区域经济合作成就斐然 [N]. 金融时报, 2018-06-05.
② 李进峰. 上海合作组织发展报告（2018）[M]. 北京：社会科学文献出版, 2018.
③ 李进峰. 上海合作组织发展报告（2018）[M]. 北京：社会科学文献出版, 2018.
④ 莫莉. 上海合作组织区域经济合作成就斐然 [N]. 金融时报, 2018-06-05.
⑤ 李进峰. 上海合作组织发展报告（2018）[M]. 北京：社会科学文献出版, 2018.

合组织扩员后八个成员国贸易总额 5.719 万亿美元的 86%①。区域贸易规模进一步扩大。成员国间贸易联系日益加强，相互成为主要贸易伙伴。

2017 年，中国与各成员国贸易额达 2 168.96 亿美元。其中，中国成为俄、吉、印、巴第一大贸易伙伴，哈、乌、塔第二大贸易伙伴。其中，中俄、中印双边贸易额分别占中国与上海合作组织成员国贸易总额的 38.7% 和 39.4%。与此同时，与上合组织其他成员国的贸易额，在各成员国进出口贸易额中的比重均在不同程度上有所上升，区域内贸易比重明显增加，彰显了区域经济合作的成效②。

三是该区域投资规模不断增加。2017 年上合组织六个创始成员国实现投资 1 787.71 亿美元，较 2003 年增加 1 150.72 亿美元，增长 180.65%③。

六、上合组织在中亚区域经济合作中的优势

（一）市场与资源优势

在上合组织成员国中，中国和印度都已经是规模化发展的市场经济大国和强国，经济发展的基础条件好，发展的空间大，对于推动该区域的发展具有潜在的市场优势；同时，该区域其他国家的资源则较为丰富，特别是该区域的能源资源的互补性强，为该区域的合作提供了坚实的基础。

俄罗斯在能源矿产资源方面一直占据优势，有一定垄断地位，形成了以重工业和能源工业为核心的垄断市场，特别是能源在欧亚大市场中具有很强的竞争力。虽然开发处于中期阶段，但市场与资源条件优势极为明显；哈萨克斯坦总体规模与俄罗斯相比较小，但与其具有相似性；印度则形成了农业和工业并重的大市场，在南亚市场中占据主导地位，参见表 3-7。

从有关资料可知，能源资源丰富的俄罗斯仅次于沙特阿拉伯，是世界上第二大石油生产国，天然气储量世界第一，约有 47.57 万亿立方米，约占世界已探明储量的 1/4，大量用于出口；其可采煤炭储量世界第二，约有 1 569 亿吨，仅次于美国。哈萨克斯坦已探明的石油储量估计为 43 亿吨，主要分布于西部 5 个最大的陆上油田；已探明的天然气为 2.4 万亿立方米，完全是石油伴生

---

① 李进峰. 上海合作组织发展报告（2018）[M]. 北京：社会科学文献出版社，2018.
② 莫莉. 上海合作组织区域经济合作成就斐然 [N]. 金融时报，2018-06-05.
③ 李进峰. 上海合作组织发展报告（2018）[M]. 北京：社会科学文献出版社，2018.

气，主要分布于西部的 4 个油田。除了石油、天然气储量丰富，中亚五国也是矿产资源富集的区域，能够满足中国的矿产需求（参见表 3-8）。中国（新疆）与俄罗斯、中亚五国，在资源上具有同构性，使得新疆正在发展成为过境运输的大通道区域。

表 3-7　上合组织成员国市场与资源条件定性比较一览

上合组织成员国	市场类型	市场规模	贸易水平	区域分工度	资源禀赋	优势资源	资源开发阶段
中国	完全竞争	大	高	强	丰富	工业	中级
俄罗斯	垄断竞争	大	高	强	丰富	能源、矿产	中级
哈萨克斯坦	垄断竞争	较大	较高	强	丰富	能源、矿产	中级
吉尔吉斯斯坦	不完全竞争	小	低	弱	较丰富	矿产	初级
塔吉克斯坦	不完全竞争	小	低	弱	缺乏	矿产	初级
乌兹别克斯坦	完全竞争	较大	较高	强	较丰富	农业	中级
印度	完全竞争	大	高	强	缺乏	农业	中级
巴基斯坦	完全竞争	较大	较高	弱	缺乏	农业	中级

表 3-8　中亚五国优势矿产资源与中国急缺矿种/对外依存度

国家	优势矿种
哈萨克斯坦	石油、天然气、铁、锰、铬、镍、钴、铜、钼、铅、锌、铝土矿、金、铀
乌兹别克斯坦	天然气、石油、煤、金、铀、银、铜、铅、锌、钨、钼
塔吉克斯坦	铀、汞、褐煤、铅、锌、锑、钨、银、金
吉尔吉斯斯坦	金、稀土金属、铅、锌、汞、铋、霞石
土库曼斯坦	石油、天然气、煤、硫、盐
中国急缺矿种/对外依存度	铜/70%、铝土矿/43%、镍精矿/75%、铬铁矿/97%、锰矿/56%、钾盐/70%、石油/70%、天然气/50%、精铁矿/57%

资料来源：《中亚五国矿产资源勘查开发指南》[1]。

上合组织现有成员国 8 个，对话伙伴国 6 个，参会客人有独联体、东盟和

---

① 李恒海，邱瑞照，等. 中亚五国矿产资源勘查开发指南 [M]. 北京：中国地质大学出版社，2010.

土库曼斯坦。目前上合组织已是地域最广、人口最多、潜力巨大的区域性多边合作的综合性组织，区域经济合作的地域广阔，有巨大的资源市场潜力。

（二）合作基础优势

上合组织表现出比较突出的政府支持优势、依法合规不断完善的机制优势，都是合作基础优势的体现。

上合组织是由中国政府主导成立的，具有很高国际影响力和国际威望的区域合作组织，上合组织的最高决策机构是成员国的国家元首会议，成员国国家元首签署的协议具有很强的权威性和实践性，往往成为上合组织成员国在各个领域合作的共同承诺，在实际执行时也会得到成员国政府的积极支持。

上合组织是在依法合规的基础上建立的，以成员国国家元首最高级别的会晤为合作机制，成员国之间秉行"协商一致、互不干涉"的合作原则，在政治互信和平等互利的基础上，根据成员国经济发展的实际需要开展经济合作，由国家元首提出合作意向，交由具体相关部门协商，最后达成协议，通过法律合约确立上合组织未来发展的基本目标、任务、合作的重点领域和实施保障机制，各成员国根据国内法律的相关程序对上合组织决议予以执行。

伴随着上合组织的发展，区域经济合作内容的划分也愈来愈细致，愈来愈充实。机制的完善设计、发展战略的规划以及项目落实三方面互为补充，逐步打造了比较坚实的区域经济合作根基。无论决策机制还是资金的来源，上合组织从机制上已经建立了较为坚实的基础，为今后的发展提供了有利条件。从合作的原则和战略层面看，经济合作务实推进，上合组织已经将经济合作作为坚强的后盾，深化了上合组织的范围和层次，为今后的广泛合作奠定了基础。2017年，中国针对上合组织的安全、政治、经贸、组织和人文发展五大方面，在分析各国面临的挑战和国际形势的基础上，指出各国应巩固现有团结协作成果，构建更密切的命运共同体；共同面对挑战，在国际事务中发出一致的声音；深化务实合作，顺应一体化发展趋势；紧系人文纽带，让睦邻友好合作事业活力永葆；坚持开放包容，共同促进世界共同繁荣和持久和平。

（三）"一带一路"对接欧亚经济联盟合作优势

从2014年的上合组织元首峰会和首脑（总理）会议上，成员国政府表示支持中国提出的"一带一路"倡议开始，之后的每一届元首峰会和首脑（总理）会议，都将积极支持中国"一带一路"倡议写入宣言之中，不仅如此，中亚国家积极配合实现上合组织与中国"一带一路"倡议的顺利对接，并促进中国"一带一路"建设的顺利实施。与此同时，上合组织元首峰会提出将中国"一带一路"倡议和欧亚经济联盟进行对接，经过近年来的发展，上合组织成员国共同努力实施中国提出的"一带一路"倡议，积极推动"一带一路"倡议和欧亚经济联盟顺利对接。这为中亚国家开展多元化贸易合作，为中亚国家基础设施建设提供了得天独厚的条件，为上合组织提供了广阔的合作潜力和空间。

七、上合组织发展中存在的问题

（一）国别制度制约

在政治制度上，各成员国存在着很大的差异。由于制度的差别，面对一些实际问题时每个国家治理的方式手段不同。首先各成员国对上合组织的功能理解差异比较大。比如中国希望与成员国在各领域深化合作的进程中体现重要的地位；俄罗斯是将上合组织视为提升其中亚影响力的借力平台；印度自然也是把上合组织作为其树立地区或是世界大国形象，并发挥作用的重要途径。其次是在上合组织性质的认知上各成员国理解的角度不同。中国认为安全领域合作是上合组织启动的基础，经济领域合作是深入发展，是促使上合组织更加具备影响力和深入发展的突破方向；俄罗斯认为上合组织需要集中于安全领域的合作[①]；印度则是想在制衡巴基斯坦的同时，在克什米尔问题上发挥更大的影响。这些虽然不会对区域经济合作的成败产生决定性影响，但是，至少在一定程度上起到了影响作用。

这里需要指出的是，中国（新疆）通过上合组织参与中亚区域经济合作，发挥地缘优势阻力较大，其根本的原因在于新疆是我国的一个地方政府，与成员国具有政治上的不对等，国家权力的属性决定了我国基本不可能授权地方政府参与外交、海关等方面的政策制定等过程，即使是上海合作组织的各项经济合作会议，地方政府参与的机会也是很少的。显然，即使是作为核心区的地方政府，也是上合组织的地区执行部门，仍缺乏内在的主动性。

---

① 陈静静，张晓娜. 中俄在上海合作组织内部的分歧与竞争 [J]. 西伯利亚研究，2008（2）：52.

（二）竞争关系制约

上合组织所处的环境：俄罗斯是以其东正教特有文化为主的政治、资源、经济军事大国，与其他国家合作有着巨大潜力；哈萨克斯坦和乌兹别克斯坦是中亚竞争中具有主导作用的潜在大国，二国的市场较大，资源禀赋特色鲜明；印度与巴基斯坦是南亚竞争的大国；其他如美国、欧盟等国家或联盟都在积极参与中国（新疆）周边的市场与资源开发，与中国（新疆）的需求具有很强的重叠性，因而外部竞争是中国（新疆）与中亚进行区域经济合作所面临的最严峻的挑战。

（三）经贸合作领域内需要完善的方向

1. 贸易便利化水平普及程度有待提高

从贸易角度看，上合组织的各成员国中非 WTO 的成员与 WTO 成员在贸易投资、利益关注点、处理问题的思路上存在差距，使得各成员国在执行区域经济合作的具体目标和任务时，需要解决的困难相对比较多。

上合组织成员国之间如何挖掘双边或多边贸易的潜力，不断增强成员之间进出口贸易规模，实现贸易便利化水平，目前还需要不断完善上合组织框架下成员国之间海关通关、物流运输、标准认证、本币支付结算等有利于进出口贸易的便利化举措，扩大成员国之间利用电子商务等新型贸易方式开展进出口贸易的水平和普及程度，提升上合组织成员国营商便利水平，才能够尽快提高区域经贸合作便利化效率。

2. 科技研发、投融资体系有待完善创新

从上合组织区域经济的整体竞争优势角度看，提升成员国的科技研发能力是必要条件，成员国之间因资源的重叠性和产能合作均需要提升科技研发实力，以加快实体经济转型和产业升级，加快产能合作的质量提升和模式创新。

上合组织框架下成员国之间的投资及融资合作的运行效率还有待提高，必须不断完善上合组织框架下成员国之间双边或多边金融服务平台，积极促进成立上合组织内部的专门账户和开发银行，增强上合组织成员国银行业联合体金融服务的作用。

八、对上合组织框架下中亚区域经济合作的评价

上合组织经过 20 多年的发展，已经成为具有较高国际影响力和国际威望

的地区组织，成为国际关系中促进保障安全、稳定和可持续发展的非常重要的有效因素。特别是近年来，在国际形势复杂多变、全球经济发展不稳定、英国"脱欧"对欧盟一体化形成巨大挑战的背景下，上合组织的凝聚力和吸引力持续提升，开创了区域合作新模式，在政治安全、经贸发展与人文交流为重点合作领域的"三大支柱"体系框架的推动下，在安全、经贸与人文领域各方面取得了很大的发展，为成员国开展多方面、多层次有效合作提供了有利的条件，为构建新型国际关系和共建人类命运共同体做出了良好的示范，为促进区域稳定和繁荣做出了重要贡献。

（一）坚持"上海精神"，实现成员国共同繁荣目标

上合组织自成立以来，一直秉持"上海精神"的理念，在"区域共同体"思想的引导下，不断构建"安全共同体""利益共同体"和"命运共同体"的精神内涵。"一带一路"倡议和欧亚经济联盟的对接，更加深化了中国、俄罗斯、中亚国家全面战略伙伴关系，成为带动区域经济繁荣发展的新动力。

上合组织经过多年的不断探索和实践，从会晤机制到务实合作、从双边合作到多边合作、从元首理事会会议到政府首脑（总理）理事会会议以及不同层级、不同领域部长专家会议，逐渐由奠定基础向注入合作动力转变，形成了健全而成熟的多层次、多领域、多样化的合作机制，成为新型国际合作的典范。

（二）区域经济合作法制化和机制化建设基本完成

上合组织自成立以来，成员国围绕"贸易投资便利化，加强经济技术合作，实现区域内货物、资本、技术和服务的自由流动"，一起磋商达成的加强成员国区域经济合作的短期发展规划、中期发展规划和远期发展规划，为成员国之间的区域经济合作奠定了良好的法律基础，区域合作的组织机制得以健全，建立完成了 30 多个部长级的会议机制、下设高官委员会和七个专业工作组。通过的《上海合作组织成员国地方领导人论坛章程》开启了地方之间合作的新时代，形成了自上而下和自下而上的双向互动机制，为区域经贸合作向前发展提供了必要的机制保障。特别是自 2015 年 7 月以来，在积极落实习近平主席关于上合组织成员国加强四点经贸合作的倡议推动下，上合组织成员国之间双边或多边经济合作取得了明显成效。

（三）区域经济合作方向明确，推动合作走向深化

一是推进上合组织成员国区域内道路畅通网络建设。从"安格连—帕普"

铁路"卡姆奇克隧道"（乌兹别克斯坦境内）、"瓦赫达特—亚湾"铁路桥一号隧道项目（塔吉克斯坦境内）和中国西部—欧洲西部公路路段（哈萨克斯坦境内）的建成贯通，到中国—吉尔吉斯斯坦—乌兹别克斯坦在中国新疆喀什综合保税区完成的三个国家利用国际道路实现了货物的跨国联运，到重庆—哈萨克斯坦阿拉木图中亚货物班列运行，到中欧班列的全面贯通，形成了上合组织成员国区域内道路畅通网络建设目标。在中国企业承建以上项目和中国政府相关政策支持下，上合组织给中亚带来了交通贸易的便利，对于推动上合组织框架下中亚区域内道路网络建设与合作，具有非常典型的代表性意义。

二是产能合作全面展开。由中国主导投资的投资金额高达230亿美元的52个中哈产能合作项目已经取得了良好的成果，由中国企业已经建成的卡拉干达3号电站（哈萨克斯坦境内）110兆瓦燃煤供热发电机组扩建项目和"达特卡—克明"（吉尔吉斯斯坦境内）500千伏输变电项目落地建成，在塔吉克斯坦铅锌矿开采项目及投资270亿美元的工业园区已经建成并正式运营，中国—乌兹别克斯坦共同建设的鹏盛工业园区已经开始正常运行，以及正在建设的中国—乌兹别克斯坦吉扎克工业园（产能合作项目）[①]，都极大地促进了上合组织成员国双边及多边经济合作向纵深发展。

三是开展重点项目投融资合作，区域投资稳步推进。在中国"一带一路"倡议的推动下，上合组织与"一带一路"倡议实现成功对接，并推动上合银联体、亚投行、丝路基金以及中国—欧亚经济合作基金等本地区现有的多边银行和金融机构进入实质性经营阶段，为上合组织成员国提供投融资支持。中国政府以优惠出口买方信贷的形式为中亚实施的52个合作项目投资131亿美元。与此同时，中国分别与哈、吉和塔吉克签署了本币结算，推进双边贸易协议的具体实施，中国人民银行分别与哈萨克斯坦、吉尔吉斯斯坦的中央银行签署使用本币的货币互换协议，为上合组织成员国之间开展区域经济金融合作提供了非常便利的条件。

随着上合组织成员国区域经济合作的进展，投资潜力开始显露，对于外资吸引能力和投资增长的规模开始不断扩张[②]。投资形式为直接投资和中长期贷款、股权、财务投资、合资基金以及对外援助等多形式相结合；投资领域不断由初级的资源开采、第一和第二产业初级加工，延伸到基础设施共建、深加工

---

① 金英姬. 上合组织：开创区域合作新模式，构建命运共同体 [J]. 中国发展观察，2018（12）：10-12.

② 韩璐. 深化上海合作组织经济合作：机遇、障碍与努力方向 [J]. 国际问题研究. 2018（3）：56-68.

与第三产业；投资主体包括了大中小型企业。区域内的投资合作明显带动了区域经济合作和贸易的同步扩张①。

四是"一带一路"倡议注入新的强大动力。自上合组织成立以来，中国致力于加强和推动中亚区域经济合作，中国不仅成为中亚重要的投资国、债权国，而且极大地推动了双边及多边经贸合作，各国在海关通关、动植物检验检疫、商品物流运输、货币的支付与结算等领域的便利化程度不断提高，特别是成员国之间使用跨境电子商务等新型贸易方式，极大地促进了区域间进出口贸易的快捷与便利，能源开发网络、交通运输网络、通信网络的基础设施网络已经建成，形成了上合组织框架下的互联互通。

中国政府持续关注上合组织框架下的区域经济合作，不断提出上合组织区域经济合作的战略构想。例如，国家主席习近平在上合组织乌法峰会（2015年7月）上就明确提出加强上合组织区域经济贸易合作的四点倡议——道路网络建设、共同开展产能合作、加强能力建设和投资与融资合作。与此同时，上合组织成员国致力于共同开展"一带一路"建设，将上合组织框架下的区域经济合作与共建"一带一路"有机结合，开启上合组织框架下的区域经济合作的新历程。上合组织框架下的区域经济合作在制定和完善区域贸易便利化规则的基础上，逐步实现贸易与投资便利化、经济技术合作、建立自由贸易区"三步走"目标②。

---

① 莫莉. 上海合作组织区域经济合作成就 [N]. 金融时报, 2018-06-05.

② 高虎城. 深化上海合作组织区域经济合作打造"一带一路"建设对接平台 [EB/OL].
[2016-06-24].http://www.xinhuanet.com/world/2016-06/24/c_119105966.htm.

第四章　CAREC 机制与中亚区域经济合作研究

一、CAREC 机制概况

（一）亚行对推进区域经济合作和一体化的努力

亚行将区域经济合作与一体化当作一项有价值的发展战略，促进了市场驱动的区域一体化和区域公共产品的产生。在商定贸易、投资、发展跨境基础设施、深化区域金融市场、促进金融中介机构的合作、气候变化减缓和适应政策，各部门和主体的政策以及规章制度的建立方面做了很多努力。联合国也承认区域经济合作是实施《2030 年全球可持续发展议程》的重要手段。因此，亚行推动的 CAREC 机制以及中亚区域一体化是中亚成员国家尤其是中国（新疆）与中亚区域经济合作的必要平台之一。

亚行将业务重点放在建设国家间运输和能源连接，以及改善贸易和投资便利化、支持高质量技术研究和咨询工作，参与发展中国家之间共享利益和风险缓解的项目上。其主要通过以下四个次区域项目来运作区域经济合作与一体化：中亚区域经济合作（CAREC）、大湄公河次区域（GMS）、太平洋岛屿论坛（PIF）和南亚次区域经济合作（SASEC）。这些为次区域发展中国家领导的区域合作与一体化项目提供了必要的平台，亚行与发展中国家和其他发展伙伴密切合作。这些次区域方案有三个相互关联的维度：关系、知识和投资。显然，中国（新疆）要参与中亚国家的建设与发展，也必须融入次区域方案相互关联的三个维度。

（二）CAREC 机制成立的背景

随着对外开放的加快和经济的发展，我国与中亚国家彼此之间的合作由以前的单一化形式向多样化形式扩展，合作内容和合作领域都在不断扩大，合作趋势呈现出良好势态，预示着中亚区域的经济合作一体化速度加快。CAREC启动以来，目标是为亚太地区提供资金和技术援助以及为缓解贫困、增加投资。1997年亚行开始探索中亚区域经济合作模式，2002年开始进入实质发展阶段，2002年3月，由亚行牵头的中亚区域经济合作CAREC机制正式启动。

CAREC建立的宗旨是"以合作谋发展"，长远目标是"好邻居、好伙伴、好前景"，计划通过有效开拓区域经济合作，促进成员国经济社会发展，减少贫困。CAREC遵循的原则是国家主导、协商一致、务实求进、加强伙伴关系。截至2018年，成员国包括阿富汗、阿塞拜疆、中国、蒙古国、巴基斯坦、格鲁吉亚以及中亚五国共11国。CAREC通过重点关注和投资中亚地区的贸易、能源、交通等领域以提高该地区的经济合作水平。

CAREC机制从开始探索到正式成立，其发展分为几个阶段：

第一个阶段是1997—1998年，由亚行提供资金以及技术援助，用于考察中国和哈、乌、吉中亚三国的基础设施建设，寻找集体项目搭建中亚合作媒介。

第二个阶段是1999—2001年，中亚区域经济合作通过亚行的提倡开始建立，并探讨总体框架的设计与建设。

第三个阶段是2002年以后，2002年召开第一次部长会议，确定区域经济合作的重点领域以及合作方向，推动中亚区域经济合作进入具体务实操作阶段。

中国以国家名义参与CAREC，确定新疆为中国主要项目执行区，也建立了由相关部委和新疆参与的内部协调机制①，后内蒙古也作为项目执行省份参与了CAREC。

（三）CAREC组织机制

经过十几年的发展，CAREC建立了一套完善的组织体制和工作规制。CAREC机制框架包括的组织体系有：部长会议、高官会议、行业协调委员会、秘书处和CAREC研究院及相关论坛②。CAREC机制级别最高的机构是部长会议，部长会议每年秋季举办一次，举办地由各国政府轮流承担。2002—2017

---

① 陈维. 论"中亚区域经济合作计划"的地位与作用 [J]. 西部学刊，2014（6）：28-32，47.

② 中国国际问题研究基金会俄罗斯中亚研究中心. 中亚区域合作机制研究 [C]. 北京：世界知识出版社，2009：7.

年，部长会议举办了 16 次，主要职掌区域合作的方向、方针以及达成并议定机制的一些重要文件，如表 4-1 所示。CAREC 机制的行业委员会设置了协调委员会和论坛，包括交通行业委员会、能源行业委员会、贸易政策行业委员会、海关协调委员会、中亚电力监管论坛以及中亚工商圆桌论坛。高官会议在部长会议和行业委员会中起承上启下的作用，主要任务的是筹备部长会议，落实相关政策以及指导行业委员会的具体工作。

表 4-1　2002—2017 年 CAERC 部长会议

时间	地点	内容
2002 年	马尼拉	确立了 CAREC 合作的重点领域
2003 年	塔什干	审核上届会议后的区域合作活动的进展情况，并为本地区今后的工作指明方向，提供政策指导
2004 年	阿斯塔纳	就区域合作、各国经济发展以及一些成员国加入 WTO 等问题进行交流
2005 年	比什凯克	认同中亚发展的必由之路是合作共赢，有必要共同确立区域合作战略框架并对未来的合作方向进行科学规划
2006 年	乌鲁木齐	批准《中亚区域经济合作综合行动计划》，发表《乌鲁木齐宣言》
2007 年	杜尚别	批准设立 CAREC 学院。通过了交通和贸易便利化战略。发表《部长联合声明》，重申各方对加强合作的承诺和支持，对未来合作领域指明方向
2008 年	巴库	通过了《CAREC 贸易政策战略行动计划》等文件
2009 年	乌兰巴托	审议并通过了《能源行动计划》等文件
2010 年	宿雾	批准土库曼斯坦和巴基斯坦为 CAREC 成员国
2011 年	巴库	通过了 "CAREC 2020" 战略，并对四大发展领域实施五年规划
2012 年	武汉	通过《武汉行动计划》
2013 年	阿斯塔纳	各成员国一致同意将 CAREC 学院落户中国新疆乌鲁木齐，为中亚区域经济合作提供智库服务和研究支撑
2014 年	比什凯克	目标是加强互联互通，促进经济转型
2015 年	伊斯兰堡	审议并通过了关于促进 CAREC 道路安全的行动计划、CAREC SPS 措施合作计划、CAREC 能源战略及工作计划（2016—2020）
2016 年	伊斯兰堡	通过了 "CAREC 2030" 铁路发展战略和道路安全战略，并批准格鲁吉亚加入 CAREC

表4-1(续)

时间	地点	内容
2017 年	杜尚别	探讨 CAREC 机制如何辅助各国统一行动落实 2030 年可持续发展的战略和《巴黎协定》的宗旨。中国财政部部长在会议中提出要提升各国互联互通水平,加强 CAREC 机制与"一带一路"倡议的对接,并继续发挥 CAREC 学院的作用,使 CAREC 学院走向高端层次,进而更好地服务于各国①

资料来源:亚行官网、CAREC 官网。

(四) CAREC 机制在区域经济合作中的关注重点

CAREC 利用"四项工具"和"三大走廊"优势,促进中亚区域经济合作的深入发展,CAREC 的"四项工具"由"项目投资、技术援助、能力建设和智力支持"构成,项目投资是由 CAREC 高官会议或技术委员会根据中亚区域经济合作的需要,制定的部门发展规划及其具体投资项目;技术援助主要是 CAREC 为各成员国提供项目贷款和重点合作领域的项目的技术帮助;能力建设由 CAREC 对政府及相关工作人员培训,以提升成员国政府职能部门的管理能力;智力支持是 CAREC 研究院为成员国高官及项目人员进行专业培训所提供的专家咨询和研究咨政服务。CAREC 的"三大走廊"由"交通走廊、贸易走廊和经济走廊"构成,即 CAREC 提出三步走计划,首先帮助成员国建立六条交通走廊,围绕六条交通走廊进行货物周转及集散地中心建设,形成交通走廊带动贸易走廊建设格局;其次在交通走廊和贸易走廊形成的基础上,实现经济走廊建设;最后通过经济走廊实现中亚区域经济一体化。横穿东西、纵贯南北的中亚区域内六条交通运输走廊与欧亚交通要道连接,在中亚区域经济合作走廊管理和检测体系 CPMM 建设、中亚国家环境卫生治理、动植物检疫合作机制建设方面均收获了突出的成果。

2006 年 10 月 20 日,中亚区域经济合作机制启动以来的第一个中长期合作战略框架《中亚区域经济合作综合行动计划》在乌鲁木齐举行的中亚区域经济合作第五次部长会议中审议通过。此次会议成果非常丰富,对于 CAREC 后来的发展影响深远,对于 CAREC 全面开启中亚区域经济合作具有里程碑式的作用。此次会议的主题是"加强伙伴关系,深化区域合作",全面总结了中亚区域经济合作启动五年来取得的成果和经验,审议并通过了《CAREC 综合行

---

① 刘萍."一带一路"背景下中国与哈萨克斯坦新能源合作研究 [D].乌鲁木齐:新疆财经大学,2019.

动计划》《高官会致部长会的报告》和《乌鲁木齐宣言》三个重要文件，还审议了《工商发展论坛特别报告》《CAREC 进展报告及 2007 年工作安排》等文件，为中亚区域经济合作的未来发展指明了方向。其成果主要体现在以下几个方面①：

一是形成了深化中亚区域经济合作的共识，对未来的发展做出了战略规划。特别是《CAREC 综合行动计划》，提出了建立四大支柱的具体目标，并将合作行动分为两个层面进行，除在交通、能源和贸易等现有重点领域继续实施合作的同时，新开辟人力资源开发、环境、农业和旅游等新的合作领域，进一步深化中亚区域经济合作。

二是传递了加强发挥亚行等多边伙伴作用的信息，不断吸收新的合作伙伴，为中亚区域经济合作提供更多的资金支持。

三是加强了中亚各国之间的友谊和伙伴关系，各国之间的经济交流和依存度得到了加深，促进了各个层次的合作，如首次举行了工商发展论坛。CAREC 已经度过了建立互信、营造合作氛围的初期阶段，开始进入全面合作的新时期②。

（五）CAREC 机制在中亚区域经济发展中的作用与愿景

中亚各国由于历史、政治的影响，发展较为缓慢，加之地理环境的制约，与国际上的大国交往较少，古丝绸之路渐渐没落，在新时期的经济发展中，中亚地区自然处于世界经济发展的劣势地位。CAREC 机制建立后，国际资金对交通领域的资助，让中亚各国交通基础设施大为改观，对中亚地区的经济发展产生了积极的作用，也推动了中亚经济一体化的发展，CAREC 机制促进了中亚各国在能源、环境、农业以及旅游等方面的合作，缓解了中亚地区各国之间的贸易摩擦，促使中亚地区发展提速，并且缩短了中亚区域经济一体化的进程，推进中亚地区加快融入国际经济一体化的进程中。

CAREC 自 2001 年启动以来对于中亚区域经济合作的作用体现在融资、协调和建设三个方面。至今相关合作项目总投资近 200 亿美元，而 CAREC 各国政府、多边机构合作伙伴和其他援助方也提供了大量资金和技术援助③。

---

① 中亚区域经济合作第五次部长会议新闻发布会论"中亚区域经济合作计划"的地位与作用［EB/OL］.［2008－05－19］.http://www.mof.gov.cn/zhuantihuigu/zyqu5/mtbd/200805/t20080519_24519.html.

② 夏祖军，卢芳.成果丰富 影响深远［N］.中国财经报，2006-10-24.

③ 中华人民共和国财政部.中亚区域经济合作第 11 次部长会议部长联合声明［EB/OL］.［2012－10－30］.http://gjs.mof.gov.cn/pindao1iebiaO/gOngzuod0ngtai/201210/t20121030-691117.html.

CAREC 在取消贸易障碍的领域做了很多协调方面的工作。制定了促进商业往来的新的游戏规则，努力推动各国完善经济立法和改善投资环境，简化了海关程序，提出了一些与加入 WTO 相关的机构能力建设方面的新措施①。作为建设者，CAREC 为中亚交通和能源合作发展奠定了扎实的基础。截至 2017 年，亚行履行着 CAREC 机制秘书处的职能，累计筹集投资额超过 300 亿美元；其中超过三分之一的投资额（105 亿美元）由亚行出资，其余则由各成员国政府和其他发展合作伙伴提供。CAREC 融资已用于建造或修复 8 592 千米公路和 5 103 千米铁路，贯穿六条交通走廊，加强了区域内外的交通和贸易。此外，还架设了 9 041 千米的输电线路，帮助扩大了中亚能源富余国和南亚能源短缺国（包括阿富汗和巴基斯坦）之间的能源贸易②。

CAREC 机制建立的目标是去除贫困、促进中亚经济合作、增进中亚区域经济发展，多年来对中亚地区的能源、交通、环境以及金融等方面做出了积极努力，获得了成员国的广泛认同。愿景是根据"CAREC 2020"战略，继续通过在优先领域集中的、行动导向和结果驱动的地区项目扩大投资，增强 CAREC 组织的竞争力。

目前，正逢国际经济增长放缓，CAREC 各成员国经济发展比较低迷。CAREC 机制融资优势对成员国在资金方面的支持显得尤为突出。因此，CAREC 在中亚地区的发展前景是极其广阔的③。

二、CAREC 机制的建立及内容

CAREC 是在亚行主导下，由中国及中亚五国等 11 个成员国，亚行、世界银行、国际货币基金组织、联合国开发计划署、欧洲复兴开发银行、伊斯兰开发银行六个多边机构，众多国际金融组织参与的一个在交通运输、能源开发、贸易、投资、关税等领域开展合作的一个非正式的、多边参与的、开放的、松

---

① 陈维. 论"中亚区域经济合作计划"的地位与作用 [J]. 西部学刊，2014（6）：28-32，47.

② 魏良磊. 中亚区域经济合作第 16 次部长级会议在杜尚别举行[EB/OL].[2017-10-19].http://finance.eastmoney.com/a2/20171029789619780.html；张衡. 亚行投资超 50 亿美元 支持 CAREC 2030 战略实施 [N]. 中国财经报，2017-10-31.

③ 陈维. 论"中亚区域经济合作计划"的地位与作用 [J]. 西部学刊，2014（6）：28-32，47.

散的合作模式①。其运行机制主要包括：

（一）三级决策与协商会议机制

CAREC 通过设立部长级、高官级、行业和专业级会议机制，开展中亚区域经济合作相关问题的研究、政策制定和具体措施的实施。CAREC 部长级会议由亚行等多边机构、成员国的经贸部部长、交通部部长、能源部部长等相关人员参与，每年定期举办一次高规格的部长级会议。部长级会议的主要任务是负责制定 CAREC 机制下中亚各成员国重点发展的经济合作优先方向、具体项目及具体执行措施。CAREC 高官会议由参加过司局级的高官参与，每年定期举办三次会议，具体安排履行部长级会议制定的方案，负责确保合作计划的有效实施。CAREC 行业和专业级会议，由多边机构、成员国等各参与方的专家组成，先后设立了交通协调委员会、能源协调委员会、海关合作委员会和贸易政策协调委员会，每年不定期召开会议，负责交通运输、能源开发、贸易和海关等重点合作领域的具体协调工作。多年来，在具体优先领域内确定重点合作的项目都是由行业协调委员会提出，并直接与各成员国的相关部委进行对接，极大地提高了方案落实和行动议程的效率。

长期以来，在《中亚区域经济合作综合行动计划》的引导下，亚行始终发挥着"牵头人、协调者和出资方"的作用，亚行具体部门负责各类区域经济合作会议召开及具体协调工作，所有决议必须经过部长级会议磋商决定，各参与方享有完全的自主权，具有较强的灵活性和务实的机动性。

（二）高水平专业支撑机制

CAREC 由亚行主导，世界银行、国际货币基金组织、联合国开发计划署、欧洲复兴开发银行、伊斯兰开发银行参与，为 CAREC 开展中亚区域重点经济合作提供了跨越国界的、超国家的、世界顶级的、高水平的、专家负责的专业保障。其特点是：

一是提供由专家负责的专业技术政策支撑。亚行有一支金融专业人才组成的专家队伍，他们拥有扎实的金融理论与实践专业知识，拥有长期积累的、丰富的、成功的项目投资管理经验，在项目投资前期可行性论证、中期跟踪调查和后期成果评估鉴定、在提供项目专项资金贷款和项目技术援助工作中遵守严

---

① 高志刚，韩延玲. 中亚国家区域经济合作模式、机制及其启示 ［J］. 新疆社会科学，2014 （4）：73-77.

密的工作程序，恪守职业规范标准和要求，极大地保障了项目投资的进度和质量。世界银行凭借丰富的管理经验，负责 CAREC 框架下成员国能源领域合作的具体技术指导。国际货币基金组织更多地参与贸易政策制定及协调工作，为贸易便利化提供非常专业的技术指导。

二是物质资金保障。CAREC 由上述六家多边金融机构为中亚区域经济合作中的交通、能源等基础设施建设提供雄厚的项目贷款、管理和技术援助。CAREC 成立至今已经为区域内各成员国 176 个项目提供了约 300 亿美元的资金，其中亚行投资约 100 亿美元①，为中亚区域各成员国在基础设施、能源开发等方面的建设提供了援助资金和技术支持，对中亚区域各成员国的发展及区域合作起到重要推动作用。

三、CAREC 机制推进中亚区域经济合作的进程及成果

CAREC "中亚区域经济合作计划" 经过多年的发展，经历了从新兴区域合作到建立互信和形成共识，再到战略规划与实施的过程②。CAREC 成立时就明确其发展目标——以扩大中亚国家与其邻国之间的进出口贸易规模，特别是加大向国际商品市场的出口规模为龙头，以中亚国家能源开发和出口为重点，加快建设中亚区域内成员国之间便利的交通运输环境，广泛开展和提高中亚区域成员国之间的经济合作效率，降低进出口贸易中的交易成本，不断提高中亚区域成员国的经济发展水平，减少或消灭贫困人口，提高中亚区域成员国居民的生活水平。

CAREC 机制以合作谋发展，围绕成员国交通便利化、能源合作开发、进出口贸易政策协调及成员国贸易便利化四个重点领域开展积极的合作，极大地提高了成员国的经济发展水平，降低了贫困率，使得人民生活有了保障，推动了中亚区域的经济合作并取得了明显的进展③。

CAREC 刚刚设立时虽然只有中国、哈萨克斯坦、吉尔吉斯斯坦、塔吉克

---

① 王世钰. "一带一路" 倡议对接 CAREC 中企面临诸多机遇：专访亚洲开发银行副行长张文才 [J]. 中国对外贸易，2017 (7)：14-15.

② 陈维. 论 "中亚区域经济合作计划" 的地位与作用 [J]. 西部学刊，2014 (6)：28-32, 47.

③ 韩璐. 深化上海合作组织经济合作：机遇、障碍与努力方向 [J]. 国际问题研究，2018 (3)：56-68.

斯坦和乌兹别克斯坦 5 个成员国，但是发展至今已经有 11 个成员国。在《中亚区域经济合作综合行动计划》的指引下，在中国、哈萨克斯坦、吉尔吉斯斯坦、塔吉克斯坦国、土库曼斯坦、乌兹别克斯坦、阿富汗、阿塞拜疆、蒙古国、巴基斯坦和格鲁吉亚 11 个成员国和亚行、世界银行、国际货币基金组织、联合国开发计划署、欧洲复兴开发银行、伊斯兰开发银行六个多边机构的共同努力下，共同推动了中亚区域交通、贸易、海关等方面的经济合作。

（一）CAREC 搭建了中亚区域经济合作总体框架

1996 年亚行提议愿意为中、哈、吉、塔、乌这五个国家提供项目技术援助和专项贷款资金，来帮助解决这五个国家基础设施建设中存在的资金缺乏、技术缺乏、人才缺乏等困难，由亚行组成的专家工作组对这五个国家的基础设施建设情况进行了实地调查，根据中、哈、吉、塔和乌五个国家开发基础设施建设过程中的实际问题，规划了非常具体的建设领域，确定了优先建设的具体项目。与此同时，专家组发现交通运输和能源开采是推动五国经济发展的重要动力，在此基础上，成员国政府还进一步磋商确定了优先发展促进贸易增长和加强其他经济合作发展的具体项目，并提出解决跨境贸易壁垒和交通运输困难等问题的实施方案。亚行 CAREC 高官会议（2001 年 8 月马尼拉），初步确立了中亚区域经济合作的具体政策、程序、贸易推广、移民政策和通关方式，规划了发展中亚区域经济合作的总体方案。

对于未来，亚行已经提出了 2030 年战略和区域经济合作构想。根据 2030 年新的战略，区域经济合作与一体化是一项战略优先事项。增强中亚区域的连通性和竞争力，促进区域基础设施建设，加强金融部门的合作，并加强次区域合作推进都将通过新的区域经济合作与一体化业务计划（2019—2024 年）以及战略业务优先事项来执行，包括：加强经济体之间的紧密联系；扩大全球和区域的贸易和投资机会；区域公共产品（RPG）的增加和多样化①。

（二）CAREC 推动了中亚区域经济合作实现全面战略升级

经过十年的发展，2006 年亚行召集成员国部长级会议，签署了 CAREC 框

---

① 中尾武彦. 亚行行长：亚行《2030 战略》支持区域发展需求［EB/OL］.［2019-05-03］.https://www.adb.org/zh/news/adb-supporting-regions-development-needs-through-strategy-2030-adb-president.

架下中亚区域经济合作的中长期发展战略《中亚区域经济合作综合行动计划》①。该计划强调中亚地区具有特殊的战略地位和丰富的自然资源，经济发展差异大，经济的互补性强，为中亚区域经济合作提供了得天独厚的条件。

亚行致力于《中亚区域经济合作综合行动计划》的具体实施。一是支持知识获得和能力建设，积极利用中亚地区已有的国际组织研究机构和科研分析平台，提升各种信息资源搜集、整理和分析的能力，加强对中亚国家高级官员的职业能力培训，定期举办各类商业论坛，补充建立加强中亚区域经济合作的研究机构。二是支持中亚区域公路、铁路等基础设施网络建设。在六个多边机构专项贷款资金的支持和项目技术的指导下，促进成员国之间交通运输网络、能源开发体系和与进出口贸易相关的重要项目建设，带动中亚区域成员国区域经济的一体化发展。三是支持进出口贸易、投融资体系等商业营商环境建设，通过六个多边机构的信贷资金支持，消除中亚地区不利于国际投资的环境因素，吸引中亚国家的商业团体积极融入全球价值链体系，以此获得扩大进出口贸易的机遇。四是支持中亚区域公共产品的研究与开发，解决中亚国家跨国边境环境保护和自然资源管理中存在的突出问题，这就是著名的 CAREC 框架下中亚区域经济合作的"四根支柱"②。花大力气重点解决：①交通运输、进出口贸易和能源开发过程中所涉及的核心问题；②人力资源开发、农业生产、环境保护和跨境旅游所引发的重要问题；这就是著名的 CAREC 框架下中亚区域经济合作的两个"结构层次"。通过降低进出口贸易关税壁垒、充分利用中亚国家丰富的水力资源，有效开发中亚国家石油能源，带动其他形式的中亚区域经济合作，以便降低贫困率，增加中亚国家的国民收入、提高中亚国家居民收入和生活水平，使 CAREC 框架下的成员国之间建立"好邻居、好伙伴"的友好关系，并拥有"好前景"。

在《中亚区域经济合作综合行动计划》指引下，CAREC 不断细化具体合作目标和项目，在六个多边机构资金、人才、技术、培训等全方位的支持下，成员国在"运输、能源、贸易便利化及贸易政策"四个重点中亚经济区域项目建设中取得了明显的成果，这对于切实落实 CAREC 框架下中亚区域经济合作相关行业的战略和行动计划发挥了积极的作用，与此同时极大地促进了 CAREC 框架下中亚区域经济合作的全面战略升级。

① 赵常庆. 亚洲开发银行《中亚区域经济合作综合行动计划》与中国和上海合作组织的关系 [J]. 俄罗斯中亚东欧市场，2009（5）：1-5.

② 赵常庆. 亚洲开发银行《中亚区域经济合作综合行动计划》与中国和上海合作组织的关系 [J]. 俄罗斯中亚东欧市场，2009（5）：1-5.

（三）CAREC 促进中亚区域交通、能源和贸易便利化发展

CAREC 第一次部长级会议（2002 年 3 月）确立了中亚区域经济合作围绕积极推动减少贫困、保证地区稳定和促进地区经济繁荣发展的总体目标，集中开发促进中亚区域实际利益增长的具体重大项目，以中亚区域内"交通、能源、贸易便利化、贸易政策"作为经济合作的四大重点领域并大力推进。在亚行、世界银行、国际货币基金组织、联合国开发计划署、欧洲复兴开发银行、伊斯兰开发银行六个多边机构联合资助下，中、哈、吉、塔、乌、土等中亚国家积极参与实施了对"交通、能源、贸易便利化、贸易政策"四个重点合作领域的实地调研，制定了交通、能源、贸易等部门发展策略及规划，对相关人员进行了海关现代化、贸易政策等专业培训，确定并启动重点交通连接通道的建设规划。经过成员国和多边机构的共同努力，中亚区域在交通运输、能源开发、贸易增长及便利化方面取得了长足的进展。

1. CAREC 机制支持交通发展的内容

交通是运输物流的重要通道，中亚国家的交通基础设施的建设是促进地区贸易交流的主要动力。总的来看，中亚各国在交通运输方面面临一些挑战，首先是缺乏对基础设施的投资以及后期的维护不到位，其次是各国的政策环境有待改善，比如过境手续过于复杂等。为此，CAREC 机制在 2004 年成立了运输委员会，会议每年举办两次，便于讨论交通运输合作方面的问题。我国在 CAREC 框架下交通运输领域合作的项目建设和政策探讨中发挥了积极作用，通过各种形式参与其中。2003 年在中吉乌公路吉方境内建设中，我国政府无偿援助了 6 000 万元。在 2006—2008 年，亚行、世界银行、伊斯兰开发银行、欧洲复兴发展银行等先后对中亚地区的交通建设提供了资助，援助项目多达 32 项。其中，与我国密切相关的项目就包括新疆库尔勒—库车公路建设项目，连接我国内蒙古公路通道建设项目等。

2006 年召开的第五次部长会议中，各成员国协商共同启动交通运输战略。项目执行一年后，在第六次部长会议中又将贸易便利化与交通战略合并，其目的主要是为了在中亚区域内建立具有一定竞争力的通道，提高运输效率，建立环保型的运输体系。目前，成员国之间商议建立 6 条运输通道，其中有 4 条通道与我国新疆密切相关，最活跃的通道是中哈俄路线，新疆霍尔果斯口岸的建立对这条路线的贸易发展起到了积极的作用。

为了助力中亚各国之间建立完善的交通系统，促进中亚地区的经济发展，有效减少地区困穷，CAREC 合作计划力促简化各国边境运输手续、提供平等

的经营环境、开发和改善交通走廊、对铁路进行现代化建设、提供高效的服务等。CAREC 机制在交通领域的投资占其整体投资项目的比重很大。各成员国每年一次协商会议通过相关协议，来满足地区的贸易交往需求已见成效。

2. CAREC 机制支持中国（新疆）与中亚能源发展

自 CAREC 机制成立以来，能源是各成员国重点合作的领域之一，长远目标是促进本区域能源贸易，建立有效的能源运行机制。

中亚各国都拥有丰饶的能源资源，由于中亚地处亚洲和欧洲的通道上，地理位置十分重要。CAREC 成员国之间开展能源合作有着极大的优势。新疆作为我国与 CAREC 成员国合作的主战场，也拥有丰富的煤炭和石油等资源，在合作中可以优势互补。但是，合作中显现出来的诸多困难，比如能源生产效率低下、基础设施跟不上等限制了与 CAREC 各成员国合作的水平。虽然各成员国之间的合作层次和深度还不够，但是在 CAREC 机制提供的技术和资金援助下，中亚区域经济合作机制在能源合作方面还是取得了不小的成绩，在亚行等国际金融机构的支持下，各成员国之间已经建立了一个以增加生产和出口为目的的区域电网。

2006 年，能源行业协调委员会协商制定了能源战略行动计划时间表，使中亚区域经济合作组织的成员国能够确定能源投资需求、建设需求以及产出效果等。能源行业协调委员会认为，清洁能源发展技术上以及相关行业提供机会的繁杂性的环境中，中国作为成员国，相对其他成员国拥有较多的清洁能源项目。其他成员国也都开始加大清洁发展机制项目的建设[①]。

CAREC 第八次部长会议通过了《能源行动计划》框架、《CAREC 项目成果框架》概念文件等。各成员国都制订了能源行动计划，在政策上进行政策制定与运作分离，以提高建设能力；对电力和天然气部门进行重组，提高运行效率；提供社会保障，保证弱势群体获得最基本的能源消费；鼓励私企积极加入。

3. 中国利用 CAREC 推进与中亚贸易政策与贸易便利化

2006 年在中国（新疆）召开了第四届贸易政策委员会会议，各成员国都采取了减少过境贸易壁垒措施，根据各成员国各自的情况，采取措施的力度各不相同。各成员国的措施都在实施过程中，在合作中，各成员国发现要想全面落实减少过境贸易壁垒措施，还需要各成员国共同努力，实施互惠政策。

---

① 刘萍.“一带一路”背景下中国与哈萨克斯坦新能源合作研究 [D]. 乌鲁木齐：新疆财经大学. 2019.

2002 年中亚区域经济合作进入了具体实施阶段，贸易便利化计划也开始启动。贸易便利化计划的中短期目标是实现贸易现代化，解决区域公共利益等相关事宜，其愿景是与私营部门合作，从而进一步提高中亚区域贸易便利化水平。2006 年各成员国讨论了综合风险管理系统的重要性，在此期间公开出版了《风险管理：海关改革与现代化建设的催化剂》一书，该书主要介绍了 CAREC 成员国在海关管理上获得的一些经验和采取的措施。

从中国对 CAREC 成员国贸易出口额来看，中国对哈萨克斯坦和巴基斯坦的贸易额较大，对阿富汗的贸易额最小。从出口贸易增速来看，中国对巴基斯坦贸易额增速较快，对其他 CAREC 成员国贸易增速比较平稳，如表 4-2 所示。

表 4-2　中国对 CAREC 成员国贸易出口额　　单位：亿美元

年份	哈萨克斯坦	塔吉克斯坦	乌兹别克斯坦	阿富汗	巴基斯坦	蒙古国	阿塞拜疆
2007	74.46	5.14	13.59	1.69	57.89	6.83	4.75
2008	98.25	14.80	12.78	1.52	60.51	9.08	6.86
2009	78.33	12.22	15.70	2.14	55.28	10.68	5.53
2010	93.20	13.77	11.81	1.75	69.38	14.50	8.46
2011	95.67	19.97	13.59	2.30	84.40	27.32	8.93
2012	110.01	17.48	17.83	4.64	92.75	26.54	10.70
2013	125.45	18.69	26.13	3.28	110.20	24.50	8.69
2014	127.10	24.68	26.78	3.94	132.44	22.16	6.45
2015	84.41	17.95	22.29	3.62	164.42	15.71	4.39
2016	82.93	17.25	20.08	4.31	172.34	9.89	3.46

数据来源：《中国统计年鉴》。

从中国对 CAREC 成员国贸易进口额来看，哈萨克斯坦、巴基斯坦以及蒙古国占比较大，其他中亚国家占比较小。从进口增速上来看，中国对哈萨克斯坦进口先增长后降低，对其他中亚国家表现得比较平稳，如表 4-3 所示。

表 4-3　中国对 CAREC 成员国贸易进口额　单位：亿美元

年份	哈萨克斯坦	塔吉克斯坦	乌兹别克斯坦	阿富汗	巴基斯坦	蒙古国	阿塞拜疆
2007	64.32	0.10	8.07	0.02	11.04	13.52	0.01
2008	77.28	0.20	3.29	0.03	10.07	15.26	1.15
2009	62.96	1.85	3.51	0.01	12.60	13.61	1.28
2010	111.28	0.56	13.02	0.04	17.31	25.52	0.87
2011	153.95	0.72	8.07	0.04	21.19	37.01	1.94
2012	146.81	1.09	10.92	0.05	31.38	39.48	2.14
2013	160.51	0.89	19.38	0.10	31.97	35.10	2.34
2014	97.42	0.48	15.98	0.17	27.54	51.02	2.97
2015	58.49	0.52	12.67	0.12	24.75	37.95	2.23
2016	48.05	0.31	16.07	0.05	19.13	36.23	4.12

数据来源：《中国统计年鉴》。

中国一直把参与 CAREC 作为我国参与区域性合作组织的重点之一，把新疆作为中国与 CAREC 成员国合作的重点项目执行区。从中国（新疆）对 CAREC 成员国贸易进出口总额来看，出口水平远远高于进口水平。从出口水平来看，2007—2009 年波动幅度较大，此期间受金融危机的影响，2008—2009 年出口水平下降。随后出口总额慢慢攀升，波动幅度不大。从中国（新疆）对 CAREC 成员国进口情况来看，其表现得较为平稳，见图 4-1。

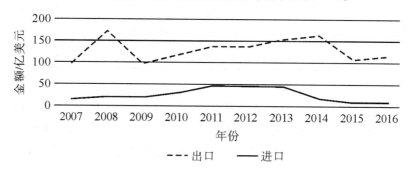

图 4-1　新疆对 CAREC 成员国贸易进出口总额

四、CAREC 在中亚区域经济合作中的优势

（一）亚行倡导的 CAREC 机制目标和战略明确

亚行作为一个致力于促进太平洋地区及亚洲发展中成员社会和经济发展的区域性政府间金融开发机构，自 1999 年以来，亚行一直强调将扶贫作为其首要的战略目标。它虽不是联合国的下属机构，但它是联合国亚洲及太平洋经济社会委员会赞助建立的金融开发机构，同联合国及其区域专门机构有着密切的联系。亚行建立的宗旨是通过发展援助亚太地区发展中成员消除贫困，促进亚太地区的社会和经济发展。亚行对发展中成员的援助主要有四种形式：股本投资、贷款、联合融资、技术援助与担保，以实现"没有贫困的亚太地区"这一终极目标。因此亚行倡导的 CAREC 机制完全按照亚行的战略目标，主要通过提供贷款、开展政策对话、技术援助、担保和赠款等方式支持中亚区域经济合作在能源、基础设施、教育、环保和卫生等领域的发展。

（二）合作地域广阔

CAREC 机制虽然覆盖的成员国只有 11 个，但是亚行创建于 1966 年 11 月 24 日，总部位于菲律宾首都马尼拉。亚行在其创建初始只有 31 个成员，已发展到目前的 68 个成员，其中 49 个来自亚洲和太平洋地区，19 个来自外部地区。从亚行的覆盖范围可以看出，它既覆盖了亚洲绝大多数的国家，中国和中亚五国在内的国家和地区都属于它所界定的发展中国家成员，又覆盖了世界上主要的西方发达国家。"一带一路"沿线国家有 26 个是亚行的成员。因此 CAREC 作为亚行倡导的一个次区域合作机制，实际上站在一个更宽阔的国际平台上，资源整合以及资金融通能力、项目合作能力、推进中亚区域经济合作的实力都有强大的支撑，可开拓的市场地域空间广阔。

（三）资助项目务实

CAREC 至今共对 11 个成员国实施的合作项目中完成 330 项，正在进行 155 项，其中包括能源项目 118 项，贸易 80 项，交通运输 238 项，多国经济部门 49 项。技术援助项目 295 项，贷款项目 142 项，拨款建设项目 76 项。其中对中国与中亚五国实施了 231 项，在中亚区域内进行了 6 条经济走廊建设，共涉及 165 个具体项目。对中亚区域内的项目投资占全部成员国项目近一半。对

中国（新疆）与中亚区域经济合作的推进项目共有18项，见表4-4。

表4-4　CAREC推进的中国（新疆）与中亚区域经济合作相关的项目

批注日期	项目名称	项目性质	项目内容
2009年12月14日	丝绸之路生态恢复项目	技术援助	改善甘肃省、陕西省和新疆丝绸之路沿线退化或危险生态区的环境编制投资方案
2009年11月18日	加强中小企业边境贸易服务和规则	技术援助	目的是解决制约因素，并为提高贸易效率和促进中小企业在中国—越南和中国—蒙古国边境关键过境点开展贸易活动提出战略建议
2009年10月4日	内蒙古公路开发项目	技术援助	目标是协助执行机构支持内蒙古公路发展项目，以确保该项目适合亚行的融资
2009年6月29日	新疆城市交通与环境改善项目		改善阿勒泰、昌吉、哈密、库伊屯和吐鲁番的城市道路基础设施、交通管理和环境卫生
2008年4月23日	新疆市政基础设施与环境治理项目		有助于阿尔泰行政区、博尔塔拉蒙古自治州和新疆北部伊犁哈萨克自治州边境地区的社会经济持续增长和生活水平的提高
2007年12月17日	中蒙区域合作能力建设	技术援助	加强中华人民共和国和蒙古国政府区域合作的体制和人力能力
2007年12月14日	丝绸之路生态恢复工程	技术援助	帮助中华人民共和国政府编制一份有助于改善甘肃、陕西和新疆维吾尔自治区丝绸之路沿线退化或危险生态区环境的投资提案
2007年12月13日	新疆地区道路改造项目（库尔勒—库车段）		通过升级国家公路的库尔勒—库车段以及当地公路网和与邻国的公路连接，改善东西向公路运输走廊
2007年10月24日	吉尔吉斯斯坦共和国、中华人民共和国和塔吉克斯坦共和国跨界协定	技术援助	帮助中华人民共和国、吉尔吉斯斯坦共和国和塔吉克斯坦共和国制定了跨境协议，以促进区域贸易和交通的顺利进行
2007年5月11日	新疆城市交通与环境改善	技术援助	新疆城市交通和环境改善项目，该项目覆盖阿勒泰、昌吉、哈密、奎屯和吐鲁番五个城市
2006年12月18日	蒙古国和中华人民共和国区域合作计划的制定		根据蒙古国政府和中华人民共和国政府的请求而设计的技术援助（TA）侧重于支持蒙古国与中国内蒙古自治区（IMAR）和东北省份之间的合作

表4-4（续）

批注日期	项目名称	项目性质	项目内容
2006 年 12 月 18 日	减轻东北亚燃煤电厂跨界空气污染	技术援助	在 2004 年 11 月在日本举行的第 10 次东北亚次区域环境合作方案（NEASPEC）高级官员会议上，次区域伙伴要求亚行通过区域技术支持减轻燃煤电厂的跨界空气污染
2006 年 11 月 22 日	新疆维吾尔自治区物流发展与能力建设	技术援助	应中华人民共和国政府的要求而设计的，旨在支持新疆物流业的发展，更广泛地说，是扩大与中亚国家的贸易
2006 年 3 月 21 日	新疆地区道路整治工程	技术援助	将库尔勒—库车段升级为 4 车道高速公路，审查道路问题，并为加强与政府的持续政策对话提供基础
2005 年 2 月 15 日	内蒙古公路贸易走廊项目		中华人民共和国内蒙古公路与贸易走廊项目的主要目标是通过改善运输基础设施和物流，维持和促进中国、俄罗斯和蒙古国之间的跨境贸易发展
2002 年 9 月 5 日	新疆第三公路项目		通过：改善新疆维吾尔自治区的公路运输基础设施和加强其公路部门的体制能力，支持新疆维吾尔自治区的经济和社会发展
2002 年 6 月 4 日	发展中国家在世贸组织贸易体系中的能力建设	技术援助	主要目标是支持发展中国家通过：①提高其对世界贸易组织协定的认识，使其能够得到充分实施；②协助它们，充分融入世界贸易组织多边贸易体系，全面参与世界贸易组织新一轮谈判；③协助包括太平洋地区的非军事国家加入世界贸易组织
2002 年 3 月 12 日	中亚运输项目区域合作	技术援助	通过评估涉及中华人民共和国、吉尔吉斯斯坦共和国和乌兹别克斯坦共和国的两个关键区域合作项目，支持中国经委会的运输项目

资料来源：根据 https://www.carecprogram.org/？page_id＝1726 翻译整理。

（四）合作效率优势

根据 CAREC 制定的经济发展战略合作目标，部长会议作为 CAREC 的最高决策权力机构，实行以优先项目为导向驱动，年度监测和评估为结果导向的"双轮"运作模式，以年度滚动计划为蓝本，确保中亚区域投资项目的顺利实施。而具体优先领域内重点合作项目的确定，通常交由 CAREC 下设的交通协调委员会、能源协调委员会、海关合作委员会和贸易政策协调委员会等行业协调委员会考察决定，并由行业协调委员会直接与成员国的相关部委进行对接，极大地提高了方案落实和行动议程的效率。与此同时，CAREC 机制下六个多边国际金融机构，具有丰富的投资管理实践经验，严格实行项目成本控制管理，特别重视提高投资项目的实施效率，金融投资的专业性很强，技术援助资源丰富，注重投资的资金使用效率。

（五）融资能力优势

CAREC 机制是由亚行发起建立的，经过不断的发展，现 CAREC 由世界银行、国际货币基金组织、欧洲复兴开发银行以及亚行提供资金支持。在 2007 年以前，中亚区域经济合作机制的筹资能力还稍有欠缺，之后，各成员国一起通过了《中亚区域经济合作综合行动计划》，国际金融机构加大了对 CAREC 项目资金的投资力度。国际机构对 CAREC 项目的资金支持也主要集中在运输领域、贸易便利化领域、能源领域。因此，CAREC 机制最凸显的优势就是筹资能力。亚行牵头对 CAREC 实施的项目实行资助，主要任务是提供贷款，优先于交通、能源、贸易、环境、疾病预防等行业，目标是推动区域经济一体化。

（六）实施途径优势

CAREC 利用"四项工具"和"三大走廊"优势，促进中亚区域经济合作的深入发展，CAREC 的"四项工具"由"项目投资、技术援助、能力建设和智力支持"构成，前文已经述及项目投资、技术援助、能力建设与智力支持的主体。CAREC 的"三大走廊"由"交通走廊、贸易走廊和经济走廊"构成，即 CAREC 提出三步走计划，首先帮助成员国建立六条交通走廊，围绕六条交通走廊进行货物周转及集散地中心建设，形成交通走廊带动贸易走廊建设格局；其次在交通走廊和贸易走廊形成的基础上，实现经济走廊建设；最后通过经济走廊实现中亚区域经济一体化。

CAREC 重点投资项目的领域已由早期的以成员国双边层面的建设项目向近年来以中亚区域层面的建设项目转移，CAREC 主导建设的横穿东西、纵贯南北的中亚区域内六条交通运输走廊与欧亚交通要道连接，在中亚区域经济合作走廊管理和检测体系 CPMM 建设、中亚国家环境卫生治理、动植物检疫合作机制建设方面均成效显著。

五、CAREC 机制推进区域经济合作存在的问题

经过 20 多年的发展，CAREC 围绕交通、能源、贸易便利化和贸易政策四大重点合作领域，开展了一系列的具体项目的合作实践，获得了一定的成果，但是还存在以下几点问题：

（一）区域交通运输网络尚未完全形成

CAREC 主导的中亚区域六大交通运输走廊基础设施的建成，不仅提高了中亚区域内部交通运输走廊的完整性，而且极大地提高了区域内部交通运输的速度，但是缺乏区域内成员国之间交通基础设施的贯通性，特别是区域内运输走廊的桥接和货物运转能力的贯通性很不顺畅，陆地和港口运输的连接性比较匮乏，区域内交通网络尚未完全建成。对此，CAREC 制定了《运输和贸易便利化 2020 战略》，明确了加强区域内交通网络建设的目标：一是实现铁路运输与六条公路运输走廊的连接，加大区域内新建铁路、轨道更新、复线建设、通信设施建设的投资，实现铁路运输网络与六条公路运输走廊运输能力的对接，实现多个国家、跨境超长运输距离、承载超大规模运输的优势。二是实现中亚区域内已有的六条运输走廊之间的贯通性，协调中亚区域内各个国家在进出口货物跨境移动区域运输时所产生的矛盾，对已有的六条运输走廊进行跨境跨区域的延伸性建设。三是促进中亚区域内已有的六条运输走廊与区域内外跨国海港的贯通，从而形成中亚区域内外巨大的交通运输网络体系。

（二）货物运输方式单一且成本过高

中亚区域内六条运输走廊过货效率监测数据的分析结果显示，中亚区域内贸易成本和时间延误主要发生在运输走廊的货物转运过程中，这种点对点单一的货运方式是增加货物运输交易成本和交易时间的主要原因。对此，CAREC 在《运输和贸易便利化 2020 战略》中提出加强区域内国际多式联运物流节点建设设想，加大支持不同运输方式之间的换装措施建设，优先支持将铁路换装站建设成货运仓储、集散服务的物流中心，实现铁路进出口货物运输和海洋进出口货物运输之间的顺利换装，实现铁路进出口货物运输中的非标准轨道和标

准轨道之间的换装，节省进出口货物换装时间，极大地提高了中亚区域内进出口货物的运输效率，达到中亚区域规模经济的溢出效应，极大地促进了中亚区域的经济合作。

（三）跨境口岸现代化服务水平较低

CAREC 成员国之间的经济发展水平差距较大，特别是中亚国家现代化通信信息技术水平不高，极大地影响了区域内贸易便利化的程度。因此，CAREC 在《运输和贸易便利化 2020 战略》中强调，加强 CAREC 成员国跨境口岸现代化服务建设，投资建设成员国跨境口岸查验设施、投资提升通信信息软件及硬件技术水平、投资建设跨境口岸物流中心基础设施建设、投资建设电子通关影像设施建设，加强海关在进口报关、估价、商品分类、缴纳税收等方面的现代化建设，以提高中亚区域内跨境口岸现代化服务水平。

（四）决策相对缓慢

CAREC 机制由亚行主导，其各项决策受很多因素影响。亚行主要有董事会和理事会。由全体成员国代表组成的理事会是亚行最高权力和决策机构，负责变动股本、接纳新成员、修改章程、选举董事和行长等，会议通常一年召开一次，由亚行各成员国派一名理事参加。亚行行长任期为 5 年，可连任，由理事会选举产生，是亚行的合法代表。

在投票联盟的作用下，亚行各成员所拥有的投票权和其真实投票力并不总是相称。要获得贷款，都要在意识形态、政府透明度等方面通过考察，还有雇佣人数、环保、招投标等多方面的要求。考察条件相对苛刻、时间周期较长，决策周期相对比较长。

六、亚行主导的区域经济合作与一体化的经验

亚行是通过四个次区域项目来推进区域合作与一体化目标。在总体的项目推进中，不论是 CAREC 还是别的次区域项目均存在共同经验可循。

在项目周期的早期阶段。区域合作与一体化专题小组秘书处编写的《区域项目分类和经济分析手册》为区域或区域合作与一体化项目分类提供了更清晰、更一致的标准，并为亚行工作人员提供了应用新区域合作与一体化项目分类标准的培训。根据更新的区域合作与一体化项目分类标准及其在项目周期

上游阶段的应用，亚行的区域合作与一体化运营质量不断提高。主要的经验总结为：

第一，发展业务重点，涵盖更多新部门和子部门。对能源和电力的支持将越来越多地包括可再生能源和清洁能源部门，以减轻对环境的影响。区域合作与一体化业务必须多样化，发展成新兴的区域合作与一体化部门，如信息与通信技术驱动的数字服务、价值链、跨境贸易和投资的中小企业、跨境经济区和经济走廊，以增大进入新的和更大市场的机会。需要更多与区域公共物品相关的行动，以协助发展中国家实现可持续发展目标，涉及在气候变化、灾害风险管理和跨界疾病控制方面采取协调行动，以减轻共同风险和潜在的经济和非经济损失。

第二，促进跨区域合作。通过支持跨两个或更多次区域的经济走廊，扩大区域合作与一体化投资组合的部门和子部门多元化。这些走廊可以支持长供应链，以及包括跨多个子区域运营的公司在内的区域乃至全球价值链。子区域间项目的份额仍然很小。然而，至少两个区域部门之间的直接合作和试点行动，可以在创新的分析工作的基础上促进跨区域合作。鉴于跨区域合作与一体化的复杂性，短期内可能不会取得成果，但重要的是要培养环境管理者。在中长期开展创新型、市场化的经济合作，在更广泛的地域基础上发挥发展中国家之间的经济比较优势。这个在 CAREC 推进中亚区域经济合作中得到了具体的应用。

第三，加强私营部门参与区域合作与一体化活动。随着越来越多的发展中国家达到中等收入国家的水平，亚行私营部门的运营可以在区域合作与一体化中发挥越来越大的作用。未来的业务可以集中在几个具有积极区域合作与一体化影响的部门和/或领域（如农业综合企业发展），通过将中小企业与全球和区域供应链以及跨境市场联系起来，支持中小企业国际化。

第四，提高区域合作与一体化知识生成。亚行与外部合作伙伴的知识合作更多地集中于知识共享和传播，而不是知识生产，其区域合作与一体化技术援助集中于发展中国家的能力建设，而不是其他类型的知识活动。随着发展中国家成为中等收入国家，它们将需要更强的知识内容来补充发展项目的融资。需要重点支持联合知识生产，以提高质量和相关性。区域合作与一体化技术援助资源将需要侧重于上游知识工作和产生投资项目的中游试点活动，特别是在新兴部门和非主权部门的跨区域合作与一体化。

第五，亚洲经济一体化报告。亚行的年度旗舰出版物《亚洲经济一体化报告》（AEIR）定期向亚行、发展中国家和伙伴国家提供有关该地区关键区域合作与一体化主题的高质量经济、政策和专题分析，结果可用于确定未来的区域合作与一体化倡议。该报告也是亚行其他主要区域性旗舰出版物《亚洲发展展望》的补充，为发展中国家提供了知识资源，以考虑区域合作与一体化与更广泛的国家政策和公共支出计划之间的联系。

从以上的趋势和机遇可以看出，新疆在通信和能源连接中有着重要的机遇。

上述所有分析表明，亚行的区域合作与一体化次区域项目，仍然是规划新区域合作与一体化业务的主导机制，而亚行参与了更广泛的区域合作与一体化倡议，这些倡议也可能涉及发展中国家之间超越单个区域合作与一体化次区域项目的特定合作。CAREC 在亚行主导之下有目标、有计划地推进中亚区域经济合作不断迈向更广阔的领域。

七、CAREC 机制下中亚区域经济合作评价

由亚行主导的、六方多边金融机构共同参与的 CAREC 框架下的中亚区域合作，经过多年的发展，合作机制更加成熟，合作内容和领域更加广泛，在推进中亚区域经济合作方面发挥了举足轻重的作用①。

（一）亚行推动"区域合作一体化"的绩效

亚行编制的亚太区域合作与一体化指数如图 4-2 所示，该地区经济一体化程度表明，区域合作与一体化趋势稳定。研究证实，区域合作与一体化对该地区的经济增长具有显著和积极的影响，并有助于减贫。区域价值链的维度、人口流动以及制度和社会一体化在塑造经济增长方面发挥了重要作用；区域合作与一体化也为减少贫困提供了重要的机会，而贸易和投资、货币和金融、组织和社会一体化等方面是减贫的驱动力；对低收入国家而言，它们在抑制贫困方面的影响更为显著；与各方面努力促进次区域循环贷款绩效相比，各方面循环贷款的程度，对扶贫工作产生了更大的影响。

图 4-2 还显示了跨分区和六个维度的区域合作与一体化变化。中亚的区域合作与一体化在区域价值链驱动的区域合作与一体化方面是最先进的。而滞后的维度，特别是货币金融和社会维度、基础设施和互联互通、人员流动以及

---

① 胡颖. 利用 CAREC 机制促进"一带一路"贸易便利化建设 [J]. 国际经济合作，2016（4）：39-43.

组织和社会一体化需要有更多关注。

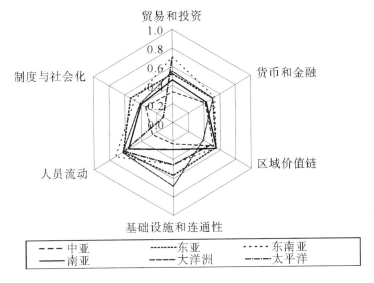

图 4-2　亚太区域合作与一体化绩效：亚太区域合作与一体化指数

（资料来源：Hub & Park，2017）

（二）CAREC 机制改善了中亚区域交通运输环境

在 CAREC《运输和贸易便利化 2007 战略》实施推动下，在亚行、世界银行、国际货币基金组织、联合国开发计划署、欧洲复兴开发银行、伊斯兰开发银行的资金支持、技术援助和管理指导下，各成员国认真实施《运输和贸易便利化 2007 战略》中确定的六条区域运输走廊的基础设施建设，积极推进 CAREC 确定的 98 个交通项目建设，新建和改造近 5 000 千米的公路，铺设了近 2 000 千米的铁路，并带动了六条运输走廊沿线物流基础设施的建设，通过对边境点贸易口岸的建设、中亚区域物流中心的建设、港口与航空设施的建设，促进了中亚国家之间运输网络的建设，极大地便利了中亚区域内交通运输走廊的通用性，通过中亚国家公路、铁路等基础设施的建设带动了中亚区域经济建设的发展。

与此同时，在 CAREC 的敦促下，中亚国家之间顺利实施跨境运输合作，在 CAREC 的协调下，吉尔吉斯斯坦和塔吉克斯坦于 2010 年签署了 CAREC 框架内的第一份跨境交通运输合作协议，便利了吉尔吉斯斯坦与塔吉克斯坦之间运输和贸易单证一致化和简单化的需求。

2012 年 CAREC 武汉部长级会议协商通过了中国提出的"交通便利化安

排"，中国成为第一个在 CAREC 走廊进行中亚国家运输便利化"先行先试"的国家。截至目前，CAREC 的成员国全都加入了国际公路运输系统，这不仅降低了运输成本，而且缩短了运输时间，提高了跨境运输的效率。

（三）极大地提高了中亚区域贸易便利化

为了加快实现中亚区域贸易便利化，CAREC 积极落实由联合国贸易便利化和电子商务中心签署的，于 2004 年 9 月通过的《建设"单一窗口"建议书》，在"单一窗口"建设中投入了专项资金，帮助成员国提高专业服务能力，在 CAREC 的倡议下，哈、吉、塔和乌的有关部门在"单一窗口"建设中提出具体工作方案，着手落实"单一窗口"建设工作，加快了中亚区域贸易便利化的进程。

为了加快实现中亚区域贸易便利化，亚行于 2003 年 3 月成立了一个专门组织——CFCFA（CAREC 机制下承运人和货运代理人协会联合会），CFCFA 的建立是中亚区域贸易便利化的一个重要合作平台，通过联合 CAREC 机制下区域内外的相关国家的承运人、货运代理人和物流协会，及时追踪成员国之间双边或多边贸易便利化的实际执行情况，及时发现问题，更好地解决 CAREC 机制下在区域运输和贸易便利化合作中存在的问题。

为了进一步促进中亚区域贸易便利化，CAREC 设计并实施了 CPMM。CPMM 的启动与使用主要是对 CAREC 框架下的六条运输走廊过货效率进行实时监测，CAREC 自 2009 年起就定期发布 CPMM 的季度信息数据报告和年度信息数据报告，通过实时收集 CAREC 框架下的六条运输走廊的货物运输时间和运输成本的详细信息数据，特别关注过境时间和过境运输成本数据，及时发现每个运输走廊货运中存在的问题并及时提出具体解决方案，以减少六条运输走廊沿线国家的交通运输政策障碍，促进中亚区域贸易便利化的有效实施。

（四）极大地促进了中亚区域海关合作

CAREC《运输和贸易便利化 2007 战略》中，将加强成员国之间的海关合作作为推进贸易便利化战略的核心内容，协调 CAREC 框架下各个成员国加入《京都公约修订版》，通过提供技术指导帮助成员国与世界海关组织签订《修正的京都公约》，每个成员国以《修正的京都公约》为蓝本，对不符合《修正的京都公约》的本国海关法加以修订，促使每个成员国实现国内海关程序与国际标准海关程序相一致的目标，并且在不违背国际公约的基础上，简化和统一成员国之间的海关程序。中国和哈萨克斯坦已经加入《修正的京都公约》，塔吉克斯坦也在积极申请加入，通过简化和统一成员国海关程序，来提高中亚区域贸易合作的效率。

与此同时，亚行在简化和协调成员海关程序方面给予了提供信息和通信技术的支持。通过在成员之间推广使用海关通关风险管理程序，促使成员实现了海关职能的自动化管理。在 CAREC 机制的推动下，CCC（中亚海关合作委员会）管辖的成员均开发使用符合国际海关标准要求的海关信息管理系统，为 CAREC 成员国搭建了电子口岸信息共享平台，大大地实现了通关便利化目标。

不仅如此，CAREC 成员国之间开展了海关联合监管，中哈两国于 2007 年和 2008 年分别在都拉塔—科尔扎特口岸和吉木乃—迈哈布奇盖口岸实行了海关联合监管，2010 年哈吉两国在 Korday-Ak-Zhol 口岸实行海关联合监管，CAREC 框架下成员国之间实行的海关联合监管主要在于不同国家都要使用统一的货物清单，对于海关查验的结果相互承认，极大地节省了不同国家跨境通关的验收时间，节约了成本，实现了快速高效的通关便利化目标。

八、CAREC 机制的未来趋势、挑战和机遇

（一）传输和通信连接

所有主要货运和客运部门预计将持续强劲增长；信息和通信技术（ICT）正在成为提高跨境运输效率的主要驱动力（例如产品的跟踪和跟踪技术，物流供应商使用的提高生产力的技术平台，以及简化边境清关系统，减少出口商和进口商产生的相关时间和成本）；将需要对该地区运输系统的新增能力、新技术和设计进行重大投资，否则将面临贸易部门增长和生产力的限制；推进区域经济合作可产生规模经济和降低贸易成本，新的车辆技术正在开启绿色和可持续交通走廊的新变局。

（二）能源连接

2017 年，亚行覆盖区域占全球可再生能源发电量增长的近三分之二。中国和印度是最大的贡献者，仅中国就占全球可再生能源发电量增长的近一半。在能源领域，包括可再生能源领域，存在着重大的跨境贸易机会。

（三）跨境电力贸易

跨境电力贸易有助于在电网规范、性能标准、监管框架和争议解决方面，

协调电力部门政策和监管环境；增强电力公用事业和能源部门的机构管理能力，以支持区域发展以及对区域互联和电网的投资。在跨境能源贸易中，有对新技术进行投资的空间。

（四）金融

亚行成员国区域金融市场联系更紧密、更强大，但仍然容易受到外部冲击。2010—2015 年，跨境资产总额从 11.5 万亿美元增至 14.6 万亿美元，年复合增长率为 4.9%。区域内持股增长 8.8%，外商直接投资（FDI）从 2.5 万亿美元增至 3.6 万亿美元，占 2015 年区域内持股比例（39.4%）最大。考虑到亚太地区拥有更多的外部资产，与世界其他地区的经济联系仍高于与自身的联系，金融合作有着极其广泛的前景。

（五）区域金融政策对话与合作

提高金融弹性的区域政策对话与合作，特别是鼓励从银行到债券市场的投融资渠道多样化，将有助于创造更大、更稳定的金融体系。为了打击全球保护主义，还需要与出口信贷机构等主要区域金融机构建立区域伙伴关系，并为这些机构在全球监管框架中的有效区域投入提供适当支持。为了缓解对不平等的担忧，还需要考虑现代金融技术，例如基于数字技术的金融服务新商业模式，以支持金融包容性，同时考虑到富人和穷人、男性和女性以及农村和城市地区在金融获得方面的差距，需要支持政策和法规的一致性，以鼓励更广泛地应用跨境金融技术系统，平衡对数据流、隐私和网络安全的需求。

（六）贸易和投资

亚太地区在最近的贸易和投资表现中处于领先地位。在经历了两年的适度扩张后，2017 年的出口（6.7%）和进口（9.6%）商品贸易量增长最多。在出口方面，亚太区域对 2017 年全球增长 4.5% 贡献了 2.3 个百分点，占增长总额的 51.0%。它还为全球进口增长 4.8% 贡献了 2.9 个百分点，占整体增长的60.0%。在全球贸易环境低迷的情况下，该地区经济活力比较突出。

（七）不平等

基尼系数显示，国家间不平等总体上呈明显的下降趋势，从 1995 年的48.3 下降到 2005 年的 43.5，再到 2015 年的 39.5。然而，国内不平等现象却有所增加。研究表明，国际贸易、外国直接投资、经济增长和不平等之间的关系是复杂的，贸易或外国直接投资有助于平等，或减少不平等。因此，没有一个主导的贸易、外国直接投资或不平等关系可以支持一个地区的所有贸易政策。然而，降低全球和区域贸易中扩大空间和技术溢价不平等的风险，对于外国直接投资促进更具包容性的贸易和投资具有重大机遇，能够为更多的受益群体带来更广泛的经济效益。

（八）气候变化、跨界生态系统和自然资源管理

经济增长、人口增多和城市化导致温室气体排放增加，世界自然资源被消耗一半以上，人均资源使用量和单位国内生产总值不断增加，水安全和森林、耕地质量和健康问题日益受到重视。发展中国家为《联合国气候变化框架公约》（COP21）第 21 次缔约方会议的成功做出了贡献，许多国家已经根据其承诺增加了缓解气候问题的投资。区域经济合作可以通过支持跨境知识网络和气候问题对话，生产更多的区域公共产品以及为气候变化提出更多利益连接点，加强次区域伙伴关系并进行有利于各国的环境改造。

第五章 上合组织与 CAREC 平台下中国（新疆）与中亚区域经济合作现状

一、中亚国家经济发展概况

（一）中亚经济形势及增长状况①

自 1991 年中亚五国相继独立以来，中亚五国的国内生产总值总体下降明显，其中 1992—1998 年缓慢回升但波动较大，1999—2001 年持续回升；在 2008 年国际金融危机冲击下，中亚五国经济增长再度波动②。以 2017 年为例，中亚五国经济增长比较见表 5-1。从 2010 年开始，随着国际整体宏观环境的转变，中亚五国经济开始恢复增长，这也是由于国际上的大宗商品包括能源价格上涨，以及中亚国家政府进行了大规模的公共投资建设等大环境的改善而产生的红利③。

表 5-1 2017 年中亚五国经济增长比较

国家	2017 年 GDP /亿美元	2017 人均 GDP /美元	2017 人均年收入 /美元
哈萨克斯坦	1 561.89	8 774.7	10 719.7

---

① 新疆维吾尔自治区金融学会. 丝绸之路经济带及新疆周边国家国别研究报告 [M]. 北京：中国金融出版社，2016：6.

② 高煜. 丝绸之路经济带产业一体化：问题、障碍与对策 [J]. 开发研究，2015 (3)：17-21.

③ 新疆金融学会课题组，刘遵乐，吴昊. 中亚五国 2012 年上半年经济形势分析及趋势判断 [J]. 金融发展评论，2012 (10)：64-69.

表5-1(续)

国家	2017 年 GDP /亿美元	2017 人均 GDP /美元	2017 人均年收入 /美元
乌兹别克斯坦	675.05	2 119.5	2 315.9
土库曼斯坦	416.7	7 494.6	9 574.08
塔吉克斯坦	72.34	828.6	990.05
吉尔吉斯斯坦	70.61	1 161.3	1 351.33

数据来源：世界经济信息网，https://www.phb123.com/city/GDP/20928.html。

哈萨克斯坦在中亚国家中经济体量最大，近年来由于经济增速放缓，经济体量占比有所下降。哈萨克斯坦人均收入水平较高，在世界银行报告中，被列入中高等收入国家。哈萨克斯坦在经历独立之初的几年动荡后，经济迅速发展，GDP 占比长期保持在中亚五国总量的 60% 左右。2008 年国际金融危机前 10 年是哈萨克斯坦经济发展的"黄金时期"，GDP 年均增速在 10% 左右，经济总量增长 5 倍，外贸额增长 6 倍。2008 年金融危机对哈萨克斯坦经济造成一定冲击，但从 2010 年开始，哈萨克斯坦经济出现恢复性增长，2011 年，哈萨克斯坦经济增长率恢复到 2008 年国际金融危机爆发之前的水平。哈萨克斯坦在经济社会发展所取得的成就很大程度上归功于该国拥有的丰富自然资源，同时过度依赖资源出口却也导致了经济结构单一，不论是投资出口还是吸引外资，均严重依赖资源和能源初级加工开采，资源化特征体现在经济各领域[①]。

乌兹别克斯坦受益于政局稳定及资源优势，GDP 连续多年保持在 8% 以上，经济呈现平稳快速增长，经济实力位居中亚五国前列（仅次于哈萨克斯坦）。其地处中亚地区的地理中心，是"丝绸之路经济带"建设不可或缺的重要参与方。近年来，以中亚国家为主的中国（新疆）周边国家经济普遍增长缓慢，中亚各国人均 GDP 均呈下降态势，乌兹别克斯坦是中亚五国中人均 GDP 唯一保持缓慢增长的国家。

土库曼斯坦的经济仍然处于转型阶段，公共经济部门仍然在经济发展中起到主要作用，经济的决策权也是高度集中的。2012 年 10 月，土库曼斯坦被世界银行列入中上等收入国家。近年来，土库曼斯坦经济总体呈上升态势，经济结构日趋合理，国家财政收支基本平衡，固定资产投资逐年增加；石油、天然气资源开采和加工能力不断增强；粮食产量连年增长；纺织工业快速发展，纺

---

① 张栋，董莉. 后危机时代中亚五国经济发展变化情况：回顾、比较和未来展望 [J]. 金融发展评论，2017（10）：57-75.

织品走向国际市场；对外贸易发展迅速；外商投资有所增加。

塔吉克斯坦在苏联时期是最偏远、经济最不发达的加盟共和国，农业在其经济中占据重要地位，工业基础薄弱，经济结构单一且严重失衡，以农业棉花种植、金属矿石开采、冶金和食品工业为主，轻工业欠发达，对外依赖性较强。进入21世纪后，塔吉克斯坦逐步建立国家财政和金融系统，并确立以市场经济为导向的国策，国民经济总体保持平稳健康的发展态势。近年来，为刺激经济发展，塔吉克斯坦政府采取了增加财政支出、税率改革等一系列改革措施，政府收支持续增长，占全国 GDP 的比重保持向上的态势。

吉尔吉斯斯坦属于资源型小国经济，经济基础薄弱，产业结构单一，长期以农牧业为主，工业基础较落后，金融发展水平低。近年来，吉尔吉斯斯坦经济增长时快时慢，波动较大，2016 年经济有缓慢复苏迹象，积极推动道路、铁路、电力等基础设施建设，固定资产投资持续快速增长，财政赤字规模较大，资金相对匮乏，为我国"丝绸之路经济带"倡议下推动两国的互联互通创造了基础。

（二）中亚各国产业特征

中亚各国近年来逐步建立和完善了自己的产业体系，但各国普遍存在产业结构单一、过度依赖资源的问题。农业占比显著下降，产业发展趋向于第二、三产业，产业结构从"二、三、一"演变"三、二、一"[1]。第三产业变化最大，传统产业如交通运输业、邮政业、医疗业等产业的比重明显降低，以电信业、管道运输业、制药业为代表的新兴产业比重上升。

中亚五国经济总量偏小，经济总量差距很大。中亚国家在苏联产业分工中，以农业和初级加工业为发展重点，这些国家既不能生产一般工业消费品，也没有形成完整的工业门类。这使得各国独立后经济结构异常，产业结构过于单一，采掘业发展迅速，加工业落后，见表5-2。中亚国家经济独立性差，为满足国内需求，向各国大量进口多种产品，对外依存度高[2]。

表 5-2　中亚五国的支柱产业

国家	支柱产业
哈萨克斯坦	有色金属、煤炭、石油、天然气开采冶炼加工、粮食生产；交通运输

---

① 唐宏，陈大波. 中亚地区经济发展特征及时空演变 [J]. 中国科学院大学学报，2015，32 (2)：214–220.

② 唐小松. 论中国对中亚国家的公共外交 [J]. 教学与研究，2018 (2)：50–58.

表5-2(续)

国家	支柱产业
吉尔吉斯斯坦	有色金属开采、棉花种植业；食品加工业与水电生产
塔吉克斯坦	有色金属开采冶炼、棉花种植业、食品加工业与水电生产
乌兹别克斯坦	黄金、铀矿、石油和天然气开采加工、皮棉种植与轻工业
土库曼斯坦	石油、天然气开采加工、棉花种植与纺织食品工业

资料来源：魏明亮. 陕西省与中亚五国产业发展及结构互补性研究［J］. 陕西理工学院学报（社会科学版），2015（3）：64-70.

二、中国（新疆）与中亚国家的合作背景、现状与成果

在早期中亚国家独立的初始阶段，中国与中亚国家的外交以无偿贷款援助为主要开展形式①。1994年，时任国务院总理李鹏，出访吉尔吉斯斯坦、哈萨克斯坦期间，分别同两国政府签署了关于赠送价值150万元一般物资援助的换文。翌年，时任国家主席的江泽民访问中亚三国，又签署了关于中国向这三个国家提供价值300万元物资援助的换文。1999年，时任国务院副总理的钱其琛，在中亚访问期间分别同土库曼斯坦和塔吉克斯坦两国签署了金额为1 000万元无偿援助的协定。翌年，江泽民在对中亚国家塔吉克斯坦和土库曼斯坦的国事访问期间，和两国分别联合发表了面向21世纪的睦邻友好关系的联合声明，并向塔吉克斯坦提供总额为2 000万元的无偿援助。2005后，中国与中亚国家的高层互访频繁，中国与中亚国家的公共外交开展趋向机制化发展，开展形式也逐渐趋于多样化②。在不同领域均开始进行合作。2013年"丝绸之路经济带"倡议得到了中亚各国的强烈反响。结合"一带一路"倡议，进行各国之间的战略合作深化各方贸易任重道远，各国不断推进双方的互联互通，在贸易、投资、能源、金融、人文合作等多个领域取得了比较明显的进展。

（一）中国（新疆）与中亚国家经济合作的背景

中亚五国自古代开始就是中国陆上丝绸之路的必经之地，与中国联系频

---

① 李东阳，杨殿中. 中国对中亚五国直接投资与双边贸易关系研究［J］. 财经问题研究，2012（12）：90-95.

② 唐小松. 论中国对中亚国家的公共外交［J］. 教学与研究，2018（2）：50-58.

繁。苏联解体后，俄罗斯对中亚的控制力减弱。随着中国"一带一路"倡议的提出，中国希望通过打造"丝绸之路经济带"，在满足自身发展的同时带动沿线经济发展，实现合作共赢，为中国营造良好的周边政治、国防、民族环境，并释放地缘影响力。"丝绸之路经济带"推进中国跟中亚地区合作创造了前所未有的历史机遇。上合组织与 CAREC 平台对于中国（新疆）与中亚区域经济合作，也带来前所未有的价值和机制优化资源整合的空间。

1. 中国（新疆）与中亚区域经济合作的战略意义

随着"一带一路"倡议的提出，以及新疆在"丝绸之路经济带"核心区地位的确立，新疆作为我国中西亚、东南亚和东北亚三个沿边重点区域之一，与中亚国家的区域经济合作地位在中国向西开放中日益凸显，合作也进入一个新的时期，在与中亚的国际关系和经济往来中起到的作用不容忽视①。

（1）打造核心区，提高对外开放水平

新的国际国内形势下，中国要不断提高对外的开放水平。从宏观大局来看，以新疆为核心的向西沿边开放和东部的海洋经济沿海开放构成整个中国外开放格延续丝绸之路的主线。打造中国（新疆）与中亚地区波及亚欧腹地的交通运输物流枢纽中心、商品、物资等各类生产要素、文化、制造业以及服务业的中心聚集区和交换交流整合区，打造成一个有后发优势的集贸易投资技术与劳务的跨国经济区域应是新疆丝绸之路核心区的战略目标②。

（2）拓宽中国经济发展空间，培育新的经济增长极

中国（新疆）与中亚毗邻，有着优越的区位优势，在 17 个已开放的陆路口岸中，有 11 个是面向中亚国家的。中国（新疆）与中亚国家之间的往来构成了一个次区域经济范畴，因此推动这一中亚次区域经济集团化发展，能够产生带动泛中亚周边国家的增长极效应，成为带动"一带一路"建设的轴心地区③。

（3）新疆对外开放实质是达到国家战略的等级

改革开放 40 多年，新疆自身的经济实力有了很大提升，从发展水平看，新疆对外开放占据了中国向西开放的前沿窗口与牢固阵地，有望实现沿"一

---

① 王海燕. 中国新疆在中亚区域经济合作中的战略定位 [J]. 中国高新区，2006（8）：62-63.

② 高常水，于源. 中国参与和推动中亚区域经济合作的战略 [J]. 经济研究参考，2013（58）：72-75.

③ 高常水，于源. 中国参与和推动中亚区域经济合作的战略 [J]. 经济研究参考，2013（58）：72-75.

带一路"交通枢纽和各节点城市宽领域、全方位、多层次的对外开放新局面①，核心区的确立为中国（新疆）与中亚区域经济合作提供了政策的优势和倾斜。

（4）推进贸易便利化，促进能源安全和强化边界安全

中亚地区作为一带一路的核心建设区、连接中欧陆路大通道的必经之地以及六大经济走廊中新亚欧大陆桥经济走廊和中国—中亚—西亚经济走廊的重要建设区，中亚地区对于中国实现贸易全球化具有重要的意义。2017年中国与沿线地区的贸易增速居于首位，贸易顺差逐年扩大，根据2018年发布的"一带一路"贸易合作大数据报告，2017年中国对中亚地区贸易额达到360.0亿美元，较2016年增长19.8%，占中国对"一带一路"沿线国家进出口总额的2.5%，属于增速最快的区域。中国西部地区对"一带一路"沿线国家的进出口总额为1 434.2亿美元，其占该地区总体对外贸易比重最大，高达48.1%，占中国与"一带一路"沿线国家进出口总额的10.0%。

中亚地区与中国相邻，开通陆上能源管线都有着重要的现实意义和战略意义。由于距离较近，对输出方和输入方均有利可图；中亚能源通过中国可以开拓更为广大的亚太市场，包括有赖太平洋管道的美国市场，未来可以与西部的欧洲能源市场连成一体，形成贯通整个欧亚大陆的陆上能源生命线。

中亚的近邻地区包括从南亚到中东、西亚再到高加索和巴尔干，被世界上现有的大部分核国家包围，加之周边国家长期战乱不断，中亚面临着强大的地缘安全压力。与中亚相邻的大部分地区是信仰伊斯兰教的国家和地区，宗教的纽带作用使包括中亚地区在内的欧亚大陆中心区域以及中国新疆，在安全上容易形成一种相互传导的互动效应。

2. 合作机遇

首先是中国的"一带一路"倡议不仅为中国与中亚国家创造了一个内生的条件，为"一带一路"沿线国家之间创造了合作共荣的机遇，还开辟了一个站在全球视角走向人类命运共同体的重要路径。

当今世界发展进程中呈现出两个典型特征，一是以美国对中国的"贸易战"为突出特点的逆全球化风潮；二是区域经济一体化步伐加快，以上合组织和CAREC机制为成熟代表的区域性国际组织发挥着不可或缺的作用，旨在减少和消除区域壁垒，加快区域之间的合作，具有推进全球化发展的积极作用。

---

① 高常水，于源. 中国参与和推动中亚区域经济合作的战略 [J]. 经济研究参考，2013（58）：72-75.

全球贸易保护主义在 2008 年的金融危机后有了明显复苏，典型的有中美贸易战、英国脱欧、法国的汽车援助计划等①。虽然 WTO 2016 年发布的报告指出全球 G20 国家首脑重申了反对和抵制贸易保护主义行为，但自 2015 年 10月到 2016 年 5 月不到一年的时间内，各 G20 成员新增贸易保护主义条款月均21 项，总共措施高达 145 项②，2017 年开始酝酿的美国对中国公然发起"贸易战"等，均是贸易保护主义抬头的案例。此外，以 WTO 为主导的前一轮全球贸易和投资规则，已经不能适应全球经济深度演进的需要。新的全球经济规则尚未形成，而 WTO 主导下的多哈回合谈判还没有达到理想的预期进展③。

在此背景下，中国的"一带一路"倡议 8 年来却取得超预期的成果。中国与"一带一路"沿线以及其他地区的 106 个国家和 29 个国际组织签署了150 份政府间合作文件；对"一带一路"沿线国家投资超过 860 多亿美元，经贸活动进出口总额超过 6 万亿美元，82 个经贸开发区已经建立，总共超过了280 多亿美元的总投资。据不完全统计，落地、动工、投产的近 6 000 个企业和项目总共创造了 24 万多个工作岗位。8 年来，中欧班列从开始的一年几十列到 2021 年达到上万列，累计开行超过 4 万多列。在逆全球化和贸易保护主义复苏的时期，中国的倡议和实施彰显了包括亚欧大陆在内的世界各国构建利益、责任、发展和命运共同体的远见卓识。从理论上看，区域经济一体化理论内涵是丰富的，"一带一路"倡议是对这一理论中的经济共同体理论的拓展和实践型推动，最终的宗旨和追求是构建一个命运共同体。有利于形成区域的归属感，更好地推动区域间政治、经济合作和文化包容④。无疑这个机遇对于中国向西开放，新疆成为"一带一路"倡议的核心区，能够更好地利用上合组织与 CAREC 机制推动区域经济合作具备了前所未有的良好机遇。

其次是新兴经济体地位提升产生出新的合作诉求。

以"金砖五国"为代表的大型新兴经济体目前已经成为国际直接投资的重要热点地区，而新兴经济体在全球贸易中的地位也在不断攀升。中亚国家依靠其独特的核心地理位置和自然资源比较优势近年来也备受世界各大经济体和国际组织关注。其中美国于 2011 年提出的新丝路战略，欧盟发起的欧亚运输

---

① 戴晓芳，郑圆圆，戴翔. 危机冲击下全球贸易如何"崩溃" [J]. 国际贸易问题，2014 (12)：25-36.

② 廉晓梅，许涛. "逆全球化"与东亚区域经济合作的发展前景 [J]. 东北亚论坛，2017，26（5）：68-77，128.

③ 戴翔，张二震. 逆全球化与中国开放发展道路再思考 [J]. 经济学家，2018（1）：70-78.

④ 刘翔峰. "一带一路"倡议下的亚太区域经济合作 [J]. 宏观经济研究，2018（2）：5-11.

走廊，俄罗斯主导的欧亚经济联盟，土耳其等联合发起的中西亚经济合作，日本早期提出的"丝绸之路外交"及"自由与繁荣之弧"构想等，都显现出对中亚地区的关注逐渐加强。根据世界银行的统计数据研究发现，近十年来新兴经济体年均经济增长率比世界平均水平高约2个百分点。2008年全球金融危机后大多数发达国家陷入衰退，但新兴经济体很快就从危机中摆脱出来。根据博鳌亚洲论坛发布的《新兴经济体发展2017年度报告》统计，2016年新兴经济体国家对世界经济增长的贡献率为60%，经济总量占全球的份额也在持续增加。随着新兴经济体的国际经济地位上升，现行的新兴经济体在全球贸易治理机制利益分配格局中的弱势地位和其快速上升的经济实力越来越不匹配，进而新兴经济体有着新的利益驱动和合作发展的意愿诉求，为中国（新疆）和中亚的区域经济合作带来了内在动力和外部机遇。

3. 政治环境及社会环境安全稳定的不确定挑战

政策的稳定与持久来源于国家的政治局势和社会环境的安全稳定及持续性。目前中亚国家虽然政治动荡趋于弱化，但过去发生过的各种冲突事件均不同程度地对中亚国家的政局稳定造成了一定影响。哈萨克斯坦、塔吉克斯坦和乌兹别克斯坦国家领导人由于政治领导能力优秀使得本国政治局势会在未来的一段时间内保持稳定，但政权交替在所难免，存在对外政策以及相关市场契约规则发生扭转的可能性。

在社会稳定方面，中亚区域为多民族、多宗教和不同文明交汇之处，各种恐怖事件，历来是宗教极端主义、民族分裂主义和暴力恐怖主义势力活动猖獗的区域，对中亚国家社会稳定安全造成极大破坏。对于中国（新疆）与中亚国家的区域经济合作带来很大的不确定和不稳定性困扰。

4. 国际博弈关系复杂

在世界能源紧缺形势下，中亚地区对于能源消耗大国维护自身能源安全的重要性不言而喻。美国、欧盟、日本、印度等相继进入对中亚地区的能源争夺战中。例如，在2015年，克里作为美国的国务卿，成为历史上首位访问中亚国家的领导人，并与中亚国家成功建立了"C5+1"对话机制，随后制定的"大中亚计划"和日本倡议的"丝绸之路能源计划"具有相同的目标。俄罗斯在关税联盟的基础上，积极参与并组建了EAEU。各个大国在中亚地区激烈博弈，都是为了获得对中亚地区能源的开发和利用权，面临着大国的地缘政治压力，中国（新疆）需要面临重要的挑战。

由于中亚被喻为"第二个中东"和21世纪的战略能源基地，中亚国家北部有俄罗斯，西部有西欧国家，南部有美国，东部有中国，四周大国林立，对于中国（新疆）与中亚国家的区域经济合作而言国际关系复杂。

5. 西方石油公司的挤压

跨国石油公司主要以获得高额的垄断利润为目标。一些著名的西方石油公司，如 Exxon、Mobil、Chevron、AMOCO 等总部位于美国的、具有高度国际化的垄断性跨国石油公司，先于中国石油企业与中亚合作，早已与中亚国家开展了能源领域的合作，并已获得大部分的油气开采权。因此中国在和中亚国家开展石油贸易时需要破除西方国家的压力，同时要解决与西方国家之间的摩擦。

6. 营商环境和规制制约

多数的中亚国家体制正处于转型时期，因此并不完善，法律法规对外交政策变动随意，管理体制与市场经济和国际惯例的要求有较大距离。由于中亚各国政府立法随意性大，贸易不规范影响了中国企业与其之间正常的贸易活动，且中亚国家的贸易仲裁机构徒有虚名，不能对贸易争端给出合理的解决方案。特别是中亚相当一部分企业履约能力差、信用低，对双方业务开展产生很高的外部交易成本，新疆的新天地贸易公司等几乎所有大的外贸公司在中亚国家都有巨额债务待追缴。还有运输成本很高的问题，比如中亚地区货物运输安全性较差，铁路、公路运输费用高，各种纠纷和摩擦发生率高，中亚国家口岸的海关通关效率低，没有有效的方法和制度去规范解决，使得双方企业的贸易和投资风险和成本都比较高[①]。

对于投资者来说面临制度风险和经营难度，交易成本高。制度的不确定性和对外政策的变化都会影响投资收益的稳定性，投资者承担着较高的投资风险。

中亚国家前期主要奉行"油气兴国"战略，但国内经济形势易受国际能源价格影响。2008 年金融危机后，中亚国家的经济开始复苏，但整体形势依然不容乐观。在 2016 年的《中亚国家发展报告》中，我们可以看到，在中亚国家内部，看似基本稳定的整体经济形势下，仍然隐藏着诸多的不确定因素，如国内商品物价膨胀、本国货币兑美元的汇率降低等诸多因素，阻碍着本国经济的发展，总体的经济形势依然不被看好。

7. 中亚国家之间的矛盾阻碍合作推进

中亚国家之间因领土、边界、水资源、能源、交通、生态、跨境民族、非法移民等问题存在矛盾和冲突。同时，因中亚各国治理方式的不同，所以相互

---

① 贺湘焱. 中国新疆与中亚五国地缘经济合作发展研究 [D]. 乌鲁木齐：新疆师范大学，2007.

之间也存在冲突，主要是集中在领土和民族关系问题上。由于苏联的边界划分在领土问题上给中亚五国之间遗留下很多历史问题很难解决，在土地、水资源问题上各种矛盾集中爆发，又引发出各国间的信任危机，直接影响经济方面的合作推进缓慢。在民族关系问题上，中亚五国之间的矛盾也十分突出，这些都会成为中亚各国间相互指责攻讦的原因，也曾经引发了不小的社会动荡与政治危机①。

8. 多种区域合作组织并存

出于资源禀赋和地缘政治优势突出的特点，以及经济体制转型和经济发展的需要，中亚国家参与了多个区域组织的合作。最早是在 1985 年建立的经济合作组织，主要成员为中东地区的国家，重点在贸易、关税及科技文化方面进行合作。接着在 1994 年，由发展相对较好的中亚三国——哈萨克斯坦、乌兹别克斯坦、吉尔吉斯斯坦组建，成员国间在政治、贸易、金融、能源的相关领域建立合作关系。1997 年，主要由中国与中亚五国参与的中亚区域经济合作组织，在能源、交通、贸易便利化等领域进行双边或多边的合作。进入 21 世纪，在 2000 年成立的欧亚共同体，以俄罗斯和中亚五国为主，旨在建立一个关税同盟，实现成员国的经济一体化。紧接着 2001 年，以中国、俄国和中亚五国为创始国的上合组织，主要以维护成员国的安全合作为主，近年来扩展到交通、能源、金融等领域的合作。2003 年，由俄、白、哈、乌成立的经济一体化组织，通过建立自由贸易区和关税同盟来实现区域经济一体化。2009 年，俄、白、哈三国成立了俄白哈关税同盟。1991 年由多个苏联国家组建的独联体，随着近些年来一些国家的退出，其在中亚地区的影响力飞速下降。众多区域合作组织的并存，以及合作领域的相似性，使得成员国在一些合作领域扮演的角色可能在不同的组织框架下产生冲突。这就需要依靠中国自身的实力与影响力，创建并主导一个在中亚区域具有影响力的合作平台。

（二）中国（新疆）与中亚区域经济合作简述

在边界上中国（新疆）与哈萨克斯坦、吉尔吉斯斯坦和塔吉克斯坦三国接壤，共有 17 个一类口岸，11 个二类口岸，其中与哈萨克斯坦接壤的口岸有 7 个，与吉尔吉斯斯坦的边境口岸有 2 个，与塔吉克斯坦有 1 个边境口岸。历史上我国就与中亚国家进行着贸易往来，具有经贸合作的历史渊源和基础。随

---

① 马凤强. 中国与中亚国家发展友好合作的基本经验 ［J］. 新疆社会科学，2018（2）：119-122.

着时代的发展，从对外经济发展的经验来看，中国（新疆）与中亚国家的经济合作可以从跨国性区域经济、能源合作以及资源开发、利用方面开展广泛的经济互动，利用资源互补的优势拓展合作领域，深化合作程度能够最大程度地发挥中国（新疆）与中亚开展经济往来的优势①。

在资源方面，中国（新疆）蕴含富足的天然气、煤炭、石油等能源资源。资源蕴含量不仅在西北排名靠前，在全国资源蕴含量的排名中也是名列前茅。中亚国家均是能源资源富集区，资源储量在亚洲乃至世界都排名居前，但与中亚国家不同的是，我国能源资源消耗量极大，人口众多，人均资源储量很低，无法满足我国对能源的消费需求。中国（新疆）与中亚国家在能源资源上的互补性极大地提高了中国（新疆）与中亚的区域经济合作范围和水平，并不断催生新型经济合作、特色产业发展，形成新的经济合作动力。

在产业合作方面，中国（新疆）以粮食、棉花和畜牧业为农业的特色，中亚各国与中国（新疆）在农牧业方面发展结构相似，但也有一些差别。我国人口众多，粮食的产量大但是需求更大；中亚地区地广人稀，粮食产量富余。因此在农业产业方面的合作空间相对比较大。

在工业方面，中国（新疆）依托东部地区技术和投资项目支持以及自身的不断发展，目前已经拥有一批发展较快，实力雄厚，掌握先进技术的企业。在风力、光伏等产品的研发水平上领先于全国大部分城市，农业机械化、新能源设备等在国内具有一定的知名度，我国与这些领域相对落后的中亚国家开展合作有很大的发展空间。

在现代服务业与新兴产业发展方面，中国（新疆）与中亚各国均较为落后，因此多边合作都有很大空间积极寻求政策支持加大对服务业的合作推进②。

在贸易方面，中国（新疆）和中亚的贸易依存度比较高，贸易往来一直非常密切，是传统的合作领域，有深挖的潜力。

（三）中国与中亚国家政府间合作进展

中国与中亚五国的伙伴关系稳步发展，均建立了战略合作关系。2013 年中哈两国政府共同发布了《中哈关于进一步深化全面战略伙伴关系的联合宣言》，将两国政府合作关系推进到一个新的水平。中国与吉尔吉斯斯坦、塔吉

---

① 孙壮志. 中亚国家跨境合作研究 [M]. 上海：上海大学出版社，2014（1）：215-219.

② 聂文元，李豫新. 上海合作组织框架内中国新疆与周边国家区域经济合作机制探析 [J]. 俄罗斯中亚东欧市场，2008（12）：17-21.

克斯坦、乌兹别克斯坦政府间签署了一系列重要文件。中吉联合公报，对于共建"丝绸之路经济带"发展战略对接表示了明确的支持态度。中塔为推动、协调产品标准一致，减少和消除贸易壁垒，于 2015 年 11 月签署了《标准化合作协议》，为两国进一步开展合作奠定基础。中乌于 2014 年 8 月签订了《关于在落实建设"丝绸之路经济带"倡议框架下扩大互利经贸合作的议定书》，强调推动中乌两国的双边合作关系和制度完善，为双边经贸合作和共建"丝绸之路经济带"的融合发展意愿而努力。中土两国由于发展规划对接、项目落实以及各自发展需求尚待协调，还在磋商双边合作协议。

（四）中国与中亚国家的双边贸易

自外交关系建立和正常化沟通以来，中国与中亚各国的双边贸易额迅速增加，从初期的 4.6 亿美元发展到了 2013 年的 502.66 亿美元。2001 年以中国入世与上合组织成立为契机，中国与中亚五国双边贸易实现了更快速的增长。中亚国家贸易结构调整与中国产业结构调整以来，近年双方贸易额出现一定的下降，2016 年双边贸易额下降到 301.48 亿美元①。2015—2016 年哈萨克斯坦对中国出口的矿产品，占出口额的比重从最高时的 70% 下降到 35.5%，被金属及其制品出口取代。2016 年以后，双边贸易有所好转，2017—2018 年因国际经济形势变化，大宗商品价格不稳定，逆全球化问题阻碍，中国经济出现增长乏力等因素，影响了中国与中亚国家的贸易活动与贸易数量，不过双方的合作质量在不断提升。

2017 年中国与中亚国家双方合作势头很好，增长潜力大。中国与中亚之间贸易在上合组织成员国中贸易增长速度较快，2017 年贸易总额较 2016 年上升 20%，达 362.8 亿美元②。2017 年，中国对中亚地区 5 个国家的出口额排名依次是哈萨克斯坦 116.5 亿美元、吉尔吉斯斯坦 53.6 亿美元、乌兹别克斯坦 27.6 亿美元、塔吉克斯坦 13.2 亿美元和土库曼斯坦 3.7 亿美元，占中国对中亚地区出口额的比重依次为 54.3%、25%、12.9%、6.2% 和 1.7%。与 2016 年相比，2017 年中国对哈萨克斯坦和乌兹别克斯坦的出口额大幅增长，增幅达到了 41.1% 和 35.7%，对土库曼斯坦的出口额出现小幅增长，对塔吉克斯坦和吉尔吉斯斯坦的出口额出现了下降，降幅分别为 22.5% 和 4.8%③。

---

① 张方慧."一带一路"背景下中国与中亚国家经贸合作：现状、机制与前景 [J]. 现代管理科学，2018（10）：18-20.

② 资料来源：中国贸易金融网，http://www.sinotf.com/index.html。

③ 资料来源：中商情报网，www.askci.com。

海关统计数据显示，在中国与中亚五国的贸易中，目前中国成为土库曼斯坦第一贸易合作伙伴，是位于俄罗斯之后的吉、塔、乌三国第二大贸易合作国。中吉、中塔、中乌双边贸易目前均较为稳定。中土贸易近10年有较大提升，2012—2015年趋于稳定。土库曼斯坦目前成为中国最大的天然气供应国。中塔政府间经贸合作委员会新疆—塔吉克斯坦经合作分委会持续在两国经贸合作中积极发挥沟通协调、信息交流、项目推进等作用。中乌政府间合作委员会在完善贸易结构、促进经济合作多样化以及改善双方商品、服务和先进技术准入条件等方面发挥重要的作用，见图5-1和图5-2。

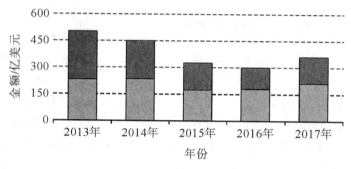

图 5-1　2013—2017 年中国与中亚地区进出口贸易总额

（资料来源：国家信息中心）

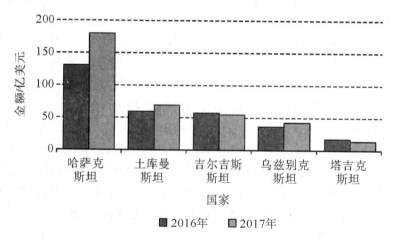

图 5-2　2016—2017 年中国与中亚各国进出口贸易总额

（资料来源：国家信息中心）

中亚国家自独立以来，确立了积极引进外资的政策，配套的立法工作也在不断强化推进。如哈萨克斯坦出台了《国家支持直接投资法》、土库曼斯坦出台了《外国投资法》、吉尔吉斯斯坦出台了《吉尔吉斯斯坦外资法》等法律法规。中国改革开放 40 多年来一直奉行"走出去"战略，鼓励海外投资和企业国际化发展战略，也正是在这样的大环境之下，中国与中亚国家之间的合作有了飞速发展，直接投资迅速增长。从 2006 年到 2014 年，中国对中亚地区的直接投资存量增长了 20 多倍，其中比较突出的是，2014 年的 74.7% 直接投资集中在哈萨克斯坦，总量为 75.41 亿美元。从直接投资流量来看，中国对中亚地区的直接投资虽然扩张很快，但是波动幅度比较大。以哈萨克斯坦为例，中国对哈萨克斯坦的直接投资流量自 2008 年到 2013 年从 0.46 亿美元上升到 29.96 亿美元，增长了 60 多倍，累计投资近 430 亿美元。目前哈萨克斯坦是"一带一路"沿线最大的投资国家，属于代表中亚区域的中国对外投资的热点区域①。

（五）中国与中亚国家的基础设施建设合作

交通设施建设是中国与中亚实现互联互通的核心步骤。在铁路联通方面，中国与中亚之间主要有新亚欧大陆桥国际铁路交通干线以及汉新欧等直通欧洲的国际班列过境。2016 年 12 月，中吉乌三方在吉尔吉斯斯坦首都比什凯克举行三方铁路联合工作组第二次会议，继续筹划中吉乌铁路建设问题。公路联通方面，中国与中亚主要有中国—中亚公路运输体系，以及 AH15、AH61、AH67 等亚洲公路干线。目前，中塔之间已经开通 2 条客货运输线路、1 个边境口岸，并正在加快中塔公路的修复和卡拉苏—阔勒买口岸的建设。在航空联通方面，中吉主要航线有乌鲁木齐—比什凯克、乌鲁木齐—奥什两条。在通信设施联通方面，中亚的通信基础设施整体水平较低，发展较为滞后，还有很大拓展空间。自 2012 年起，中国首次联通中国（新疆）与周边中亚各国的大容量光缆，中国向西开放的国际通信建设已经进入新的历史阶段，乌鲁木齐市作为"一带一路"倡议核心区将成为中国与中亚国家互联互通的国际通信枢纽城市。自 2013 年起，中国移动已规划建设搭建亚欧信息快速通道，中吉、中塔陆地光缆系统。基础设施的合作现状如下：

1. 交通基础设施的合作

2018 年发布的"一带一路"大数据报告显示，2017 中国对中亚国家出口

---

① 资料来源：中国贸易金融网，http://www.sinotf.com/index.html。

的主要方式为公路运输，其中公路运输方式的出口贸易总额占中国对中亚国家出口总额的 69.1%，铁路运输方式占比 27.2%。进口以其他运输为主，但其占比逐年下降，铁路运输占比逐年上升，其中 2017 年以其他运输方式的进口贸易总额占中国对中亚国家出口总额的 56.3%，铁路运输方式占比 39.3%。

"一带一路"倡议背景下中亚五国参与建设的积极性不断提高，各国把与中国的合作纳入各自的国家战略框架中。哈萨克斯坦积极响应"一带一路"倡议，并且希望参与"一带一路"建设，这有利于其在未来 5 年内创造 2 万个就业岗位、改善基础设施投资。吉尔吉斯斯坦提出要"努力修复和养护公路、发展国际运输走廊和扩大国内公路网"。土库曼斯坦将本国定位为国际交通运输枢纽，因而制定了大量的相关战略规划，还实施了一批交通基础设施建设项目。《塔吉克斯坦共和国 2030 年前的国家发展战略》将国家由交通孤岛转变为过境运输走廊作为实现战略的主要行动之一①。乌兹别克斯坦国家元首发表的国情咨文中也谈道："在实施与中华人民共和国'一带一路'项目合作的框架下，有必要提高乌兹别克斯坦的交通运输能力。"

1992 年，中国与哈萨克斯坦签订了《中哈国境铁路协定》，该协定对中哈两国列车通行的条件，列车通行期间的电报、通信等做了具体而明确的规定。1993 年，中哈两国开通了乌鲁木齐到阿拉木图的国际客运列车，这为两国之间客运业务的合作发展开辟了道路。1995 年，中哈两国针对连云港的过境运输问题签订了《过境货物运输协定》，该协定旨在制定相关的货物过境标准以及货物收费标准，该协定还对中哈两国共建有效便捷的支付结算体系达成了规定，这大大促进了中哈两国在货币领域的合作。2004 年，中哈两国签署了新的《铁路运输合作协定》②，双方同意在过境旅客和货物运输等方面进一步加强合作。2012 年中哈两国对 1992 年签订的边境口岸协定进行了修订，修订决定将霍尔果斯发展成为铁路口岸，且中哈之间主要的口岸运作时间从原来的 12 小时变为 24 小时③。

从铁路合作的实际开展来看，除了第二亚欧大陆桥以外，中国与哈萨克斯坦的铁路合作范围不断扩大。2007 年中哈双方签署了关于兴建"热特肯—霍尔果斯"铁路的协定，铁路全长 293 千米，全部在阿拉木图州境内，沿线新建

---

① 孙钰，贾亚男. 国家主权让渡与"一带一盟"对接中的机制构建 [J]. 经济研究参考，2018（63）：10-20.

② 李翠萍."一带一路"倡议实施下推动中哈货币合作的战略选择 [J]. 甘肃金融，2018（7）：62-65.

③ 章庆慧. 中国与中亚国家交通运输合作研究 [D]. 上海：华东师范大学，2015.

了十多个车站以及几十座桥梁和高架桥，铁路建成后将使得哈萨克斯坦再增加一条通往欧亚的经济动脉，增强其进出口能力。据统计，2020 年后热霍铁路的运输能力达到每年 2 500 万吨。热霍跨境铁路是继第二亚欧大陆桥以来中国和中亚国家开通的第二条铁路贸易通道，该铁路作用不仅在于缩短了中国与中亚国家之间的运输距离，同时对于提高整个中亚的运输能力，形成与世界接轨的铁路运输能力具有重要的战略意义①。

1996 年，乌兹别克斯坦提出了建设中吉乌铁路的最初方案，1997 年 1 月，中吉乌铁路联合工作委员会第一次会议的召开以及中吉乌铁路联合委员会和专家组的成立标志着中吉乌铁路筹划工作正式拉开帷幕，而吉尔吉斯斯坦在2001 年颁布的《优先支持修建通往中国的铁路法》在法律上进一步肯定了与中国开展铁路合作的立场②，为两国的铁路合作提供了法律保障。但随着"郁金香革命"、安集延骚乱事件的发生以及近年来国际形势的变化，中吉乌铁路的规划至今一直限于可行性研究状态中。尽管 2013 年 3 月中方已经将可行性报告交予吉尔吉斯斯坦交通部，但吉尔吉斯斯坦政府认为就铁路走向等问题还需要再商讨。从中吉乌铁路的发展进程我们可以看出，国际铁路的建设不仅要考虑铁路本身对沿线国家的经济效应，同时也是多种地缘政治力不断博弈的结果。2013 年 5 月，俄罗斯在集体安全组织峰会上提出了与哈萨克斯坦、吉尔吉斯斯坦以及塔吉克斯坦共同建设铁路的倡议。

在中哈方面，1995 年，中国与哈等国签订了《过境汽车运输协议》，2008年各国过境货物运输车辆正式通行，协议的落实提高了各国间的通达性，降低了货物运输的成本，这样不仅使国家之间的过境汽车运输得以发展，还拓宽了彼此间经济发展空间。在中吉乌方面，2008 年 4 月，中吉乌三国在塔什干举行了会谈，进一步落实了 1998 年汽车运输协定，为达成一致的合作意见做出了努力。中塔 1999 年签署的《中塔汽车运输协定》，也在 2008 年对其合作内容、合作标准等方面系统性、全面性以及规范性地进行了修订。2004 年至2009 年，中国、吉尔吉斯斯坦、哈萨克斯坦等分别签署并批准了《亚洲公路网政府间协定》，亚洲公路网连接了各国主要城市，特别是工农业的重心城市，为中国和中亚国家合力打造区域交通运输带提供了务实合作的基础③。

CAREC 自成立铁路工作组后，编制了中期发展计划，意在加强各国间互

---

① 章庆慧. 中国与中亚国家交通运输合作研究［D］. 上海：华东师范大学，2015.

② 郝新鸿，闫国疆. 科学、政治与国家安全：NASA 科研"排华"事件反思［J］. 科学学研究，2014，32（11）：1613-1619.

③ 章庆慧. 中国与中亚国家交通运输合作研究［D］. 上海：华东师范大学，2015.

联互通和提升铁路服务水平，提高铁路运输效益。中亚铁路通道的构想由CAREC 铁路工作组于 2015 年举行的第 14 届运输部门协调委员会（TSCC）上提出。该通道从中国出发，途经吉尔吉斯斯坦、乌兹别克斯坦和哈萨克斯坦几个中亚国家，经过伊朗、阿富汗、土耳其等国，最终到达东欧①。

中亚地区国际联运路网不完善、联运设备效率低是其主要的瓶颈，针对这种状况，CAREC 铁路工作组计划修建 1 800 千米的新铁路，需要在 2020 年前在中亚地区部署完成，同时完成 2 000 千米的铁路电气化改造。

上合组织首次交通部长会议于 2002 年 11 月在比什凯克召开，会议决定正式启动上合组织交通部长会议机制。中乌、中哈间建立了交通合作分委员会合作机制，中吉、中塔等地方交通主管部门之间也有定期会晤机制②。这些机制的建立是为充分利用上合组织的合作机制为两国交通运输产业合作创造条件和机制通道。

中国政府在 2012 年的上合组织峰会上承诺为中亚国家提供 100 亿美元贷款，主要用于投资基础设施。发表于 2013 年 7 月 6 日的《上海合作组织成员国元首关于构建持久和平、共同繁荣地区的宣言》发出积极的合作推进信号，表达了继续促进各成员国边境地区及毗邻地区互联互通与经贸合作、共享经济发展成果、重视发展连接亚欧的交通设施、提高各种交通运输方式的联运效果、建立相应的国际交通走廊的明确意愿③。

2. 能源基础设施的合作

1997—2000 年，伴随着中国对能源急剧增加的需求和中亚五国经济的复苏，中国与中亚地区在能源领域的合作开始起步，哈萨克斯坦作为首个与中国开展实质性能源合作的国家，相继签署了进一步深化两国友好关系的声明和关于油气能源合作的协议，代表着两国在油气能源的合作正式开始。与此同时，中亚地区的其他国家也相继与中国达成了合作意向，但是并无实质性的进展。

2001—2004 年，上合组织在成立初期将中国与中亚国家在能源领域的合作推进到稳健发展的阶段，双方尤其是在管道建设方面取得了重大突破。2002年，中国通过与土库曼斯坦签订油田服务合同，实现了两国在油田技术方面的

---

① 马欣然，崔艳萍. 中亚铁路通道发展对策研究 [J]. 铁道运输与经济，2017, 39 (3)：85-89.

② 郭惠君. "一带一路" 背景下中国与中亚地区的投资合作：基于交通基础设施投资的视角 [J]. 国际经济合作，2017 (2)：71-75.

③ 章庆慧，蔡畅. "丝绸之路经济带" 构想下的 "无差异空间" 与区域合作 [J]. 大陆桥视野，2015 (6)：50-55.

首次合作。2003 年，通过股权的转让与出售，中国相继获得了哈萨克斯坦阿克纠宾斯克油田 25%的股份，对北布扎奇德士古—北布扎奇合资公司完全控股。同年，哈中油气管道西段成功修建，为中哈两国管道设施的合作打开了良好的局面。这一阶段，由于中亚各国的资源禀赋和各自选择的发展战略存在着差异，合作重点和开展实质性合作的时间均有所不同，且合作方式一般是由政府主导，企业跟进。

2005 年至今，由于中亚地区国际政治形势的极大变化和上合组织的发展巩固，中国与中亚各国的联系更为密切。乌兹别克斯坦颁发的作业许可证为中乌两国油气能源的合作打下了良好的开端。2009 年，煤气管道工程的开工，成为两国在多能源领域合作的开始。2014 年，中亚—中国天然气管道 D 线开工。

2008 年，为了保障中国的核电发展拥有充足的铀资源，中哈两国本着相互合作、共同开发的目的，由政府主导，2009 年，谢米兹拜伊铀有限责任公司一个铀矿开采合伙企业成立，其拥有的两大铀矿产品主要作为原材料供应给中国核电站。随着在铀能源领域合作的推进，两国在新能源领域的合作进入了一个新的发展阶段。中国与哈萨克斯坦在 2011 年发表了共同声明，两国将在未来继续扩大并深化在核能如铀能源领域的合作，以及在风能、太阳能等清洁能源领域的合作。在 2013 年的 12 月，双方为落实核能领域的深化合作，共同签订了在核能领域开发、加工和贸易等多方面合作的共同行动议定书。接着双方开展了在新能源领域的合作，作为中亚地区最大的新能源合作项目，被列入哈萨克斯坦的第一批新能源项目清单，中国企业将承担建设哈萨克斯坦 200 兆瓦装机容量的风电项目。

2011 年，中国国家电网集团与吉尔吉斯斯坦开展能源合作。中国特变电工公司执行吉尔吉斯斯坦首都比什凯克热电站改造项目 3.86 亿美元。2017 年，中国能源建设集团新疆电力设计院有限公司与上海釜乾集团有限公司正式签署《吉尔吉斯斯坦 50 兆瓦巴勒科奇风电场勘察设计合同》[①]。

2009 年，通过中国与塔吉克斯坦签订的多份合作文件，塔吉克斯坦将实现利用 10 亿美元的中国定向投资，来推动本国能源、通信行业的发展，以及交通基础设施的建设，其中包括两国公司联合建造水电站和热电站的协议。2013 年 5 月，塔吉克斯坦发布了联合宣言，提出扩大现有的能源领域发展可再生能源的开发与合作，加大对本国国内电力基础设施建设，明确表示与中国

---

① 刘萍，陈闻君. 上合组织框架下中国与中亚国家新能源合作实证研究 [J]. 河南科技学院学报，2018, 38 (7)：77-83.

建立合作伙伴关系。

在 2004 年的上合组织峰会上，中乌两国签订了发展友好合作关系的声明，随后中乌两国的石油天然气集团公司签署了一系列关于油气资源的合作协议。2011 年 9 月，中乌两国的石油天然气公司对中国—中亚的 C 线天然气管道，达成了关于建设和运营方面的协议。2013 年，中乌双方签订了多个协议，表达了对于继续扩大能源合作，加强在化石能源、铀矿等自然资源的联合开发方面的合作，以及对安全稳定的长期运营的坚定意愿。

3. 通信设施领域的合作

在信息全球化的时代，通信网络和信息基础设施不但是国际经贸活动的基础性保障，同时对地方经济发展、生产要素的流通、战略性产业的聚集、人财物的流向均会产生先导性和决策性的影响。中国（新疆）目前与哈、吉和塔三国 6 个运营商建立了跨境光缆互联系统，乌鲁木齐已成为我国电信网络沿着丝绸之路延伸向西的关键中转站和中心节点城市。

作为与中亚国家有密切投资合作关系的中国企业，典型代表是华为和中兴通讯公司，主要是提供移动、固定通信设备及修建完善电信基础设施这些合作项目。华为公司自 1996 年中国与独联体开放边境贸易开始，率先在独联体国家先后设立了 10 个代表处，有步骤地开始了对中亚市场的拓展，目前华为是中亚五国主要移动运营商的设备供应商。1997 年华为是继德国西门子、以色列 ADC 公司之后第三家打入哈萨克斯坦电信市场的外国公司；1998 年，华为正式进入吉尔吉斯斯坦，也是目前唯一进入吉电信和主流移动运营商的中国企业；在乌兹别克斯坦，华为是第一大电信运营商 Uzdunrobita（俄罗斯 MTC 的全资子公司，占据乌 51.97% 的市场）的主要设备供应商。2004 年中兴通讯进入乌兹别克斯坦，为乌运营商 East Telecom 提供中兴自主研发的全系列路由器等高端数据设备。2009 年，华为、中兴与乌电信股份公司签订投资 1 300 万美元对乌的电讯网络进行现代化改造合同；华为与中兴分别于 1999 年和 2000 年进入塔吉克斯坦，同样两家公司都占据了较大市场份额；在土库曼斯坦，中国华为、德国西门子、法国阿尔卡特三家公司市场份额超过 90%，华为占据50%，是其电信领域的主要合作伙伴①。

根据《〈上海合作组织成员国多边经贸合作纲要〉实施措施计划》，上合组织正在就光纤网并入欧亚光纤干线项目拟订建议，并着手研究跨亚欧干线塔吉克斯坦段完成后设立上合组织成员国间话务相互交流频道的可能性。早在

---

① 邱佳慧."一带一路" 国家互联网发展现状研究［D］. 杭州：浙江传媒学院，2016.

2004 年俄罗斯与中国的电信部门就签署了"亚欧光缆"（TEA）项目合作协议，2004 年 9 月 23 日开通了上合组织区域经济合作网站，获得了良好的社会反馈。2006 年 8 月，上合组织成员国经贸部长会议签署《关于合作运行和维护上海合作组织区域经济合作网站的议定书》，加强了对区域经济合作网站的完善。上合组织电信工作组对于成员国间的通信合作做出了很多努力，致力于制定和实施关于培养信息和电信技术人员（包括程序开发人员）的项目、研究成员国电信机构间开展合作的有关问题（包括在电视广播领域采用先进技术等问题）、交流各自建立工业和科技中心（园区）的经验，以进一步推动信息通信技术及通信程序设计方面的合作，提出在电子政务、远程教育和电视门诊等多方面的合作项目①。对于中国和中亚国家的区域合作产生着积极影响。

2008 年上合组织在叶卡捷琳堡召开科技与通信技术合作会议，提出了建设"上合组织信息高速公路"的计划。目前中国联通所建设的国际陆缆中有四条光缆通过中亚国家并延伸至欧洲，在亚欧大陆初步建成了一个相对完善的陆地光缆通信系统，发展势头较为乐观。中亚五国宽带普及程度都很低，接入国际互联网的意愿强，未来国际宽带合作空间较大。2013 年，中国与亚欧通信合作会议在乌鲁木齐召开，中国移动所承建的跨境光缆项目得到了各方的积极响应和一致赞同。会议达成了很多一致意见。将在中国与中亚国家现有的信息合作基础上，加快中俄哈三国光缆系统的建设，将中国与吉、塔两国的光缆合作纳入总体规划中。这对于实现新疆核心区建设的五通目标之一，巩固中心城市乌鲁木齐成为中亚区域的信息通信中心国际地位，联结欧亚通信网络推进全区域积极合作具有很强的务实操作性②。

（六）中国与中亚国家的金融合作③

1. 广泛领域的金融合作

金融合作与区域经济合作具有良好的互补性。中国（新疆）与中亚五国经济合作的迅速发展是促进金融合作支持对外开放战略的强大动力。2017 年 5 月 14 日在"一带一路"国际合作高峰论坛开幕式上，中国国家主席习近平宣

---

① 李豫新，聂文元.中国新疆与周边国家信息通信合作前景分析［J］.俄罗斯中亚东欧市场，2008（3）：18-22.

② 章庆慧，蔡畅."丝绸之路经济带"构想下的"无差异空间"与区域合作［J］.大陆桥视野，2015（6）：50-55.

③ 章庆慧，蔡畅."丝绸之路经济带"构想下的"无差异空间"与区域合作［J］.大陆桥视野，2015（6）：50-55.

布，中国将加大对"一带一路"建设的资金支持，向丝路基金新增资金 1 000 亿元。随着与"一带一路"沿线国家的贸易量不断增加，投资规模不断扩大①，中国（新疆）与中亚国家金融合作的程度不断加深。

第一，中国积极推动人民币跨境结算，为跨境贸易提供便利。2010 年 10 月，新疆凭借毗邻中亚国家的区位优势，签订了人民币结算协议，开展跨境贸易与投资人民币结算试点。2014 年 12 月，我国与哈萨克斯坦签订使用人民币与坚戈进行跨境贸易结算的协议，本币结算从边境贸易拓展到一般贸易领域。2015 年 12 月，我国与塔吉克斯坦正式启动个人、企业及银行可使用人民币和索莫尼进行支付的跨境结算业务。自跨境人民币业务试点以来，跨境人民币业务从当年不足 50 亿元一直到 2018 年年末接近 3 000 亿元，规模迅速增长，业务覆盖面不断扩大。目前，跨境人民币业务已覆盖新疆商业银行 21 家，全国范围内企业 2 723 家，市场参与度明显提升。同时，中国（新疆）已与中亚、中东、欧洲、美洲等地的 92 个国家和地区开展了跨境人民币业务②。与周边国家货币合作不断深化。2017 年新疆跨国公司外汇资金集中运营业务规模达 28.8 亿美元，企业资金运用效率得到提升，资金使用成本降低，并积极推进全口径跨境融资政策快速落地实施，2017 年全疆累计全口径跨境实际融入资金较上年增长 1.6 倍，有效缓解了企业融资难、融资贵问题③。

第二，拓展人民币投资功能，推动资本项下人民币输出。2005 年，中国国家开发银行与哈萨克斯坦开发银行、吉尔吉斯斯坦结算储蓄银行、塔吉克斯坦国家储蓄银行、乌兹别克斯坦国家对外经济银行等机构共同成立了上合银联体，尝试发放以人民币计价结算的项目贷款，为中亚区域基础设施提供建设信贷的支持。2013 年 1 月，中国国家开发银行新疆分行向哈萨克斯坦融资公司发放 3.6 亿元贷款，用于阿克托盖硫化矿项目建设。2014—2015 年，我国先后倡议成立金砖银行、亚投行、丝路基金等国际性多边金融机构，尝试用各种金融举措缓解中亚各国的融资瓶颈④。在这些多边金融组织里，我国积极努力将人民币纳入一揽子货币，成立人民币特别基金，发放人民币银团贷款和人民币

---

① 张祥建，赵素君."一带一路"倡议下上海建设跨国财富管理中心模式研究 [J].科学发展，2017（8）：87-95.

② 王丽丽.将乌鲁木齐建设成丝绸之路经济带核心区区域金融中心 [N].乌鲁木齐晚报（汉），2018-08-26.

③ 曹勇.外汇局新疆分局支持构建全方位对外开放新格局 [N].金融时报，2018-02-02.

④ 程贵，姚佳."丝绸之路经济带"战略下人民币实现中亚区域化的策略选择 [J].经济纵横，2016（6）：95-100.

贷款，为人民币成为中亚地区投资货币的目标而努力①。

第三，实现人民币储备化，开展双边本币互换。中国与中亚国家签订了货币互换协议。例如在 2011—2014 年，先后与乌、哈、塔、吉四国签订了从 7 亿元到 70 亿元的三个额度货币互换协议；2015 年 9 月，中国人民银行与吉尔吉斯斯坦央行签署了包括加强货币互换、本币结算、金融合作等方面的意向协议。这些合作的目的是发挥人民币在区域贸易金融领域的支撑作用，深化区域金融合作。

第四，建立直接汇率形成机制，破除人民币与中亚各国货币兑换阻滞。中亚国家对双边本币直接汇兑的愿望一直比较热切，2015 年我国不断拓展人民币与塔吉克斯坦索莫尼的汇兑业务、2013 年哈萨克斯坦央行与其证交所指定中国银行作为人民币交易行，2014 年哈萨克斯坦证交所开始了人民币兑坚戈挂牌交易，满足了哈萨克斯坦企业与居民对人民币的交易需求②。这些举措和务实合作行动进一步扩大了人民币在中亚地区作为结算货币的存在价值。

除了国家间的合作以外，企业间以及银行间的合作也日益密切。早在 1993 年 4 月，中国工商银行阿拉木图市分行就已设立。同年 4 月，注册资金为 700 万美元的中国银行在哈萨克斯坦的海外网点成立。2008 年，哈萨克斯坦图兰·阿列姆银行（BTA）与中国银行签订开立账户协议后，可通过其摩根银行上海分行为法人办理人民币结算业务。2008 年，中信集团中信投资公司与哈萨克斯坦"卡泽纳"资本管理公司签订了建立合作投资基金协定，商定投资基金的各 50% 分别用于哈萨克斯坦和中国境内重要项目的投资③。

中俄及中亚国家 2005 年成立了上合银联体。中国在 2014 年成立了亚洲基础设施投资银行与丝路基金，以改善国际核心区基础设施状况。中亚五国中除了土库曼斯坦之外都积极响应加入了亚投行，并且成为意向创始成员国。

2. 上合组织与 CAREC 框架下的金融合作

上合组织财长与央行行长会议于 2009 年召开，提出了为促进成员国之间的经贸关系和经济金融发展、深化成员国之间的金融合作关系，巩固上合组织在整个世界经济中的地位，今后主要的目标是开展区域内财政与金融领域的

---

① 郑周胜. 丝绸之路经济带跨境经贸合作对人民币区域化的影响研究：基于中国与哈萨克斯坦相关数据的检验 [J]. 财经理论研究，2017（3）：39-47.

② 孙铭. 欧亚经济联盟为人民币走出区域化困境带来转机 [J]. 欧亚经济，2015（5）：97-109，128.

③ 玉素甫·阿布来提，玛依拉. 中国与哈萨克斯坦金融合作探析 [J]. 亚太经济，2015（2）：33-38.

合作。

2006 年 10 月，CAREC 在乌鲁木齐市举办了第五次部长级会议，发表了《乌鲁木齐宣言》，特别提出了"好伙伴、好邻居和好前景"的方针，这意味着 CAREC 的合作视野进一步拓宽，中国（新疆）与中亚国家的经济联系越发紧密。乌鲁木齐自 1992 年举办对外经济贸易洽谈会以来，中外贸易伙伴慕名而来的数量不断增加，中国（新疆）借助上合组织与 CAREC 机制的合作组织资源，在中亚区域内的影响力越来越大①。

2011 年 10 月 8 日，由俄、白、哈、吉等 9 国签订，2012 年 9 月 20 日生效的《独联体自由贸易区协议》，2015 年 1 月 1 日启动的由俄哈白签署的《欧亚经济联盟条约》，上海合作组织以及世界贸易组织等次区域经济合作组织由不同国家主导，各有宗旨的战略诉求，也同时形成了比较复杂难解的关系，反过来也会加剧区域金融合作的难度。

3. 新疆中亚区域金融中心地位的确立

新疆为了抓住发展机遇，在丝绸之路框架下更好地建设丝绸之路核心区，2017 年 12 月 4 日，新疆维吾尔自治区人民政府研究印发了《丝绸之路经济带核心区区域金融中心建设规划（2016—2030 年）》（以下简称"规划"），全面启动对"丝绸之路经济带"核心区区域金融中心的建设引领。

"规划"提出了区域金融中心建设的发展目标和定位。发展目标是要在2030 年前建成国内外投资者共同参与，具备较强交易、定价、信息功能和创新能力的金融市场体系。发展定位为建设"一核两翼"的"丝绸之路经济带"核心区区域国际金融中心，将乌鲁木齐建设成"丝绸之路经济带"核心区区域金融中心中央。同时要建成"丝绸之路经济带"核心区两个金融次中心——喀什和霍尔果斯。基本路径为"培育市场、集聚机构、创新产品及服务、加大金融对外开放"，从而构建功能完备的，立足新疆、面向中亚和南亚，辐射"丝绸之路经济带"沿线国家的区域性国际金融中心②。

（七）中国与中亚国家的人文合作

中国（新疆）是多民族聚居地区，在民族文化、生活习俗与信仰渊源上和中亚国家极为相近。"一带一路"倡议的"民心相通"目标与新疆目前正在

---

① 玉素甫·阿布来提，玛依拉. 中国与哈萨克斯坦金融合作探析 [J]. 亚太经济，2015（2）：33-38.

② 朱莉. "一带一路"倡议下中国新疆与中亚五国金融合作问题研究 [J]. 新疆财经，2018（6）：71-78.

建设的一体多元、包容多样的现代化模式相结合，其中"民心相通"人文理念对中亚各国人文领域的发展会产生示范引领效应，也是提升中国与中亚区域经济合作软实力的重要支撑。从长期观察，中国和中亚国家平等相融，互利共赢的理念对于地域相近、习俗相邻地区均有重要的示范价值①。2017 年 11 月，新疆发布了《贯彻落实习近平总书记重要讲话精神加快推进"丝绸之路经济带"核心区建设的意见》②，从五通的角度加快推进与中亚区域国家人文领域的广泛互动。

1. 科技合作

上合组织的成立拓宽了中国与中亚的合作领域，在双方政府的支持下，科技领域合作的速度与范围也在不断拓展。多方位、多层次、多渠道、多方式的国际技术合作与交流格局，在中国（新疆）和中亚各国间已经搭建起来，众多学科研究与开发的新技术已开始在国际合作中通过各种渠道转化。典型的科技合作进展包括自然科学领域矿产资源方面，新疆 305 项目办与哈萨克斯坦地质地理研究中心就开发地质、矿产资源和探明有益矿藏方面开展科技合作。新疆有色金属工业公司从哈萨克斯坦有色金属选矿研究设计院引进氰化树脂提金工艺技术，在地质找矿、有色金属选冶方面进行了有益的合作，缩小了新疆找矿靶区，采金率提高了 10% 左右，铀矿产量提高了 5%，用于新疆阿希金矿的生产并提升了生产效率。

中国（新疆）与中亚区域农业领域的科技合作具有得天独厚的优势。农业生产方面，农业科技部门通过两国的作物品种交换，引进了中亚各国大量的作物和牧草种子资源及种植技术，在新疆北疆地区引种实验，改良了当地农作物育种、园林瓜果的选种等技术。从乌兹别克斯坦农科院引进赤眼蜂防治棉铃虫"生物防治病虫害的技术"，经科研合作在南北疆建立了两个实验基地，覆盖了 10 万亩棉田，实验防治效果显著。新疆农业科学院从哈萨克斯坦引进的作物秸秆微贮饲料技术、微生物杀虫剂和防治作物根病的木霉制剂技术，推广应用后具有工艺简单易行和成本低的特点，非常适合在新疆推广应用。中国从俄罗斯、哈萨克斯坦引进的冷水鱼已进入规模化鱼苗和商品鱼生产阶段③。

① 郑亮. 习近平讲话昭示新疆在中亚战略中重要作用 [EB/OL]. [2014-09-14]. opinion.peqxe. com.cn/n/2014/0914/c/003-25657672.

② 海风. "一带一路"让新疆开放提速 [N]. 新疆日报（汉），2017-11-23.

③ 聂志强，刘婧. 新疆同中亚各国开展技术转移的重点领域与主要路径分析 [J]. 科技进步与对策，2012，29（17）：72-75.

2. 体育文化交流合作

原国际奥委会主席萨马兰奇祝贺中国"乒乓外交"25 周年时谈到，体育在增进友谊和相互关系、缓和冲突增进世界和平方面有着不可替代的润滑作用，"乒乓外交"是促成中美两国外交关系进展的突出案例①。

在民族和文化上的一脉相承，造成中国（新疆）与中亚各国在一些体育项目上具有一定的相似性，如赛马、叼羊、姑娘追、摔跤、射箭等。《竹书纪年》的记载表明公元前 2015 年中亚民族曾向中国传播乐舞。公元前 128 年和公元前 119 年，张骞两次出使西域，也都有文化方面的交流。清朝和民国时期，也都保持着文化方面的交往，民国时期主要通过苏联进行。新中国成立后，中国与中亚国家的交流增多。苏联解体后，中国本着"睦邻、安邻、富邻"的精神，在经济文化各领域与中亚国家广泛互动。比如 2006 年中哈两国分别在本国举办对方国家的文化节以增进彼此的文化了解和信任，新疆与阿拉木图市共举办 3 届国际青少年友好运动会②。

3. 新疆医疗服务中心的辐射功能

"一带一路"倡议提出以来，新疆出台了建设"丝绸之路经济带"核心区医疗服务中心规划③，明确了以乌鲁木齐为中心节点城市建设达到国际先进水平的医疗服务中心集散地，聚集医疗资源，辐射周边国家和居民，带来更多的健康福祉。

同时要以南北疆为次中心，将疆内 32 个边境县规划建设成为结合中医传统与民族医药特色相结合的医疗服务高地，"一主、二次、多点布局"规划方案影响带动周边国家医疗市场。5 家自治区级三甲医院专门成立了由俄语、哈语导医及护理人员组成的国际医疗服务部，对外开放床位达到 500 张④。自治区中医医院每年派遣 9~25 名大夫赴哈萨克斯坦中医康复诊疗中心服务国外患者，同时乌鲁木齐国际医院和友爱医院两家国际实体医院已经开始规划建造。

2015—2017 年，乌鲁木齐市先后举办的"丝绸之路健康论坛——健康产业高层研讨会"达到 45 场，其中 19 个论坛邀请国内及周边国家知名学者参加，成为有效促进区域内外医疗机构交流与合作的务实平台⑤。各相关政府部门就乌鲁木齐市医疗服务水平、医疗人才培养及健康产业的规划合作签订了数

---

① 张志新，张少杰，武杰，等. 中亚地区的体育文化交流 [J]. 体育学刊，2011 (5)：57-61.
② 资料来源：中亚地区的体育文化交流，http://www.xzbu.com/.
③ 晁瑾. 新疆建医疗服务集群高地 [N]. 新疆日报（汉），2017-05-10.
④ 晁瑾. 共扬"健康丝路"风帆 [N]. 新疆日报（汉），2017-07-06.
⑤ 晁瑾. 共扬"健康丝路"风帆 [N]. 新疆日报（汉），2017-07-06.

十份协议。近几年，周边国家医疗机构组团来新疆各大医院互访交流非常普遍。江苏省组团式援疆医疗队成立了"中吉国际医疗联合体"，与吉尔吉斯斯坦的 8 家医疗单位达成合作意向，迈出中国（新疆）与周边国家人文交流的实质性步伐。

三、中国（新疆）对上合组织及 CAREC 推动区域经济合作的响应

（一）上合组织对中国（新疆）与中亚区域经济合作的推动作用

上合组织成员国自组织成立后陆续达成了一系列协议、法律文件和平台宗旨，一种新型的国际合作模式对中国（新疆）以及中亚地区有巨大的适用性，增强了中亚与中国（新疆）的联系紧密度。

上合组织运行机制协调了各经济主体利益，减少了交易成本，充分整合了中亚地区的资源，并进行合理利用和开发。上合组织框架下中国（新疆）与周边国家的区域合作机制，能够为新疆提供容量更大、地缘优势更加凸显的区域市场。从而进一步推动新疆的经济发展，推动新疆"一带一路"核心区建设，尤其是口岸城市以及南疆地区的经济发展。当前上合组织的发展势头良好，不断扩员壮大，对区域经济合作重视度一再提高，中国（新疆）与中亚各国之间的合作程度加深，反过来也会促进上合组织经济协议的落实和完善，对各成员国之间的务实合作产生广泛的影响。

上合组织机制提供的机会对于成员国来说是一个共赢的效果，为运行机制提供了大好机遇和众多资源。对于我国来说，通过企业的技术创新，能够大幅度提高新疆的比较优势，增加新疆对中亚产品的出口规模，为我国企业提供更多的发展空间和机会。对于中亚各国来说，能够吸引众多外资，通过合作提升本国企业的竞争水平，新疆作为通往中亚以及欧洲地区的交通中心区以及"一带一路"核心区凸显出重要的价值。"丝绸之路经济带"的建设，也为新疆对中亚的区域经济合作提供了稳定的外部环境，同时对上合组织在新形势下的发展产生推动作用。在上合组织运行机制的基础上，进一步扩大中国（新疆）与中亚的经济往来，借助"一带一路"倡议加快上合组织的转型和合作，为一步加快促进成员国之间各领域的合作提供了更加便利的条件。

（二）上合组织推进中国（新疆）与中亚区域经济合作的实践

新疆是我国参与中亚区域经济合作的承担者和受惠者。2008 年在哈萨克

斯坦举办的"哈州—中国企业国际投资洽谈会"上，我国与哈萨克斯坦的企业家共同达成了一系列协定。洽谈会中，中哈协议共同开发东哈州工业经济开发区，建设玻璃厂、沥青厂、交通物流综合体等。我国新疆阿拉泰地区与哈方达成协议建设水果储存仓库①。

新疆伊犁州农产品出口问题在中国驻哈使馆的协助和支持下，与哈萨克斯坦有实力的公司接洽，使农副产品的出口问题以及"绿色通道"的建立有了起色。2008 年 7 月，伊犁与哈萨克斯坦代表签订了《农产品贸易合作协议》，双方共同磋商，为农产品"绿色通道"做出努力。2009 年，亚洲商品展览会上新疆伊犁州的企业参加展览会，并与哈萨克斯坦以及俄罗斯签订商业合作协议合同。合作项目主要是农产品，原材料等②。

中国向西开放进行贸易往来的重要门户是新疆，通过新疆进行货物运输和进出口是中国借助上合组织提供的合作机制平台，利用国际组织提供的合作机制政策便利取得的成效。

2017 年，在八个成员国当中，总体而言与中国的进出口额，尤其与中亚贸易额同比增加明显，如表 5-3 所示。

表 5-3　2017 年中国与上合组织成员国贸易情况一览

上合组织成员国	进出口		对中国出口		自中国进口	
	金额/亿美元	同比/%	金额/亿美元	同比/%	金额/亿美元	同比/%
印度	845.4	21.4	124.8	39.3	720.5	18.7
哈萨克斯坦	104.7	32.9	57.8	37.1	46.9	28
俄罗斯	869.6	31.5	389.2	38.9	480.4	26.1
巴基斯坦	200.8	4.9	18.3	-4.1	182.5	5.9
吉尔吉斯斯坦	15.976	3.2	0.975	21.7	15.001	2.2
塔吉克斯坦	5.91	-33	0.126 1（2016 上半年）	-54.82	7.89（2016 上半年）	16.4
乌兹别克斯坦	42.2	16.9	14.7	-8.4	27.5	37.1

---

① 资料来源：《新疆伊犁州与哈客商签订农产品贸易合作协议书》，中国驻哈萨克斯坦使馆经商参处，2008-07-04。

② 资料来源：《第二届东哈州—中国投资洽谈会达成系列协议》，中国驻哈萨克斯坦使馆经商参处，2008-06-02。

表5-3(续)

上合组织成员国	进出口		对中国出口		自中国进口	
	金额/亿美元	同比/%	金额/亿美元	同比/%	金额/亿美元	同比/%
斯里兰卡	44	-3.6	3.1	13.4	40.9	-4.7

数据来源:《中国经济周刊》、公开资料整理编辑。

(三) 利用上合组织与 CAREC 双效机制促进中国 (新疆) 与中亚区域经济合作

新疆作为我国面积最大的省份,土地资源、生物资源、矿产资源相当丰富,有与邻国开展经济与贸易往来的优越条件。新疆是我国的边境地区,更是我国面向中亚地区开展经贸活动的核心地区。上合组织极力支持成员国充分利用各自优势开展多边的合作往来,有上合组织机制支持,中国 (新疆) 与中亚国家经贸合作更加便利,合作领域更加宽泛,合作程度也在不断深入。

CAREC 同样积极促进地方政府之间开展合作交流。中国是 CAREC 的创始成员国之一,新疆被国家列为与中亚国家经贸合作的重点省份,CAREC 从更加微观的层面来促进我国新疆与中亚国家的经贸合作。2013 年 CAREC 学院落户中国新疆乌鲁木齐,为中亚区域经济合作提供有力支撑,突出了新疆在区域合作中的作用,增强新疆在区域合作中的决策地位。促使新疆在中亚区域合作中得到国家的支持,加快向西开放的步伐。在国家的支持下,新疆不仅在能源、交通上与周边国家开展合作,还在信息、金融、环境等多个领域开展合作。

随着"一带一路"倡议的提出,中国 (新疆) 与中亚各国的交往由简单的经济贸易向宽领域、多方位发展。2017 年国家发改委、科技部联合发布支持新疆创新发展的政策,解决新疆在创新过程中遇到的难题,新疆作为中国向西发展的重点地区,一系列的规划和设想都在积极地协商中,新疆作为"一带一路"核心区,在未来有理由成为中国对中亚区域合作发展的前沿区域。因为新疆与东部相比虽然在人才、资金、技术等方面欠发达,交通基础设施、信息方面也不够发达,但是 CAREC 机制提供了资金和技术支持,只有新疆具备利用此机制提升综合能力的地缘条件和区位优势,能够充分利用上合组织与CAREC 双效机制开拓与中亚区域广泛的经济合作,是不可替代的角色。

四、中国（新疆）与中亚区域经济合作机制潜力与存在问题

区域经济合作机制与区域经济合作组织是相互依存的关系。前者建立组织形式和宗旨目标，后者侧重推动经济合作的具体过程，包含两方面内容：一是指合作主体（中央政府、地方政府和企业等）之间开展经济合作存在的内在动力、相互作用规律以及其空间表现；二是指合作关系运作（协调、控制、管理）的原理和方式，是达成的协议，制定的目标、制度、规则、措施等的综合体现。是实现组织战略目标的制度和程序，或者说是一套运行方式的框架设计，涵盖了与经济合作活动相关的各种规则、协议，议题的讨论、决定、实施等程序架构。

大多数区域经济合作组织都有着推动本组织经济合作的内在机制，其性质决定了合作机制的具体类型。目前欧洲货币联盟合作机制、北美自由贸易区合作机制等属于世界上较高层次的区域经济合作机制，亚太经济合作组织（APEC）合作机制、东南亚国家联盟合作机制、CAREC、上合组织属于较低层次的区域经济合作机制①。对于新疆特殊地理区位所决定的面向中亚的区域经济合作，起着最大推动作用的并且互相有着竞争关系和重叠区域的就是上合组织和 CAREC 机制。

（一）上合组织及 CAREC 机制下中亚区域经济合作潜力分析

1. 继续深化区域网络基础设施建设领域合作

上合组织致力于《上海合作组织成员国政府间国际道路运输便利化协定》的落实和成效，在连接中亚区域能源、交通、电信等网络初显轮廓基础上，继续加强能源、交通、电信等网络建设。2018 年上合组织依然在成员国之间积极开展中亚区域铁路运输领域的合作②。

CAREC 在改善中亚公路、机场、铁路及海港运输网络建设的同时，重点关注区域内交通基础设施贯通性，交通运输走廊、贸易走廊通关过货通畅性的建设。

---

① 陈楠. 全球化时代的城市外交：动力机制与路径选择 [J]. 国际观察，2017（5）：87-100.

② 上海合作组织. 上合组织秘书长：交通运输始终是经济发展的重要引擎 [EB/OL]. [2018-09-12]. http：//chn. sectsco. org/news/20181012/471484. html.

上合组织和 CAREC 在中亚区域公路、铁路、航空、港口等交通网络建设中寻找合作潜力。上合组织和 CAREC 在中亚区域运输走廊建设中的信息和数据的交流与共享建设方面具有合作潜力，上合组织和 CAREC 在中亚区域交通运输基础设施网络建设和中亚区域进出口货物运输便利化实施中共同发展的领域具有深度合作的潜力。

2. 继续深化贸易便利化建设领域合作

上合组织致力于加强成员国自由贸易区建设，从而实现成员国双边及多边贸易自由流动，实现进出口贸易便利化服务，加快推进中亚区域经贸自由化和一体化。

CAREC 注重以六条交通走廊建设为依托，以贸易走廊建设为中心，以打造中亚区域交通网络节点为突破口，以跨边境点建设和货物仓储集散物流中心建设为重点，实现中亚区域货物通关、交易便利化的目标。

上合组织和 CAREC 在贸易便利化等基础设施项目建设的选择上有很多交集，上合组织和 CAREC 可以通过对话机制等途径，顺利对接贸易便利化项目建设。

3. 加强区域一体化建设领域合作

2015 年 7 月上合组织国家元首峰会签署的《上海合作组织至 2025 年发展战略》明确上合组织未来将深化成员国在政治、安全、经济和人文领域的合作作为主要方向。共同努力保障成员国经济社会的可持续发展，促进成员国双边或多边进出口贸易和投资便利化，深化成员国之间的高科技技术领域合作，完善交通物流网络、通信网络等基础设施的建设，成员国继续积极支持中国"丝绸之路经济带"倡议的实施。制定具体措施促进工业、能源、交通、通信、科学、农业、创新领域的多边合作，积极加强成员国政府之间"政策沟通、设施联通、贸易畅通、资金融通、民心相通"五通建设。

CAREC 在 2017 年 10 月召开的第 16 次部长级会议上，正式宣布实施"CAREC 2030"战略①。2030 年战略明确提出将继续深化区域基础设施的建设，探讨在环境卫生、文化教育、农业生产、粮食安全、水资源安全、电信通信、旅游和金融方面开展重点合作。由上合组织《上海合作组织至 2025 年发展战略》和 CAREC "2030 战略"提出的中亚区域经济一体化发展的目标、领域来看，上合组织和 CAREC 在交通、能源、城市基础设施、农村供水、农业灌溉、资源性产品、旅游与制造业方面开展合作的潜力很大，通过形成优势互

---

① 张衡. 亚行投资超 50 亿美元支持 CAREC 2030 战略实施［N］. 中国经济报，2017－10－31.

补，以便推动上合组织框架下中亚区域经济合作的不断发展。

（二）两种机制下中国（新疆）与中亚区域经济合作中的问题

1. 投资与贸易的问题

由于国家间经济发展水平的不同，中国与中亚不同国家的进出口贸易差异巨大，哈萨克斯坦作为中亚地区经济发展的领头羊，作为中国在中亚地区最大的贸易伙伴，2017 年的贸易额为 180.0 亿美元，占中国对中亚地区的进出口总额高达 50.0%，土库曼斯坦、吉尔吉斯斯坦的贸易额占中国对中亚地区进出口总额均超过 15%。进出口总额增长的贸易伙伴分别是哈萨克斯坦、土库曼斯坦、乌兹别克斯坦，较 2016 年增速分别为 37.9%、17.6%、16.2%。塔吉克斯坦、吉尔吉斯斯坦的进出口总额出现下降，降幅分别为 21.2%、4.5%。

从商品结构来看，出口的商品较为分散，以鞋靴和类似品为主，进口商品较为集中，以矿物燃料为主，占比达 57.5%。2017 年中国对中亚地区出口额前十的商品中，玩具、游戏运动用品及其零附件增幅超过 3 倍，主要出口到哈萨克斯坦、吉尔吉斯斯坦。

从贸易主体来看，出口以民营企业为主且占比不断上升，进口以国有企业为主，占比九成。从贸易方式来看，出口以边境小额贸易为主，进口以一般贸易为主，其中边境小额贸易方式的占比从 2015 年的 47.0% 升至 2017 年的 57.3%，而一般贸易方式的进口比重从 2013 年的 2.6% 升至 2017 年的 6.8%。

从贸易合作规模来看，中国（新疆）的进出口贸易总额大部分来源于与周边国家的贸易。但主要是低端产品、小本经营的边境贸易形式。虽然近几年新疆的对外贸易额不断攀升，但是都未对新疆产生明显的产业带动效应，利润也未得到增长。从相互投资水平来看，中国（新疆）与周边国家区域投资合作质量较低，投资不够稳定，多以短期性及微小型投资为主，具有高新技术水平的企业投资较少。从具体的相互合作项目来看，中国（新疆）与周边国家之间有许多合作项目和合作领域，但多年来双方经济合作的整体规模不高，技术含量高、效益好的项目少，短、平、快的项目多[①]，真正的大型合作项目仍匮乏，近年来，虽然中国（新疆）也参与了一些国家牵头的大型合作项目，但规模有限，许多合作项目都是阶段性的，很难对周边国家产生巨大影响力。

2. 基础设施建设的问题

作为独联体国家，中亚国家至今仍主要沿用苏联时期保留的基础设施，因

---

① 庞岩. 推进新疆—中亚贸易发展的金融合作研究 [J]. 当代经济，2014（19）：76-77.

为是在苏联时期建设的，大多年久失修，且分布不均，过境运输线路的建设一直处于落后状态。且中国与中亚国家之间的交通基础设施及运输工具技术标准不统一。在铁路方面，因为历史原因，中亚国家主要沿用的铁轨距离是苏联时期的技术标准，中国采用的是国际通用铁路标准，因此，完成跨境运输必须进行换装或换轮作业，进而导致货物堆积和滞留，大大提高了运输成本[①]。在中国与中亚进行铁路接轨建设时，技术标准的差异不仅增加了设施联通建设的成本与风险，还阻碍了设施联通的深入发展。由此导致了交通运输效率大幅下降，严重阻碍了中国与中亚国家互联互通便利化水平的提高。

同时，中亚国家的交通运输管理制度普遍滞后，各国为了自身利益的需要，交通管理政策各异，导致跨境运输障碍重重。中亚国家设置的跨境运输费用中，除了正常的过境费用，还存在名目诸多的费用，使国际货物运输通关效率十分低下，不利于跨境运输作业的进行。

3. 金融

中亚国家的市场经济制度发展尚不完善，市场化程度较低，其中乌兹别克斯坦的国内市场较为封闭，计划经济色彩浓厚。中亚国家经济规模小，经济发展与俄罗斯经济联系紧密，易受国际市场的影响，融资市场整体稳定性不足，承受外部压力的能力弱。中亚家国间的金融市场制度、金融机构的经营管理体制和风险控制模式、配套法律法规的发展程度及金融开放程度参差不齐，在此情况下，区域内各国资金不能自由流动，严重阻碍了资本的有效流通，对区域金融市场的发展极为不利。各国对所属地的金融资源竞争都非常激烈，以至于运用政策方式构建壁垒，阻碍了金融要素自由流动。同时，中亚国家之间缺乏开展金融融通合作的配套政策、法律法规和环境的支撑，给资金的跨区域流动带来了巨大困难。中亚国家普遍存在商业银行规模小、贷款利率高的问题，信用贷款和融资条件极不便利，给中国在中亚国家进行大规模贷款、融资带来了很大的困难，且中亚国家的货币大多存在稳健性不足的问题，使中国在中亚国家进行融资存在较高的风险。2013—2015 年，吉尔吉斯斯坦的索姆持续贬值，贬值幅度分别为 3.9%、19.7% 和 29%；塔吉克斯坦货币索莫尼在 2008 年金融危机后持续大幅贬值，2009—2012 年贬值 40%，2012 年后趋于稳定，但 2015 年受俄罗斯汇率波动影响贬值明显；乌兹别克斯坦货币苏姆近 3 年来也呈持续贬值趋势；只有土库曼斯坦货币马纳特稍显稳定，仅在 2015 年出现贬值并保

① 仇颋，李金叶. 中国与中亚国家交通运输业的合作发展探讨：基于"一带一路"战略背景考量 [J]. 对外经贸实务，2016（12）：22-26.

持相对稳定。

4. 政策交流

中亚地区民族结构复杂，宗教冲突不断，地方和部族势力极大地影响着中亚国家政治与经济发展。同时，中国与中亚国家的政策沟通渠道、层次过于单一。中国与中亚国家主要是在国家最高层面进行政策沟通、签署协议，在部委、省际、企业等中低层面的政策沟通较少，没有建立起多层次、多渠道的政策沟通体系，未能充分发挥国家层面建立的合作框架的作用。由此，在很大程度上阻碍了中国与中亚国家间的贸易、投资、基础设施建设等合作的深入开展，也在一定程度上影响了中亚国家融入"丝绸之路经济带"建设的速度和效率。

第六章 上合组织及 CAREC 机制比较及中国（新疆）与中亚区域经济合作模式研究

一、上合组织与 CAREC 推进区域经济合作的比较

（一）两个机制的差异性

1. 成立的背景不同

上合组织成立的最初目的是解决历史遗留的边境问题以及地区安全问题。在维护地区安全的同时把区域经贸合作作为上海合作组织的重点发展之一。由于全球经济迅速发展，资源要素需要合理配置，这也是时代的要求。CAREC机制的倡导方是亚行，建立较早，由美国和日本主导，以扶贫为主要方针，成员国众多，1986 年中国加入，中国认股份额和投票权均居于第三位。1996 年亚行发起建立 CAREC 机制，主要从四个领域发展地区经济，促进经济一体化，减少贫困①。

2. 机构成员、机构职能、法律地位有所不同

上合组织的成员国由中国、俄罗斯以及中亚国家组成，同时包含观察员国、对华伙伴国、客人。上合组织的议事与决策机构不止一个，可以分为三个层级——最高、次级和第三级决策机构。国家元首为最高级的决策机构，政府首脑（总理）为第二层级，外交部长会议视为第三个层级②。国家元首会议主

---

① 李道军，胡颖. 中国新疆参与中亚区域经济合作的机制比较与启示 [J]. 新疆社会科学，2011（3）：54-58；宋春辉. 上海合作组织机构发展研究 [D]. 北京：外交学院，2010.
② 胡颖. 利用 CAREC 机制促进"一带一路"贸易便利化建设 [J]. 国际经济合作，2016（4）：39-43.

要职能就是决定在未来一段时间内成员国之间最优发展的领域以及发展的方向，解决目前遇到的最迫切的问题，并对合作组织内部的运行状况以及组织外部的国家和其他组织进行协调。政府首脑（总理）会议主要职能是根据组织预算确定并落实组织框架下合作的具体领域。外交部长会议职能是根据目前组织活动的问题，为元首会议做准备。上合组织的法律约束力较强①。

CAREC 机制成员国包括中国、中亚五国、阿富汗、阿塞拜疆、蒙古国、巴基斯坦、格鲁吉亚。CAREC 机制的职能是决策授权制，决定资金优先投放的方向。CAREC 机制是一种协商机制，因此法律地位较弱。

从合作内容来看，上合组织合作领域宽广，包括政治、安全、经济、教育、国际司法以及其他相关合作。CAREC 机制合作内容集中在经济合作方面②。

3. 战略目标定位差异大

《上海合作组织成立宣言》指出，上合组织的宗旨是：鼓励成员国在政治、经济、科技、文化、教育、能源、交通、环保和其他领域的有效合作；建立民主、公正、合理的国际政治经济新秩序③。与此同时，《上海合作组织宪章》鼓励开展政治、经贸、国防、执法、环保、文化、科技、教育、能源、交通、金融信贷及其他共同感兴趣领域的有效区域合作；发展多领域合作，维护和加强地区和平、安全与稳定，推动建立民主、公正、合理的国际政治经济新秩序④。这就是说，上合组织的目标是区域政治、经济的一体化⑤。

亚行是一个致力于促进亚洲及太平洋地区发展中成员经济和社会发展的区域性政府间金融开发机构⑥。建立亚行的宗旨是通过发展援助帮助亚太地区发展中成员消除贫困，促进亚太地区的经济和社会发展⑦。因此不同于上合组织，亚行主要是推动包括农业、农业为基础的工业、运输、通讯、供水和卫生、城市发展以及金融等行业。亚行倡导的 CAREC 机制意在减贫，只强调区域经济合作，不带有政治倾向。这决定了两种合作机制内在的制度安排和决策

---

① 胡颖.“一带一路”倡议下中亚区域经贸合作机制比较与对接研究［J］. 北京工商大学学报（社会科学版），2016，31（5）：23-30.

② 玉素甫·阿布来提. 新疆在上合组织和 CAREC 中的战略地位及新疆参与的意义分析［J］. 经济研究导刊，2011（10）：136-138.

③ 资料来源：上海合作组织《上海合作组织成立宣言》，http://chn.sectsco.org/。

④ 资料来源：上海合作组织《上海合作组织宪章》，http://chn.sectsco.org/。

⑤ 陈岩，王兵银. 中俄经贸合作：机遇 挑战 对策［J］. 特区经济，2012（6）：63-65.

⑥ 韩俊俊. 亚投行：与现有经济组织的互补、合作［J］. 祖国，2015（7）：3.

⑦ 张文中. 环阿尔泰区域经济圈建设：亚洲开发银行的经验与启示［J］. 新疆财经大学学报，2014（1）：5-11.

机制在复杂程度上的差异①。因此，具体到中亚区域经济合作战略目标上看，上合组织是内部推动，而亚行是外部推动。

4. 决策机制完全不同

上合组织是永久性政府间国际组织。上合组织政府首脑在会谈中联合启动上合组织多边经济合作进程②，建立上合组织政府首脑定期会谈机制。至今上合组织已建立总理、国家元首、总检察长、外交部部长、安全会议秘书、国防部部长、文化部部长、经贸部长、交通部部长、国家协调员、紧急救灾部门领导人等会议机制、地方领导人会谈机制等。上合组织本质是以国家为主体的多边合作机构，2018 年以来"鼓励和支持成员国行政区域间建立多种形式的直接联系"，但一致性原则造成前期磋商实践长、决策慢的问题，在区域合作方面，安全优于经济的现实，使得中亚区域经济合作进程缓慢。

CAREC 的主要决策机制是部长级会议，其决策—执行架构根据战略合作重点和目标一次性到位，同时采用的是一种由项目进行驱动，由结果进行导向的运作方式。为了保证项目的效果，需要通过年检和评估，秘书处则扮演着倡导者、组织者、协调者和融资者的角色，亚行是其主要的资金来源，净受益者则属于各个成员国，因此决策效率相对较高③。亚行的组织机构主要有理事会和董事会。由所有成员代表组成的理事会是亚行最高权力和决策机构并每年举行一次会议。从决策层面看，目前亚行以美国和日本为主导，决策中虽然避免政治导向，但依然比较明显，如美国提出的新丝绸之路战略，其经济走廊的走向与中国提出的"丝绸之路经济带"发展有很大的差异性。

5. 融资模式各异

上合组织项目的融资渠道可以是成员国的预算外资金、预算资金、发展基金、其他国际组织或国家和实业机构的赞助资金以及银联体等。目前已有亚洲基础设施投资银行、丝绸之路基金，并力图建立上海合作组织银行，但没有形成包括国际金融组织在内的融资联盟，目前只成立了松散的银行联合体，且建立上海合作组织银行进展慢。虽然成员国已意识到建立稳定融资机制的重要性，各成员国都为转轨经济体成员，但经济实力相差悬殊，后续建设路途遥远，实际上最大份额的贷款支持来自中国国家开发银行。CAREC 以亚行为依托，连同国际货币基金组织、欧洲复兴开发银行、联合国开发计划署、伊斯兰

---

① 高峰. 亚投行为什么火？［N］. 中国青年，2015-05-08.

② 刘慧. 上合扬帆再启航共建繁荣与和平［N］. 中国经济时报，2018-06-04.

③ 张文中. 环阿尔泰区域经济圈建设：亚洲开发银行的经验与启示［J］. 新疆财经大学学报，2014（1）：5-11.

发展银行以及世界银行共同为优先领域项目提供贷款援助及资金支持，实际上成为一个超越国家的融资联盟①。对参与国来讲，资金来自外部可极大地减轻成员国的财政压力。因此上合组织融资缺乏主体，而亚行则是完全主体，融资的渠道和难度差异很大，融资扶持的重点也有差异性。

6. 政策协调难度差异大

上合组织成员国经济发展水平差异大，各自发展诉求不同，客观上增加了成员国间政策协调的难度，塔吉克斯坦、吉尔吉斯斯坦是中国重要的援助对象，从成立以来的效果看，虽然在安全领域取得了巨大的成绩，但在经济领域合作成绩并不突出，关于最终实现自由贸易区的目标也被"要素的自由流动"替代，"丝绸之路经济带"虽然都承认，基本达成了共识，但落实在行动上还存在较大障碍，比如在交通走廊建设上的分歧，中吉乌铁路探讨多年依然未建设。上合组织由政治转经济，却又缺乏核心战略目标，造成推进经济合作的难度大，具体表现在政策协调层面，而亚行在中亚区域经济合作框架下达成了"交通走廊—物流走廊—经济走廊"的战略目标和共识②。

5. 目标能力建设差异大

上合组织因其广泛合作的领域客观上需要能力建设辐射更多的领域，需要更充足的经费资助，但这恰恰阻碍了能力建设，致使服务于能力建设的内部机构一直无法建立，因此专门针对知识框架体系和研究成果、优先项目的统计系统也没有形成，阻碍了人们对上合组织经济合作成效的判断和评估。以中亚区域经济合作计划来制定的知识框架、知识创新战略，使得 CAREC 也同样需要设立相关机构，来负责对参与国高官及项目人员进行专业相关培训并促进相关理念和知识的传播，除此之外，还建立了项目数据库和国别数据库，实现了经济合作成效的可衡量③。所以上合组织的多元化战略，使得经济领域的合作全面展开，但各领域进展不一，其能力建设差异也很大，而亚行推动的中亚区域经济合作一体化则专业化程度高，推进力度较大。

从上述分析比较中我们可以看出，上合组织在经济领域的合作并不具有优势，亚行这类专业性的国际组织却具有国家难以企及的优势，能够在促进国家

---

① 张文中. 环阿尔泰区域经济圈建设：亚洲开发银行的经验与启示 [J]. 新疆财经大学学报，2014（1）：5-11.

② 张文中. 环阿尔泰区域经济圈建设：亚洲开发银行的经验与启示 [J]. 新疆财经大学学报，2014（1）：5-11.

③ 张文中. 环阿尔泰区域经济圈建设：亚洲开发银行的经验与启示 [J]. 新疆财经大学学报，2014（1）：5-11.

间合作方面发挥催化剂和黏合剂的作用①。

6. 合作绩效的差异性

从合作绩效来看，CAREC 在战略实施、项目建设方面更有效率。导致这种差异的原因在于上合组织和 CAREC 的运行机制不同；上合组织和 CAREC 的融资能力不同；上合组织和 CAREC 在能力建设和知识传播方面差异较大；建设项目覆盖范围不同。CAREC 早期的投资项目包括双边层面建设项目和区域层面建设项目，但近年来的建设项目大多是区域层面的项目，如中亚区域经济合作走廊管理和监测体系（CPMM）、区域卫生和动植物检疫合作机制等。CAREC 之所以能够有效推动区域层面的经济合作，既与其避开敏感合作领域有关，也与其易于得到国际组织的技术支持和资金捐助有关。上合组织的建设项目以双边项目为主，区域层面的项目则难以推动②。

（二）两个机制的共同之处

1. 中亚区域经济合作的共同愿望

上合组织成立至今，始终保持与 CAREC 的合作关系，上合组织历届元首理事会峰会宣言中都表明加强与亚行的合作的愿望。亚行非常注重妥善处理与上合组织的合作关系，在《中亚区域经济合作综合行动计划》中特别指出要同上合组织在促进贸易和商务发展方面本着务实、注重实效原则，开展国际层面的经济合作，建立国际层面良好的经济合作伙伴关系。

长期以来，上合组织和 CAREC 无论是在愿望上，还是在行动上，既存在合作关系，又存在竞争关系，在推进合作方面有高度重叠也有方向的差异。上合组织和 CAREC 沿着不同的方向、在不同方面实现促进中亚区域经济合作的目标。

2. 合作领域的重叠性

CAREC 将资金和技术支持专注于少数重点领域的合作，将交通、能源、贸易便利化和贸易政策作为重点合作领域，在"CAREC 2020"战略中又将增强区域交通基础设施的连接性和经济走廊建设引入重点领域③。"CAREC

---

① 张文中. 环阿尔泰区域经济圈建设：亚洲开发银行的经验与启示 [J]. 新疆财经大学学报，2014（1）：5-11.

② 胡颖. "一带一路"倡议下中亚区域经贸合作机制比较与对接研究 [J]. 北京工商大学学报（社会科学版），2016，31（5）：23-30.

③ 胡颖. "一带一路"倡议下中亚区域经贸合作机制比较与对接研究 [J]. 北京工商大学学报（社会科学版），2016，31（5）：23-30.

2030"战略中区域合作与一体化是一项战略业务优先事项。在上合组织 2025 年发展战略中，促进基础设施和物流现代化，发展地区通信技术及打造国际物流中心网络是其合作的重要方向；加强在先进环保技术、可再生和清洁能源、节能等领域的合作[①]；农业是成员国合作的优先方向之一；海关领域是重要合作方向[②]。因此，上合组织与 CAREC 在促进中亚区域经济合作中，区域基础设施建设促进区域互联互通、促进区域贸易便利化、促进经济发展和区域公共产品（RPG）的增加和多样化方面高度重叠，这也为重点领域合作建构方面提供了基础。

上合组织将能源开发、交通运输、通信、现代科学技术和农业生产作为中亚区域经济合作的重点领域。CAREC 将贸易便利化、能源、交通等作为中亚区域经济合作的重点领域，在《运输和贸易便利化 2020 战略》中，CAREC 又将中亚区域经济合作重点领域扩大至交通基础设施的连接性和经济走廊建设[③]。CAREC 确定的六条交通走廊与上合组织确定的六条经济走廊在中亚区域范围内高度重叠。上合组织与 CAREC 在加强中亚国家交通领域基础设施建设和促进中亚区域贸易便利化方面高度重叠。

3. 机制上的相似性

上合组织与亚行中亚区域经济合作计划有共同的部分，即部长会议—高官会议—专门工作组，上合组织各成员国认识到安全先行但经济是后盾，近期开始加强区域经济合作中的决策。

虽然两个机制下的成员国并不完全相同，但是两个机制的主要实施地区、主要经济活动地区都集中于中亚地区。

4. "一带一路"倡议的交集

迄今为止，两个机制都是国际范围内发展较为成熟的机制。对于中国提出"一带一路"倡议的实施，上合组织和 CAREC 与"一带一路"倡议有了巨大交集，对于推进"一带一路"倡议的发展具有极大的资源和机制优势。优化资源配置，能够产生合作共赢与创新成果。结合中国现有的技术水平以及产能优势，紧紧围绕"一带一路"倡议和紧跟"互联网+"的新形势，充分利用好两个机制的优势对于提高我国与中亚国家在经济贸易领域的合作层次，开发新

---

① 王晓泉. "欧亚全面伙伴关系"带来的历史性机遇与挑战 [J]. 俄罗斯学刊，2017，7 (2)：27-37.

② 资料来源：《上海合作组织 2025 年战略》，http://chn.sectsco.org/。

③ 胡颖. "一带一路"倡议下中亚区域经贸合作机制比较与对接研究 [J]. 北京工商大学学报（社会科学版），2016，31 (5)：23-30.

的合作方式，从而加强区域经济合作的稳定性和持续性都具有极其重要的现实意义。

"一带一路"倡议与 CAREC 机制在成员国的组成和努力促进的合作领域有较高的重叠性。为进一步推进 CAREC 机制的发展，CAREC 可以充分利用"一带一路"倡议所提供的众多便利条件。CAREC 机制主要是提供资金援助，但是我们应该意识到提高成员国的合作能力更加重要，因此，要在"一带一路"倡议的契机下提高 CAREC 机制，促进成员国合作能力的提升①。

5. 中亚区域经济合作领域的业务合作

上合组织与 CAREC 在能源、交通重点领域的项目实施，消除贸易壁垒、提供贸易便利化条件，贸易政策协调方面开展合作。2008 年，在上合组织协商签订成员国之间国际道路运输便利化协议时，CAREC 协助上合组织实现了这一目标。上合组织和 CAREC 在建立统一运输体系、加强基础设施建设、发展经济一体化方面达成一致，由上合组织提议建设的中国—吉尔吉斯斯坦—乌兹别克斯坦铁路交通基础设施合作项目，正好符合 CAREC 机制下中亚区域合作的目的，最后由上合组织提供政府支持，由 CAREC 提供信贷资金和项目技术援助，共同完成了这条铁路项目的建设。

（三）两个机制的优势比较

CAREC 是由区域性国际金融组织——亚行倡导的，是成员国与全球性国际金融机构和区域性国际金融机构之间的合作，并由亚行相关部门与成员国相关部门直接对接开展相关领域项目建设，就上合组织和 CAREC 成员国的具体国情来看，上合组织对履行计划的动员能力要强于 CAREC。

CAREC 是以贷款项目为基础的区域经贸合作机制，不以法律合约为基础，只是一种协商机制，以结果为导向协调成员国进行经济合作，作为主导方的亚行，只是形式上的主导力量，重大问题通过相关机构召集会议解决，最高会议是部长级会议。部长级会议、高官会议和专家技术委员会议属于非正式论坛，不具有解决争端的能力。上合组织相对 CAREC 而言，在对成员国的法律约束力，对合作机制达成的条约执行力方面更具优势。上合组织相对 CAREC 而言，

① 宋欢. 亚行 CAREC 机制下中国（新疆）与中亚国家能源合作浅析 [J]. 合作经济与科技，2014（5）：4-5；王江，陶磊，周潮然. "一带一路"沿线上合组织助推中国装备制造业"走出去"的影响研究 [J]. 西安财经学院学报，2018，31（2）：56-63；张庆萍，朱晶. 中国与上合组织国家农业贸易与投资合作：基于"一带一路"战略框架下的分析 [J]. 国际经济合作，2017（2）：63-70.

在通过"一带一路"倡议推动中亚区域经济合作方面具有更大的优势。

上合组织在中亚区域安全、边界问题的处理中取得了非常显著的成果，但是，上合组织在区域经济合作层面，以成员国双边合作推动投资项目建设为主，上合组织框架下的中亚区域层面的合作主要体现为土库曼斯坦—乌兹别克斯坦—哈萨克斯坦—中国的天然气管道建设和中欧班列、双西铁路、安格连—帕普铁路、卡姆奇克隧道、达特卡—克明项目、艾尼—彭吉肯特高速公路和瓦亚铁路项目等交通道路网络建设。上合组织框架下成员国之间金融业务等领域的区域合作仅限于货币结算或货币互换，上合组织开发银行和发展基金（专门账户）至今都没有建立，这就是最好的例证。

上合组织在实现中亚区域经济的合作中，提出了在优先实现贸易投资便利化的基础上，强化技术合作，最终实现上合组织框架下成员国之间双边或多边货物、资本、技术和服务的自由流动的推进路径。而成员国元首会晤机制重点在于首先明确成员国合作的政治意向，确定成员国之间优先合作的方向和发展战略目标，在成员国元首会晤机制形成决议的基础上，由成员国首脑（总理）会晤机制切实落实并推动区域经济合作的重大议题，由成员国经贸部长会晤机制协调和落实区域经济合作的具体项目，由经贸高官会议和30多个专业工作组按照不同领域扎实落实合作项目的具体实施[1]。

上合组织的融资能力有限。虽然上合组织成员国政府具有承担提供资金来源的责任，实际上主要依靠中国政府提供的单方面优惠贷款，也包括成员国政府的预算内和预算外资金、共同发展基金、其他国家及国际组织或实业机构的赞助资金。上合银联体通过市场化运作，为区域内大项目提供融资，特别是上合组织与中国"一带一路"倡议成功对接，亚投行、丝路基金等为上合组织提供资金来源。然而，上合组织开发银行和发展基金（专门账户）至今都没有建立，上合组织机制下没有建成正式有效的金融合作机制模式，许多大型合作项目因为缺乏资金支持而搁浅。

CAREC 相对上合组织而言，在中亚区域经济合作融资机制和融资能力方面，在中亚经济合作的区域建设方面更具优势。在中亚区域经济合作战略实施、项目建设、资金使用、具体实施途径方面更具优势。

上合组织缺乏行业协调机构，优先合作领域、重点项目的落实通常由成员国元首、首脑（总理）磋商确定，各国元首及总理往往从本国利益出发，导

<hr>

① 胡颖."一带一路"倡议下中亚区域经贸合作机制比较与对接研究 [J]. 北京工商大学学报（社会科学版），2016，31（5）：23-30.

致项目前期磋商过程较长，有的项目在决策时因没有回旋余地而被束之高阁。

二、上合组织与 CAREC 对中国（新疆）与中亚区域经济合作的重点需求对接

（一）中国（新疆）与上合组织的重点对接区域

1. 维护西北边疆安全稳定的需求

维护西北边疆的安全与稳定是中国积极推动上合组织成立的重要原因。自20世纪90年代以来，受全球恐怖主义势力猖獗以及中亚国家独立初期政局变动的影响，暴恐势力加大了在我国活动的力度，通过各种方式的恐怖袭击活动威胁新疆社会发展与稳定，试图破坏国内稳定局面，妄图把新疆从中国版图分裂出去。为维护我国西北以及中亚地区的安全与稳定，上合组织构建了多层次、宽领域以及富有成效的安全合作机制，保证了成员国之间安全合作的稳定性、务实性和长期性。由于法律、机制的有效运作和成员国协作能力的提高，上合组织得以在成员国范围内就应对恐怖主义问题开展有效合作，在上合组织框架内形成了反对恐怖主义的共同空间，不仅改善了新疆的外部安全环境，而且对恐怖主义形成了有力抑制和强大威慑①。

17年来上合组织为中国打击恐怖主义势力做出了突出的贡献，各成员国采取一致立场并协同行动，支持中国针对恐怖主义采取的政策和立场并积极配合中国开展打击或遣返恐怖主义分子。有其他成员国的积极配合，上合组织自成立以来，恐怖主义势力的组织化水平明显被削弱、恐怖主义势力与国外恐怖势力的直接联系减弱。在上合组织的积极推动下，中国有力遏制了新疆暴恐活动频发的势头，确保了西北地区的稳定。在打击恐怖主义的同时，上合组织的安全合作范围不断扩大，包括打击毒品走私、跨国犯罪、非法贩卖武器、非法移民和边防合作等领域，而且向传染病防治、环境安全、粮食安全等领域逐步扩展，丰富了地区安全合作的内容和成效。仅就上合组织在维护我国西北边疆安全与稳定方面所发挥的重要作用而言，上合组织的功能就只能加强而不能削弱，其作用是任何其他组织或机制均无法替代的②。新疆处于西北与中亚接壤的核心地带，打击恐怖主义，谋求边疆稳定是中国（新疆）与上合组织完全

① 赵华胜. 上海合作组织：评析与展望 [M]. 北京：时事出版社，2012：109-112.
② 中国人民大学重阳金融研究院百年变局课题组. 乘风破浪 行稳致远：上海合作组织十七年进展评估 [R]. 北京：中国人民大学，2018.

对接的需求，符合我国国家利益。

2. 经济合作：新疆参与跨境经济走廊建设与合作

上合组织六大经济走廊，指的是中国与"一带一路"沿线国家一道规划的一个经济带，包括我国推进的中蒙俄、新亚欧大陆桥、中国—中亚—西亚、中国—中南半岛、中巴、孟中印缅等六大经济走廊。其中中巴经济走廊作为共建"一带一路"倡议的旗舰项目和先行先试项目，在两国共同努力下，中巴经济走廊建设在过去五年多的时间里取得了重大进展①。中巴双方确定以中巴经济走廊为中心，以瓜达尔港、能源、交通基础设施、产业合作为重点的"1+4"合作布局。该经济走廊出发点在喀什，终点在巴基斯坦瓜达尔港，全长约3 000千米，北接"丝绸之路经济带"、南连"21世纪海上丝绸之路"，是连通南北丝路的关键枢纽，是一条包括铁路、公路、光缆通道和油气在内的贸易走廊，也是"一带一路"建设的重要组成部分②，对推动我国"一带一路"倡议有着至关重要的作用。目前，能源、公路、港口、铁路、机场建设联动，已开始产生集聚效应和示范效应。

5年多以来，中巴经济走廊早期收获项目多达22个，给当地社会创造了数万个就业岗位，满足了860万户人家的用电需求，这些极大地改善了巴基斯坦的基础设施，有力促进了巴基斯坦的民生福祉③。巴基斯坦电力紧缺问题已经得到缓解。交通基础设施建设正在迅速推进，从乌鲁木齐到拉瓦尔品第的"中巴经济走廊数字信息大通道"已正式全线贯通并投入商用，喀喇昆仑公路二期改扩建工程（哈维连至塔科特段）、拉合尔至卡拉奇高速公路（木尔坦至苏库尔段）等道路建设正在紧张施工中。中巴经济走廊的支柱项目瓜达尔港已投入商业化运营，首条集装箱班轮航线已正式开航，瓜达尔港自由区招商任务已经完成。

为进一步推进中巴经济走廊建设，助力"一带一路"倡议的落实，中国（新疆）发挥地域优势，加强与巴基斯坦的多角度合作，推动中巴经济走廊建设，能够实现全方位的互联互通、多元化的互利共赢④。可以对接的合作内容有发挥好现有区域内公路作用，力争尽快实现红其拉甫—苏斯特口岸常年开放，推进人、车辆往来便利化；发挥新疆在电力、钢铁、水泥、化工、通信、

① 刘成帅. 中国对"一带一路"沿线国家出口潜力及影响因素分析［D］. 北京：对外经济贸易大学，2018.

② 沈琳琳. 推进中巴经济走廊建设［N］. 人民日报海外版，2016-04-18.

③ 刘宗义. 中巴经济走廊建设进入新阶段［N］. 企业家日报，2019-04-02.

④ 沈琳琳. 推进中巴经济走廊建设［N］. 人民日报海外版，2016-04-18.

节水灌溉、农产品加工、基础设施建设等领域一大批优秀企业的作用，加强中巴产业和经贸合作；加强教育、医疗、旅游、人才培养等方面人文交流，发挥友好城市特殊纽带作用①。

新疆参与中巴经济走廊的合作建设属于上合组织推动的经济合作四大平台之一互联互通建设的主要项目。上合组织已经将经济合作推进到新阶段，主要标志就是打造产能合作、互联互通、金融合作、贸易合作"四大平台"。新疆作为"一带一路"倡议核心区，有建设"交通枢纽中心、商贸物流中心、金融中心、文化科技中心、医疗服务中心"五个中心的战略规划，在对中亚区域的经贸合作中一马当先地具有各项经济合作的需求，并对接上海合作组织的经济合作"五年计划"以及总理会议批准的《2017—2021 年进一步推动项目合作的措施清单》，包括了经贸、海关、质检、交通基础设施等 7 个领域的 38 项合作措施和项目。

另外新疆霍尔果斯市中哈霍尔果斯国际边境合作中心也在参与建设。该中心是我国与其他国家建立的首个跨境边境合作中心，也是上合组织框架下区域经贸合作的示范区。中哈霍尔果斯国际边境合作中心建立在中哈国界线两侧毗邻接壤区域，中心实行封闭式管理，主要功能是贸易洽谈、商品展示和销售、仓储运输、宾馆饭店、商业服务设施、金融服务、举办各类区域性国际经贸洽谈会等②。目前，霍尔果斯国际边境合作中心的运作并未达到期望值，其关键是跨境经济走廊建设还没有规划与实施，后期需要对接上合组织六条经济走廊，提升霍尔果斯国际合作中心的辐射带动能力。构建跨境经济走廊是发展的必要条件，也是新疆作为核心区建设需要参与合作的重要内容。

3. 人文合作需求

体现在"丝绸之路经济带"核心区文化科技中心、医疗服务中心的规划。根据《上海合作组织成立 15 周年塔什干宣言》和《〈上海合作组织至 2025 年发展战略〉2016—2020 年落实行动计划》等文件对人文合作提出的新目标，在文化、科技、教育领域，包括环保领域，有关于文化艺术领域、成员国政府间教育协定、科技伙伴计划以及携手打造"绿色丝绸之路"的环保构想等方案。中国（新疆）借助上合组织的平台均能够对接相应的计划和发展战略，推进与中亚区域的合作，实现核心区五个中心的战略目标。

---

① 沈琳琳. 推进中巴经济走廊建设 [N]. 人民日报海外版，2016-04-18.

② 胡那尔·白力汗. 基于 PEST 模型的建立中哈自由贸易区战略研究 [J]. 现代经济信息，2014（10X）：2.

（二）中国（新疆）与 CAREC 的重点对接空间

1. 中国（新疆）参与交通基础设施区域合作

CAREC 推动的基础设施一体化合作，包括先进技术，多式联运，信息和通信技术跨境基础设施，旨在加强发展中国家之间的基础设施部门互联互通合作。

随着中国（新疆）与周边国家双边直达出入境汽车运输的开展，对外经贸活动的不断扩展，中国（新疆）已与中亚和东欧地区的多个国家开通了过境直达运输，但建立中国（新疆）至中亚、西亚、南亚、俄罗斯乃至欧洲的国际道路运输大通道战略构想尚未有效实施，在开展过境运输方面仍存在签证、通关政策、运输车辆标准、环境保护、运输线路等问题。国际道路运输大通道建设仍显滞后，双边及多边合作不够深入。国际道路运输市场组织化程度与成熟市场相比较还有较大提升空间，市场行为尚不规范，运力结构仍欠合理，企业集约化、规模化程度有待提高。国际道路运输管理信息化程度较低，管理手段单一。

因此中国（新疆）与中亚区域经济合作的基础设施需求与对接有：

第一，推进国际道路运输便利化，加强国际道路运输双边交流和合作。中国（新疆）需要与周边国家开展交通运输主管部门的国际道路运输事务级会谈，加快推进中巴、中塔、中吉、中哈和中土间的双边国际道路运输便利化。

第二，加快国际物流通道互联互通建设。充分利用与新疆国际物流紧密相关的乌鲁木齐、霍尔果斯、喀什经济开发区建设成果，推动国内与国际物流、国际道路运输与其他国际运输方式的有效衔接和深度融合，把国际道路运输发展成为国际综合运输体系的重要组成部分，进一步提高中巴经济走廊、"一带一路"等重要国际经济走廊的运输通行能力。

"五通"即"政策沟通、设施联通、贸易畅通、资金融通、民心相通"，"三通道"即能源、交通、信息综合大通道，"三基地"即国家大型油气生产加工和储备基地、大型煤炭煤电煤化工基地、大型风电和光伏发电基地，这些是新疆的相关规划实践[①]，近期中通道功能得到完善提升，南、北通道建设全面展开，新疆段综合交通运输体系基本形成。新疆的许多企业不仅在中亚承包了基础设施的建设工程，而且后期的运营权利也有保障，新疆对外各部门需要

---

① 胡曼丽，展新鲁. 浅议新形势下新疆标准化工作服务于经济社会发展的几点把握［C］// 中国标准化协会. 第十五届中国标准化论坛论文集，北京：《中国学术期刊（光盘版）》电子杂志社有限公司，2018.

积极实施"走出去"的战略方针，推动基础设施领域的互联互通得到政策的支持。

新疆是古丝绸之路的核心地带，又处于中巴经济走廊、新亚欧大陆桥、中蒙俄经济合作走廊、中国—中亚—西亚经济合作走廊的交汇点，对研究中哈、中巴、中伊基础设施建设区域合作具有特别意义。在亚行 CAREC 推动交通基础设施一体化的战略下，应积极借力，利用好 CAREC 平台的资源，推动中国（新疆）与中亚区域交通运输的对接和高端化，构建经济一体化的基础。

2. 中国（新疆）参与可持续环境基础设施区域合作

亚行追求气候友好型能源基础设施、可持续环境基础设施的连通性，减少温室气体排放、空气和陆上及沿海水污染、废物和土地退化，以满足亚太地区不断增长的需求，符合气候变化承诺，还强调跨境运输基础设施的可持续性，如港口绿化。

新疆具备了电力可持续的基础，新疆生物质能源资源的开发利用由原来的家庭式成长为商业化、规模化利用阶段，无论是市场成熟度还是技术成熟度都有了资源和市场基础，已经成为我国开发生物质能源利用的典范。因此中国（新疆）与中亚在可持续环境基础设施建设方面与中亚区域合作的需求体现在新疆电网与中亚国家的互联互通工作正在不断深入，新疆在未来利用大容量、远距离、低损耗等技术建设"一带一路"输电走廊，从而与中亚五国的电网相连成为现实。中国与巴基斯坦经济走廊能源互联互通项目也已启动。后期，围绕建设互联互通走廊①，以点轴带动中亚区域经济发展是中亚区域合作的共同愿景。从生物质能角度看，中亚区域的农业废弃物资源的开发利用还处于起步阶段，新疆有着规模化利用的技术优势，合作的空间也比较大，充分利用 CAREC 的项目支持，推动可持续环境基础设施建设，是新疆的优势所在。

3. 中国（新疆）参与跨境经济走廊建设的区域合作

亚行支持政策改革和基础设施投资，推动跨境经济走廊建设旨在通过落后地区的经济走廊发展，为企业提供更广泛、更具包容性的跨境机会。空间数据和新的经济分析方法将用于更广泛的经济走廊的区域合作与一体化维度。中亚区域经济合作运输和贸易便利化战略及其行动计划，重点是 CAREC 发展的六条走廊，使得 CAREC 地区内以及经过 CAREC 地区的交通和贸易能够更加便利，同时为 CAREC 地区周边市场与世界快速发展的经济之间提供重要的连接。这些走廊分别是：

---

① 李易峰. "电力丝路"重构能源输送格局 [N]. 中国电力报，2015-10-13.

CAREC 1：俄罗斯联邦—东亚（俄罗斯、哈萨克斯坦、中国新疆维吾尔自治区）

CAREC 2：地中海—东亚（阿塞拜疆、哈萨克斯坦、吉尔吉斯斯坦、塔吉克斯坦、乌兹别克斯坦、中国）

CAREC 3：俄罗斯联邦—中东和南亚（俄罗斯、哈萨克斯坦、吉尔吉斯斯坦、塔吉克斯坦、乌兹别克斯坦）

CAREC 4：俄罗斯联邦—东亚（俄罗斯、中国内蒙古自治区、中国新疆维吾尔自治区）

CAREC 5：东亚—中东和南亚（阿富汗、吉尔吉斯斯坦、塔吉克斯坦、中国新疆维吾尔自治区）

CAREC 6：欧洲—中东和南亚（阿富汗、哈萨克斯坦、塔吉克斯坦、乌兹别克斯坦）

CAREC 六大交通走廊建设与上合组织六大经济走廊建设互为补充，范围均涵盖中亚区域并向不同方向延伸，中国（新疆）处于其走廊以及通道建设的连接点，可以借助 CAREC 平台完善自身交通网络，与中亚区域形成整体布局①。

4. 新疆参与区域金融、贸易合作的需求

亚行加强区域金融合作和稳定，降低金融中介机构之间的风险，目的是促进开放的区域贸易和投资流动。亚行开展支持工作，支持跨中亚和西亚、东亚和南亚的区域出口信贷机构的潜在发展，还将与发展伙伴（例如 IMF）合作，向相关次区域工作机构如 CAREC 提供有关全球标准和最佳做法的技术支持和知识交流。

金融机构的加速聚集是金融中心形成的最直观表现，以银行、证券、保险为主体，信托、租赁、小额贷款公司等并存的金融体系在新疆已经初步形成，从而也使得"丝绸之路经济带"核心区的金融中心模型初现。据统计，截至 2018 年年末，中国（新疆）银行业机构主体达 147 家，较 2014 年年末增加 12 家；各类银行分支机构网点 4 152 个，较 2014 年年末增加 592 个；新疆证券期货机构主体 50 家，较 2014 年年末增加 24 家；保险主体 34 家，较 2015 年年初增加 4 家②。随着网络通信技术的发展，新疆跨境人民币业务目前已广泛覆盖全区各地（州、市），同时涉及 22 家银行机构，参与结算的企业达 1 620 余

① CAREC 走廊表现测量和监测. 中亚区域经济合作（CAREC）运输［EB/OL］. http://www.docin.com.

② 王永飞. 新疆区域性金融中心建设行稳致远［N］.新疆日报,2019-04-26.

家。截至 2018 年年末，中国（新疆）同哈萨克斯坦、美国等近百个国家和地区开展了累计达 1 760 亿元的跨境人民币结算业务，且在霍尔果斯成立了跨境人民币创新业务试点。合作中心 7 家试点银行从境外融入人民币资金，再发放给国内企业，截至 2018 年年末，各项贷款余额 148.8 亿元。企业融资渠道进一步拓宽，贷款利率低于国内同期利率，成本大大降低①。

建设"一核两翼"的"丝绸之路经济带"核心区区域国际金融中心是《丝绸之路经济带核心区区域金融中心建设规划（2016—2030 年）》提出的，除了把乌鲁木齐建成金融中心中央区外，还需要将喀什和霍尔果斯打造成为"丝绸之路经济带"核心区金融次中心。以"培育市场、集聚机构、创新产品及服务、加大金融对外开放"为基本路径，构建功能完备的、立足新疆、面向中亚和南亚，辐射"丝绸之路经济带"沿线国家的区域性国际金融中心②。这意味着新疆金融建设对外的主要方向是中亚。因此新疆贸易合作需求就是建设"丝绸之路经济带"核心区，鼓励国内银行与周边国家在新疆建立人民币清算渠道，支持新疆企业使用人民币对周边国家贸易投资，更好地利用CAREC 成员国资源与市场进一步扩大人民币在周边国家的使用范围，深层次融入金融、贸易的对外开放③。

5. 中国（新疆）参与中亚环境保护区域合作

CAREC 推动的环境优化业务计划使得中国与中亚国家的气候环境合作在探索新的多边对话与磋商机制、推动双边合作、加强地区组织的交流方面取得明显进展④，中国与中亚各国开展了多层次的气候环境合作，与哈萨克斯坦的气候环境合作走在其他国家的前列，与中亚国家还广泛开展同亚行的气候环境合作，达成了《中国—全球环境基金干旱生态系统土地退化防治伙伴关系》和《中亚国家实施联合国防治沙漠化公约战略合作协议》两个重要合作项目⑤。中国（新疆）与中亚气候以温带大陆性气候为主，自然带是温带草原带与温带荒漠带。该区域环境具有干旱、脆弱性的特征，同时有着共同水源地和绵长的边境区域，目前正处于工业化和城市化的高污染阶段，保护共同的环境

---

① 王永飞. 新疆区域性金融中心建设行稳致远 [N]. 新疆日报（汉），2019-04-26.

② 吴菁. 丝路情缘-新疆风光题材壁挂设计 [D]. 长沙：湖南师范大学，2018.

③ 王丽丽. 新疆丝绸之路经济带核心区区域金融中心建设成效渐显 [N]. 乌鲁木齐晚报（汉），2018-08-26.

④ 朱新光，张深远，武斌. 中国与中亚国家的气候环境合作 [J]. 新疆社会科学，2010（4）：56-61.

⑤ 朱新光，张深远，武斌. 中国与中亚国家的气候环境合作 [J]. 新疆社会科学，2010（4）：56-61.

符合双方及多方的共同利益。基于目前的能力和水平，中国（新疆）与中亚环境保护区域合作的对接需求主要有：

第一，培植共同利益，夯实与中亚国家气候环境合作的现实基础。推进经济结构调整，同时转变经济发展方式，保护环境，节约资源，加强在新能源领域的合作，发展太阳能、秸秆、风力发电等循环能源，实现煤矿甲烷气体的清洁高效利用、油气资源的科学勘探开发、二氧化碳捕获与埋存等，以此有效控制温室气体排放，实现经济的可持续发展[1]。

第二，完善对话机制和气候环境合作机制。在此基础上，双方还要积极促成和完善多形式的 CAREC 部长级交流与合作。同时，各国政府要指导本国企业在环境能承受的范围内来发展经济，引导企业投资应考虑气候变化因素[2]；应采取多种手段和途径增强民众的环保意识，如学校教育、网络教育、展览、论坛等；还应加强官方与民间的对话，帮助民众了解和支持现在及将来的气候政策[3]。

第三，培育地区责任意识，塑造公平合作环境。为促进与中亚国家气候环境合作的正常运转，中国作为该地区的主要大国，需要积极倡导环境正义，承担更多的环境责任，在气候环境合作中发挥更大作用[4]，新疆作为中国 CAREC 的项目承担主省份，需要承担这一任务。

第四，提升环境合作的层级水平。中国与中亚国家的气候环境合作应建立和完善一系列合作机制，包括高管磋商机制、有关气候问题的科研合作机制、监测机制等，适时制定《中国与中亚国家气候环境合作协定》[5]。

6. 基于"CAREC 2030"战略区域合作与一体化的实践

国家差异适用于区域合作与一体化，依据"CAREC 2030"战略指导，CAREC 对不同国家集团采用不同的业务方法，须认识到它们在发展条件、环境和优先需求方面的差异，如表 6-1 所示。

---

① 朱新光，张深远，武斌. 中国与中亚国家的气候环境合作 [J]. 新疆社会科学，2010 (4)：56-61.

② 朱新光，张深远，武斌. 中国与中亚国家的气候环境合作 [J]. 新疆社会科学，2010 (4)：56-61.

③ 朱新光，张深远，武斌. 中国与中亚国家的气候环境合作 [J]. 新疆社会科学，2010 (4)：56-61.

④ 朱新光，张深远，武斌. 中国与中亚国家的气候环境合作 [J]. 新疆社会科学，2010 (4)：56-61.

⑤ 朱新光，张深远，武斌. 中国与中亚国家的气候环境合作 [J]. 新疆社会科学，2010 (4)：56-61.

表 6-1 实施与"CAREC 2030"战略国家分组有关的区域合作和一体化

分类	连通性	贸易与投资	区域公共物品
脆弱和受冲突影响的国家	连接落后边境地区的基础设施	中小企业从事跨境贸易	灾害风险管理
岛屿国家	信息和通信技术、空中和海上连接	中小企业数字贸易升级，发展"蓝色"经济	灾害风险管理、沿海和海洋环境保护、共享教育和卫生服务
内陆发展中国家	长途运输和物流基础设施	经济走廊发展、农业价值链	区域教育和其他基于部门的知识/咨询服务
低收入和中低收入国家	集成连接	经济走廊发展	跨界自然资源管理
中上收入国家，包括解决贫穷和脆弱的问题	中试连接技术	跨区域贸易和外商直接投资、中小企业落后环节、更高质量的区域合作和一体化标准（如劳动力流动、区域金融市场）	排放交易、绿色技术试点和分享成果

资料来源：亚行。

CAREC 支持中亚五类国家中每一个国家的区域合作行动，涉及中亚的包括：

（1）脆弱和受冲突影响的国家。亚行在经济上支持连接落后边境地区的基础设施；涉及两个或更多发展中成员国的灾害风险缓解或响应机制。因此，中哈、中吉、中塔以及中亚五国双边和多边边境地区都符合该类支持。

（2）内陆发展中国家。亚行将优先发展和改善与贸易有关的基础设施，包括物理连接、信息和通信技术。对中亚区域的支持包括国内政策改革，并增加中小企业和农业部门对区域贸易和投资的参与。因此，中亚区域范围内和跨境的运输走廊建设至关重要，包括中亚国家的市场化改革，促进中小企业的发展，中国（新疆）参与该区域的建设、改革和发展，都有着广泛的合作基础和合作前景。

（3）低收入和中低收入国家。亚行重点支持实施高质量贸易和投资协议的能力；将金融改革作为金融一体化的基石；为高价值贸易和外国直接投资提供绿色和一体化的互联互通；发展以城市制造业、服务业贸易和外国直接投资为重点的经济走廊；鼓励农业综合发展；提高文化贸易和外国直接投资作为结构转型的生产力和竞争力；帮助管理共享的跨境自然资源。中国（新疆）在与中亚五国合作的过程中，目前已经开启了边境安全问题的有效合作，农业合作已进入深化合作需求阶段。

（4）中上收入国家。亚行将把区域合作与一体化的工作重点放在初创子部门、区域公共产品以及传统区域合作与一体化部门的创新解决方案的试点上，以便学习和分享知识，并评估在其他发展中成员国中扩大和复制此类业务的潜力，特别是使用公私伙伴关系（Public-Private-Partnership，PPP）。我国已经在这方面积累了较为丰富的合作经验和模式，中国（新疆）在推进 PPP 模式方面有可供中亚区域合作的创新①。

（5）地方一级的贫困和脆弱国家。亚行将投资当地基础设施和技能以及中小企业业务发展，与参与更先进的跨境贸易和投资的其他国家地区或经济集群建立前瞻性联系。中亚是我国重要的援助区域，同时新疆是我国区位特殊的西部贫困地区，需要将中国（新疆）与中亚的贫困问题共同考虑，才有可能进一步解决深层次的贫困问题，也预示着与 CAREC 有一致诉求的领域的合作前景。

最后，根据"CAREC 2030"战略编写定期检测报告，内容包括区域合作与一体化运行计划，如何加强主要次区域合作与一体化计划的执行，如何改进对新出现的区域合作与一体化趋势的反应，以及该地区的倡议（见表6-2）。

表6-2　亚行"CAREC 2030"战略区域经济合作领域

部门和专题组	对区域合作与一体化业务优先领域的贡献
气候变化与灾害风险管理	将抗灾能力纳入基础设施、城市经济区和工业园区以及农业物流中心的所有 RCI 业务，以保持供应链的正常运转。它还将支持：①区域灾害风险管理和金融；②区域气候数据联盟，以支持气候变化方面的合作；③跨境能源和自然资源管理，解决跨界水和空气污染，保护生物多样性，以及国内排放交易系统的设计、开发和实施及其相互联系

① PPP 模式，是指政府与私人组织之间，为了提供某种公共物品和服务，以特许权协议为基础，彼此之间形成一种伙伴式的合作关系，并通过签署合同来明确双方的权利和义务，以确保合作的顺利完成，最终使合作各方达到比预期单独行动更为有利的结果。PPP 模式，以其政府参与全过程经营的特点受到国内外广泛关注。PPP 模式将部分政府责任以特许经营权方式转移给社会主体（企业），政府与社会主体建立起"利益共享、风险共担、全程合作"的共同体关系，政府的财政负担减轻，社会主体的投资风险减小。PPP 模式比较适用于公益性较强的废弃物处理或其中的某一环节，如有害废弃物处理和生活垃圾的焚烧处理与填埋处置环节。这种模式需要合理选择合作项目和考虑政府参与的形式、程序、渠道、范围与程度，这是值得探讨且令人困扰的问题。

表6-2(续)

部门和专题组	对区域合作与一体化业务优先领域的贡献
教育类	教育部门将在以下领域支持RCI：资格和标准（教育和技能）、技术领域的共同方法（学生评估、劳动力市场评估、基准标准）
能源	新技术和运营管理，用于增加适用于跨境能源贸易的可再生能源系统的供应，帮助确保区域能源安全，并通过最大限度地利用可再生能源发电，帮助减少二氧化碳排放
环境	亚行将继续支持区域合作倡议，以管理关键跨界生态系统和其他维持该区域生计的公共产品，如大湄公河次区域计划。亚行将扩大政策对话，促进区域知识共享和合作，包括：①促进和投资自然资本（如森林、流域、湿地、景观、海洋生态系统、城市生态系统）；②解决海洋污染等复杂的区域环境问题
金融	支持区域金融合作，加强跨境基础设施投资的筹资和融资，深化金融市场，通过金融部门的竞争，支持高效的金融中介机构、区域风险池，加强金融机构和监管
性别平等	支持妇女就业和区域贸易和旅游业创业，支持边境城镇基础设施建设（包括经济特区）。通过次区域合作平台，将性别平等规定纳入贸易、旅游、农业价值链、教育、技能和劳动力市场以及区域卫生等区域政策对话
政府	协助提高政府扩大部门发展计划的能力，使其超越国内重点，以及增强政府根据国家的比较优势进行政策改革以提高竞争力的能力。良好的治理也是解决该区域各国共同面临的发展挑战的关键，例如气候变化、腐败、灾害、冲突解决、和平与安全等
健康	支持成员国发展区域、多国、跨国界和多部门应对传染病控制的对策，通过建立弹性、高效和反应迅速的卫生系统，提高卫生安全
安全	亚行的食品安全投资将集中于：①区域政策对话，促进食品贸易增长，协调区域合作项目下的食品安全和可追溯性标准；②投资于运输、物流、公用事业和营销基础设施及其战略联系，在距离、时间和成本方面提高食品分销效率；③数字技术应用和支持数字食品贸易中心和跨境食品价值链管理的政策环境和制度能力建设
社会发展	探索区域合作机制和区域知识共享促进包容性业务和社会保护举措等领域的社会风险和社会发展以及"护理经济"的区域层面的整合
运输	现代化，包括更节能的跨境基础设施连接，并扩展到ICT连接，以支持跨境数字贸易。在竞争性经济走廊背景下扩大多式联运系统（公路、铁路、港口、航空）。现代跨境物流整合了更多的信息和通信技术，能够支持运输货物服务的更大多样性，并提高侦查非法贸易的效率。支持设计新的和/或改进的分区间连接

表6-2(续)

部门和专题组	对区域合作与一体化业务优先领域的贡献
城市	通过投资走廊沿线中小城镇的基础设施和能力建设，支持经济走廊的发展。支持跨境城镇发展，包括提供区域公共物品、加强物流设施和贸易政策，以实现人员和货物的无缝流动。促进跨境旅游活动，为边境居民提供生计，同时向区域和国际市场推广当地文化和商品
水	促进和支持DMC内部的水信息披露和数据共享。促进跨界合作和水安全（根据DMC的要求）。支持水治理次区域倡议（如CAREC、GMS、SASEC）

资料来源：亚行。

三、上合组织及CAREC框架下中国（新疆）与中亚区域经济合作模式

无论是上合组织框架下的中国（新疆）参与中亚区域经济合作模式，还是亚行推动下的中国（新疆）与中亚区域经济合作的CAREC机制，其核心是国家主权下属的区域经济合作，外交是一种制度性的障碍，自身无决定权，因而在上合组织框架下是跨国不同地区之间弱弱联合的区域经济合作。从CAREC角度看，其是一种参与式的区域经济合作，因为中国（新疆）本身也是被一体化的对象与空间。目前与两个机制相关的合作模式总结如下：

（一）中亚区域经济合作已有的组织与模式

1. 中亚合作组织

中亚五国中的哈乌吉三国总统于1994年4月底在吉尔吉斯斯坦签订了在2000年以前建立中亚统一经济空间的条约；同年7月，三国元首在阿拉木图会晤，对"一体化"的实施细则交换意见，签订部分协议，就经济和政治一体化问题达成一致；1998年3月，哈、吉、塔、乌四国总统签署了关于塔吉克斯坦加入中亚统一经济空间条约的议定书，同时组织名称改为中亚经济共同体。2002年又更名为中亚合作组织①。

（1）区域经济合作模式

RTA（区域贸易协议）区域经济合作方式是中亚所采用的统一经济空间发

---

① 李亚林，中亚地区的国际组织研究 [D]．兰州：兰州大学，2007.

展模式，这种模式不排斥各成员国之间及组织外的国家进行各种区域经济合作。具体采取了贸易互惠安排、自由贸易区和关税同盟三种主要区域经济合作模式，目标是最终形成共同市场和区域经济完全一体化的格局①。其中贸易互惠安排模式几乎在所有成员国间都存在，但自由贸易区模式收效甚微，如俄、哈、白、吉四国签署的关税同盟条约在 1996 年才开始实行。

（2）区域经济合作机制

为达成经济一体化并且建立"统一经济空间条约"，组织建立了完整的协议框架。为在各领域实现经济一体化的配套规则，成立了相应的协调咨询委员会、工作小组等组织机构。总体上讲，该组织的合作机制本意是建立一个相对权威的超国家机构，在该机构框架下，设立一系列相关合作领域的协调机构，但时至今日，超国家机构一直没有建成，执行机构权威性较低②。

从合作的态势来看，目前中亚区域经济合作处于弱—弱合作的过程，在这一过程中，资金金融支持缺乏，造成这一组织合作优势不明显，效果差，处于停滞状态。

2. 欧亚经济共同体

欧亚经济共同体曾是由俄罗斯在独联体联盟框架下主导组成的区域合作组织，成立欧亚经济共同体的协议于 2000 年 10 月 10 日在阿斯塔纳签署。2001 年 5 月 30 日协议正式生效，目的就是推动成员国的统一经济空间形成，加快成员国与世界经济及国际贸易系统一体化的进程。目前，欧亚经济共同体的成员国包括：白俄罗斯、哈萨克斯坦、吉尔吉斯斯坦、俄罗斯和塔吉克斯坦。欧亚经济共同体在 2003 年注册并且获得了联合国大会观察员的资格，成为受世界认可的国际性组织。在中亚国家参与的各地区性组织中，欧亚经济共同体拥有相对较好的发展活力。2012 年 3 月，与会各国对推进区域经济一体化的问题以及对欧亚经济共同体的发展给予了充分讨论，同意在 2015 年 1 月 1 日前起草并签署关于建立欧亚经济联盟的条约。这些条约和文件包括关于欧亚经济共同体特权和豁免权的公约、成立欧亚经济共同体法院等。2014 年 10 月 10 日，欧亚经济共同体各成员国在明斯克签署了关于撤销欧亚经济共同体的协议。

到了 2015 年 1 月 1 日，欧亚经济共同体所有机构的活动均已停止。欧亚经济共同体的解体，究其原因：其一是弱—弱联合封闭合作，造成经济效率的

---

① 高志刚，韩延玲. 中亚国家区域经济合作模式、机制及其启示 [J]. 新疆社会科学，2014（4）：73-77.

② 高志刚，韩延玲. 中亚国家区域经济合作模式、机制及其启示 [J]. 新疆社会科学，2014（4）：73-77.

流失；其二是上合组织等机构的高效运作，原有机构存在的价值不复存在。这也为区域经济合作的模式和效率提供了经验。

（二）上合组织成员国地方领导人论坛模式

2017 年 9 月 21 日欧亚经济论坛在西安开幕。这次经济论坛以上合组织成员国为主体，是面向广大欧亚地区的高层次、开放性的国际会议。欧亚经济论坛 2005 年创办，每两年举办一次，吸引中外地方领导人、学者专家、企业商会齐聚西安共谋发展，共话合作。相较于前 6 届，该届欧亚经济论坛首次采取了"论坛+博览会+投洽会"三位一体的筹办模式，突出了"共建'一带一路'：发展战略的对接"这一关键主题，延续往年的传统，有专业领域细分的行业分会，如科技分会、人才分会以及地方领导人圆桌会议。今年的欧亚经济论坛也搭建了平等务实的沟通交流平台①。

2018 年《上海合作组织成员国元首理事会青岛宣言》提出成员国欢迎建立"上合组织地方领导人论坛"，开展地区间合作，注意到关于 2018 年在俄罗斯联邦车里雅宾斯克市举办论坛首次会议的建议。2019 年《上海合作组织成员国元首理事会会议》批准了《上海合作组织成员国地方领导人论坛章程》《上海合作组织成员国地方合作发展纲要》，这些是地方合作的纲目，为中国（新疆）参与中亚经济合作提供了制度保障。

2019 年主题为"开放、共享，上合组织国家地方合作新机遇"的上合组织领导人会晤由重庆市政府和上合组织秘书处共同主办②。目的就是全面加强共商共建，同时关注中小企业的发展，打通国际物流的新通道，在共建、共享陆海贸易新通道达成共识，促进投资贸易便利化。会后签订了 8 个政府间合作协议和经贸人文合作项目③。新疆组成以自治区人民政府副秘书长朱新祥为团长，自治区商务厅党组成员、副厅长阿斯哈尔·吐尔逊为副团长的新疆代表团，6 个上合组织成员国和 4 个观察员国共计 25 个省州长（议长）或副州长，以及中国国内 11 个省（区、市）代表团参加了 2019 年上合组织地方领导人会晤④。重庆市时任市长唐良智表示，重庆愿携手上合组织各地区，强化基础设施互联互通，以中欧班列（重庆）和陆海新通道建设为重点，深化通关、物流、

---

① 中华人民共和国外交部. 2017 欧亚经济论坛启幕，上合组织地方领导人共话协同发展 [EB/OL]. [2017-09-21]. https://www.thepaper.cn/news.

② 2019 上海合作组织地方领导人会晤在重庆开幕 [N]. 重庆日报，2019-05-15.

③ 2019 上海合作组织地方领导人会晤顺利闭幕 [N]. 重庆日报，2019-05-15.

④ 杨铌紫，等. 共商合作、共续友谊、共谋未来 [N]. 重庆日报，2019-05-16.

安保等领域合作；强化产业发展协同，推进自由贸易试验区产业园区对接，拓展智能产业、智能制造、能源、农业等领域的合作，积极参与共建"一带一路"科技创新行动计划。

从以上已有的资料可以看出，上合组织的地方领导人会晤有利于各国地方之间的直接对话和高效合作。这说明中国（新疆）参与中亚区域经济合作的模式中，"上合组织成员国地方领导人论坛"成为一种制度化的合作模式。

（三）区域经济 PPP 模式

PPP 模式即公私合作模式，是指政府、营利性企业和非营利性企业根据各自的专业特长，适当配置资源、风险和收益的一种合作方式。PPP 模式通过签署合同来明确双方的权利和义务，以确保合作的顺利完成，最终使合作各方达到比预期单独行动更为有利的结果。PPP 模式，以其政府参与全过程经营的特点受到国内外广泛关注①。中亚国家和区域政府可以采用租赁—建设—经营（LBO）、购买—建设—经营（BBO）、建设—转让—经营（BTO），建设—经营—转让（BOT）、建设—拥有—经营（BOO）等形式与民营企业合作。这就为中国（新疆）优势企业参与中亚区域经济一体化进程提供了新的路径。为促进中亚地区的合作，在引入民间资本进入基础设施建设中，要尽量选择经济交通走廊和节点城市，在项目的选择上，要选择盈利能力较强的项目。

中国（新疆）参与中亚区域经济一体化，基础设施是关键，中国（新疆）与中亚依托地理区位、丰富的能源、矿产资源，成为基地和通道区域。经济交通走廊、区域经济节点基础设施完善等方面的合作都可以依托 PPP 模式。PPP 模式作为新的尝试广泛出现在上合组织及亚行推进的中亚区域经济一体化进程中。中亚与中国（新疆）是中国连接欧亚大陆的关键节点，虽然中国（新疆）与中亚的经济发展水平不高，但是其有着广阔的发展前景和发展空间，这也为 PPP 模式提供了运行的环境。因此需要加强交通基础设施建设，共同推进国际骨干通道建设，逐步形成连接亚洲各次区域以及亚欧非之间的基础设施网络。国家政策为 PPP 模式提供了有力支持。随着"一带一路"倡议的深化，特别是上合组织的推进，互联互通项目将推动沿线各国发展战略的对接与耦合，且符合各方的利益，会受到各方的重视②。

---

① 张以湘，汪晓文. PPP 模式在新亚欧大陆桥沿线地区建设中的运用 [J]. 宏观经济管理，2007（7）：53-54.

② 王亚娟. "一带一路"背景下：新疆铁路建设的 PPP 模式研究 [J]. 北京城市学院学报，2015（4）：31-36.

通过援助角度来进行 PPP 模式，要符合中国对中亚国家的援助，通过这种合作模式，可发挥其高效援助的优势，这也是西方国家高度重视其的原因，这种模式也通过国际援助在该领域不断进行探索和创新。这个 PPP 模式在国际发展援助事务中的应用主要包括两种常见类型：第一种是在包容性商业（inclusive business）模式中应用的 PPP 项目。近年来，PPP 模式作为被提倡的解决发展问题的新方案，合作方式主要为：官方发展援助机构与私营资本之间合作进行商业活动，通过合作将发展中国家中的贫困人群以商品服务供应者、消费者或劳动者的身份纳入特定的经济链条中来。第二种常见类型是发展援助机构与私营资本合作提供公共物品，主要在卫生防疫和教育、农业等领域广泛应用。按照其提供的公共物品内容的不同，可以分为服务性 PPP 模式和产品型 PPP 模式。PPP 模式不仅使援助主体多元化，援助效果加以改善，更为发展援助模式创新提供有力支持。正是因为通过多年的援助发现单纯的援助解决不了任何问题，所以需要将 PPP 模式与国际贸易、投资有效结合，是一种能够更好满足发展需求的新模式①。显然，建设具有包容的 PPP 援助模式，既符合中亚经济合作的方向，又能提升合作的水平，还为中国（新疆）参与相关合作提供了平台和路径，应成为中国（新疆）参与中亚区域经济一体化建设的重要选择，也与上合组织和亚行推动目标契合。

（四）跨境经济合作区模式

跨境经济合作区是集投资贸易、出口加工、国际物流于一体的多功能经济区，两国或多国共同建设和推动，并且享有很多的优惠政策②。跨境经济区不仅限于双边贸易，同时能够扩展到生产、物流、旅游等多个领域的合作，并且由于边境地带的特殊性，经济合作区内享有特定的政策优惠，使区内的生产要素和资源能够更加顺畅地流动，深化合作水平并提升区域整合力③。跨境经济合作区是不同国家边境地区合作的重要方式。

跨境经济合作区推动区域合作的机理：①传统边境区位理论将屏蔽和中介效应作为边界对经济发展起到的两种效应方式，边界也会使得中心地带的

---

① 王新影. PPP 模式在国际发展援助中的应用及前景展望 [J]. 区域与全球发展，2019，3（2）：36-46，154-155.

② 张旭华. 跨境经济合作区的构建与中国的跨边境合作策略探析 [J]. 亚太经济，2011（4）：108-113.

③ 张旭华. 跨境经济合作区的构建与中国的跨边境合作策略探析 [J]. 亚太经济，2011（4）：108-113.

"中心性"降低，从而导致交往的成本大大增加。当屏蔽效应大于中介效应时，边界的存在就阻碍了边境两侧的经济交往活动，反之边界就能够促进双边的经济往来①。②效应转换与边境区位优势再造。新经济地理学认为，边界效应是可以进行动态调整的。一旦边界开发，那么低进入成本会增加边境的吸引力，从而将经济活动由内向外扩展，边境地区会从边缘位置转为中心位置，从而提高市场集聚性、市场潜力和市场规模②。通过边境地区的城市建设，城市化率不断提高，可以为第二、三产业提供生产活动的场所而把分散的劳动力、资金、信息、技术等生产要素集中于城市之中，从而为第二、三产业的发展提供必要的生产要素准备③。也就是说，城市化是推动中亚边境地区优势再造的必要条件，也可进一步解决因边境引起的诸多社会问题。

跨境经济合作区推动区域合作的步骤：第一阶段，需要建立双边自由贸易区的合作制度，并且需要统一多个双边或者多边的协调，扩展区域合作范围；第二阶段，合作中心参与其他中亚国家的经济合作，带动其他中亚国家的边境贸易区，使多个边境自由贸易区形成合力，影响范围逐步扩大到整个中亚区域，形成以合作中心为核心的中亚经济合作体；第三阶段，发挥合作中心的核心作用，通过中亚经济合作体向周边国家延伸④。

典型案例是中哈霍尔果斯国际边境合作中心。中哈霍尔果斯国际边境合作中心是中哈两国领导人于 2003 年达成的重要合作项目，2005 年两国正式签署协定，2006 年中哈两国共同设立中哈霍尔果斯国际边境合作中心，是我国与其他国家建立的首个跨境边境合作区，总面积为 5.28 平方千米。霍尔果斯经济开发区是 2010 年第一次中央新疆工作座谈会决定设立的国家级经济开发区，明确实行特殊经济优惠政策，国家对霍尔果斯经济开发区的发展定位是"我国向西开放的重要窗口，沿边开发开放的示范区"。根据新疆党委、政府有关加快"丝绸之路经济带"核心区发展的战略部署，霍尔果斯经济开发区被定位为"丝绸之路经济带"核心区的重要核心节点。霍尔果斯市是 2014 年 6 月 26 日经国务院批复设立的，是集边境区、口岸城，以及商贸型、国际化特点

① 张旭华. 跨境经济合作区的构建与中国的跨边境合作策略探析 [J]. 亚太经济，2011 (4)：108-113.

② 张旭华. 跨境经济合作区的构建与中国的跨边境合作策略探析 [J]. 亚太经济，2011 (4)：108-113.

③ 胡超. 突破边界效应：城市化与边境民族地区外向型经济发展 [J]. 国际经贸探索，2009 (8)：15-20.

④ 宋建华. 新疆跨境经济合作区——中哈霍尔果斯国际边境合作中心发展态势与政策创新 [J]. 东南亚纵横，2013 (10)：42-45.

为一体的综合性城市①。2017 年全市实现通关贸易额 385.67 亿元（不含天然气），其中出口实现贸易额 379.50 亿元，进口实现贸易额 6.17 亿元；合作中心全年实现通关贸易额 117.11 亿元。接待国内外游客 382.5 万人次②。霍尔果斯国际边境合作中心分为中哈两部分：哈方部分位于阿拉木图州的潘菲洛夫区，距离阿拉木图州行政中心塔尔迪库尔干市 321 千米，距离阿拉木图市 361千米。根据 2011 年 11 月 29 日的总统令，哈萨克斯坦建立了"霍尔果斯东大门"经济特区，该特区包含霍尔果斯国际边境合作中心哈方部分。哈方设计理念为"霍尔果斯，丝绸之路的绿洲"，规划建设仓储物流、旅游购物、休闲娱乐、酒店式公寓、民俗村、国际哈中大学等项目。届时，合作中心哈方区将建成欧洲式的世界村购物区及休闲娱乐胜地③。

（五）自由贸易区模式

区域经济合作形式多样，但是有着不同的等级和作用，通常来说区域经济合作形式从低到高排列如下：优惠贸易安排—自由贸易区—关税同盟—共同市场—经济联盟—完全经济一体化④。

优惠贸易安排（preferential trade arrangement），是区域经济一体化中最为低级和松散的形式，其中规定了相互贸易中对全部商品或部分商品的关税优惠，对来自非成员国的进口商品，各成员国按自己的关税政策实行进口限制⑤。这种合作形式已经存在于目前的成员国之间，但是由于其自身的缺陷，难以达到应有的广度和深度，故难以作为未来发展的目标模式⑥。

目前上合组织所推动的主要模式是贸易投资便利化，这也是其主要的任务和现实选择，也是近期最为有效的途径之一。上合组织发轫于旨在加强边境地区信任和裁军谈判进程的"上海五国"会晤机制。作为由安全合作起步的上合组织，如今在经济、人文上的合作也愈加广泛，致力于打造综合性区域组织。2003 年上合组织政府首脑会议签署了《上海合作组织成员国多边经贸合

---

① 新华网. 霍尔果斯概况［EB/OL］.［2014-06-26］.http://www.xinhuanet.com/.

② 霍尔果斯人民政府网. 霍尔果斯经济开发区（市）2017 年国民经济和社会发展统计公报［EB/OL］.［2018-10-08］.http://www.xjhegs.gov.cn/info/1822/17372.htm.

③ 中哈霍尔果斯国际边境合作中心哈方区规划已初步完成［N］.伊犁晚报，2016-04-15.

④ 郑雪平，米军. 上海合作组织（SCO）区域经济合作发展模式研究［J］.徐州师范大学学报，2006（2）：106-111.

⑤ 杜敏. 国际贸易概论［M］.北京：对外经济贸易大学出版社，2001.

⑥ 郑雪平，米军. 上海合作组织（SCO）区域经济合作发展模式研究［J］.徐州师范大学学报，2006（2）：106-111.

作纲要》，加强了金融、能源、交通、农业等领域的合作，推动成员国深化互利合作、实现共同繁荣。贸易便利化，是上合组织经贸合作的首要任务之一①。2018 年 4 月，《简化上海合作组织成员国政府间贸易关系协定（草案）》和《上海合作组织成员国在服务贸易合作框架协议（草案）》的制定，专家们相互之间交换了意见。同年 5 月，上合组织成员国对外经济贸易部门高官会第三十次会议在北京举行，特别关注了《〈上海合作组织成员国多边经贸合作纲要〉落实措施计划》的执行情况。各个国家都论证了经贸合作的细则和机制问题，同时也探讨了如何更有效地推进中小企业合作，讨论了巩固和充实经贸合作的法律基础及完善上合组织成员国合作机制的问题。上合组织组织成员国对外经济贸易部门领导人委员会隶属于上合组织成员国经贸部长会议，设有多个专门工作组，分别负责提高过境运输潜力、投资促进、电子商务、现代信息和电信技术、贸易便利化和海关合作②。总之，《上海合作组织成员国政府间关于区域经济合作的基本目标和方向及启动贸易投资便利化进程的备忘录》《〈上海合作组织成员国政府间关于开展区域经济合作基本目标和方向及启动贸易和投资便利化进程的备忘录〉的议定书》《上海合作组织成员国多边经贸合作纲要》《上海合作组织成员国政府间国际道路运输便利化协定》《关于〈上海合作组织成员国多边经贸合作纲要〉落实措施计划》《经贸部长会议关于多边经贸合作纲要"措施计划"的决议》《上海合作组织至 2025 年发展战略》等制度化的安排，为目前的便利化合作模式的推进创造了条件。

　　上合组织区域经济合作通过自由贸易区来展开较为长期的建设，这是其目标模式。通过这种方式首先可以避免各国政策协调的困难，避免相互之间的摩擦；其次最大程度提高各方合作的灵活性，加强内部与外部世界的联系，能够更为有效地降低贸易壁垒③；最后自由贸易区的市场开放程度也比较低，可以避免对不发达成员国造成严重冲击④。由于上合组织有着众多的成员国，而各个成员国面临着文化、历史、经济、政治等各种差异和分歧，加大了各方之间合作的困难程度，阻碍了自由贸易区的进一步发展。地缘毗邻的成员国经贸往来日益密切，"一带一路"倡议为上合组织注入了新的内涵与活力，为自由贸易区的建立提供了有利条件及可行性。通过分析上合组织成员国内存在的大量

---

① 刘慧. 上合扬帆再启航，共建繁荣与和平 [N]. 中国经济时报，2018-06-04.

② 刘慧. 上合扬帆再启航，共建繁荣与和平 [N]. 中国经济时报，2018-06-04.

③ 刘力，宋少华. 发展中国家经济一体化新论 [M]. 北京：中国财政经济出版社，2002.

④ 郑雪平，米军. 上海合作组织（SCO）区域经济合作发展模式研究 [J]. 徐州师范大学学报，2006（2）：106-111.

问题，为了推进上合组织成员国建立健全多层次的贸易服务体系，需要为组织提供健全的法律和政治支持，其中成员国家应制定合理可靠的海关程序，进一步建设国内外贸易争端解决机制①。特惠关税区又名优惠贸易安排，指在成员国间通过签署协定或其他形式，对彼此全部商品或者部分商品给予关税减让的一种优惠待遇，税率低于最惠国待遇，而与非成员国间的贸易壁垒设置较高的一种区域贸易安排，是目前在中亚地区最易实行的区域经济一体化的组织形式。通过少数的成员国相互间贸易协议的签订再转向其他更多的国家，可以有效促进上合组织众成员国间的进一步经济合作。显然，无论是上合组织还是亚行，对推进中亚自由贸易区建设并走向一体化的路径是没有异议的，只不过建设自由贸易区的区域空间分布有着差异性。

（六）经济博览会模式

博览会是展览会的一种，具有规模庞大、内容广泛、展出者和参观者众多等特征。博览会档次较高，并且能够对社会、文化以及经济的发展产生影响。1890年，在德国莱比锡举办的莱比锡样品展览会是世界上第一个样品展览会。会展业随经济社会的发展不断变化和挑战，但是以规模和总量看各方发展仍然不平衡。作为世界会展发源地，欧洲整体实力最强，规模最大，这是欧洲百年以来的积累和发展。经过多年的发展，德国、意大利、法国、英国都是典型的世界级的会展业大国。进口博览会为开放型世界经济提供新的探索。迄今为止，各国通过博览会促进的经贸活动多以出口为主，希望能够利用展会向世界宣传自身的优势，促进出口，而现有的国际经贸体系也是基于此类目的形成的②。

新疆乌恰会最后升格成为目前的中国—亚欧博览会。中国—亚欧博览会是新疆长期有效进行招商引资与区域经济发展的平台，除了能够促进中国（新疆）与中亚、南亚和欧洲国家经济交流合作外，作为中国对中亚重要门户的有效载体，意义巨大。亚欧博览会形式丰富，效果突出，坚持的是市场化的运作，既发挥了新疆的独特地理区位优势又有效连接了合作各方，突出新疆区域特色，以及突出面向中、西、南亚和欧洲各国构建连接亚欧的商贸物流中心的优势，能够使参与者通过此平台发现商机。亚欧博览会的主线是经贸合作，同

---

① 宫雪. 上合组织主要成员国构建自由贸易区的可行性与战略途径研究［D］. 长春：吉林财经大学，2017.

② 周密. 中国国际进口博览会：推动开放型世界经济发展［EB/OL］.［2018-11-05］.http://www.sohu.com/a/272640091_433398.

时积极开展包括科技、文化、交通在内的多层次多领域的交流合作。亚欧博览会由我国和周边国家相关部门联合主持各类专题论坛，邀请政府官员、专家学者、商会（协会）会长和大企业高管等与会，推动各领域的双边和多边交流与对话①。因此，经济博览会成为现代国家经济合作的一种重要方式，共同推动各经济事项的交流，也是中国（新疆）参与中亚区域经济合作的一种重要的主导模式。

（七）重点领域或行业突破模式

无论是上合组织还是亚行，其关注的中亚区域经济合作与一体化，都是以重点领域的突破为合作的模式，无论是安全合作还是贸易，乃至能源、农业、交通领域，都以这种模式为主要方法，关键是这种模式能够快速满足各方的真实需求，再加上中亚是能源资源比较丰富的地区，该方面的合作具有典型性。

能源合作是中亚区域经济合作的重要内容，虽然中亚各国社会经济发展情况各不相同，但在能源合作方面具有共同的诉求，特别是发展中亚经济有着至关重要的作用。抓好能源领域合作，有利于更好地全方位推动中亚区域经济合作。在合作过程中，需要创新思路，根据不同国家探索不同的合作模式，推动能源领域合作取得务实进展。

能源合作是中国与哈萨克斯坦务实合作的重点。1997 年，中石油成功中标阿克纠宾油田开发项目，拉开了中哈油气合作的大幕。哈萨克斯坦油气资源丰富，但由于基础设施落后，炼化技术滞后，用原油出口换取的外汇，进口油气产品。中国资本和技术的进入，极大地改变了这种局面。中哈能源合作经过 20 多年发展，已形成集油气勘探开发、管道建设与运营、工程技术服务、炼油和销售于一体的完整的上中下游产业链，拉动两国经贸合作的发展，成为"一带一路"倡议在中亚经济合作的样本②。近几年来，中哈经贸合作日益紧密，贸易结构日益优化。哈萨克斯坦已成为中国在中亚第一大、独联体地区第二大贸易伙伴。虽然近年来全球经济不景气对中哈间贸易造成冲击，两国贸易额有所下滑，但中国仍然是哈萨克斯坦最重要的贸易伙伴之一。与此同时，哈萨克斯坦已成为中国在欧亚地区的第一大对外投资对象国。中哈两国在基础设施建设和交通领域的合作提速。中哈两国目前有 5 对常年对开口岸、5 条油气

① 佚名. 中国—亚欧博览会［EB/OL］.［2011-09-01］.https://baike.baidu.com/item/中国—亚欧博览会/12812954？fr=aladdin.

② 李江雪. 哈萨克斯坦：中哈能源构筑互利共赢合作典范［EB/OL］.［2017-06-06］.http://world.huanqiu.com/article/2017-06/10785459.html.

跨境运输管道、2 条跨境铁路干线。合作范围不断扩大，已经涵盖所有涉及经济和金融的关键领域①。

类型多、投资量大、技术复杂、参与方多、要求时间紧是中巴经济走廊能源项目建设的特点，虽然中巴经济走廊的建设发展有着良好的前景，但是同样面临一系列的挑战。这些挑战包括政策、技术和融资等各个方面，这方面的障碍是传统的合作模式所不能满足的。另外，项目建设对资金、技术和时间要求也是中巴经济走廊建设的重要问题，需要各方凝聚力量，形成合力，此外建设快速通道，也须双方政府和能源部门重点考虑。正因为如此，中巴两国在共同努力下，探索出了"编制规划—政府协议—企业合同—融资贷款—项目执行"的多层次合作模式，这一方面为企业提供了良好的服务，另一方面实现了项目的商业化运营，取得了很好的效果②。

四、利用上合组织与 CAREC 促进中国（新疆）与中亚双边自由贸易区建设

虽然与两个合作机制相关联的合作模式有多种，但目前从我国宏观层面看，自由贸易区建设是尤为需要高度关注的一个发展路径。我国与周边国家开展经济合作的既定方针和战略，其中《中华人民共和国政府和巴基斯坦伊斯兰共和国政府自由贸易协定》已进入第二阶段，而与中亚国家的自由贸易区建设仍处于起步阶段。国务院常务会议提出了下一步扩大开放、促进外贸、优化营商环境的一系列措施，为"稳外贸"再出实招。会议指出要积极推进同更多国家商签高标准自由贸易协定和区域贸易协定。"从打造贸易强国和应对国际贸易形势的角度都应该积极推进市场多元化，在 30 多个主要国家推进自由贸易协定谈判，探索'一带一路'沿线国家的合作空间。"③

（一）加快中国与中亚双边自由贸易区建设的背景

国务院 2015 年 12 月发布的《国务院关于加快实施自由贸易区战略的若干

① 陈超. 综述：中哈务实合作不断迈上新台阶［EB/OL］.［2014-12-07］. http://world. huanqiu.com/hot/2017-06/10784755. html.

② 张玉清. "一带一路"能源合作模式探讨：以中巴经济走廊能源项目为例［J］. 国际石油经济，2017，25（12）：13-16.

③ 陈芳. 推进同更多国家商签自贸协定研究扩大跨境电商综试区国常会为"稳外贸"再出实招［EB/OL］.［2019-06-12］. http://fta.mofcom.gov.cn/article/fzdongtai/201906/40798_1. html.

意见》，提出自由贸易区建设的短期、中长期任务目标以及建设布局。强调了要加快正在进行的自由贸易区谈判进程，推进已有自由贸易区的自由化进程，提升与自由贸易伙伴的贸易额，建立邻近国家和地区、涵盖"一带一路"沿线国家以及辐射五大洲重要国家的全球自由贸易区网络，加快实现对外贸易、双向投资实现自由化和便利化。最终建成货物、服务和文化较高的对外开放度、规制体系和支持机制体系完善的保障全面的高水平自由贸易区①。

党的十七大和党的十八大都将自由贸易区及加快其推进提升为国家战略，因我国一直是经济全球化的支持者和主要受益国家。党的十八届三中全会进一步提出实施该战略，是目前中国积极参与国际经贸规则制定、争取全球经济治理制度性权力的重要平台，要以周边为基础加快实施自由贸易区战略，形成面向全球的高标准自由贸易区网络②。现在，全球贸易体系正经历自1994年乌拉圭回合谈判以来最大的一轮重构，加快实施自由贸易区战略需要从顶层设计入手，主动与"一带一路"沿线国家和地区商建自由贸易区，逐步构筑立足周边、辐射"一带一路"沿线国家、面向全球的自由贸易区网络，为"一带一路"的全面合作推进创造投资贸易便利融合的条件与通道③。由于上合组织和CAREC机制都将贸易作为合作的重点，因此存在两个机制共建协作的可能性与互补性。《上海合作组织成员国多边经贸合作纲要》明确提出，上合组织成员国将本着开放共赢原则，利用资源富集与经济互补性优势，通过多种合作形式促进各国间生产要素本着市场经济的原则自由流通，努力实现一体化的区域经济优势。CAREC计划已从2004年的价值2.47亿美元的6个项目发展到2017年12月的价值超过315亿美元的185个项目。它增加了能源贸易和安全，打破了贸易壁垒，促进了人员和货物的自由流动，并为经济走廊的发展奠定了基础。"CAREC 2030"战略中，优先考虑两个业务集群，包括经济和金融稳定，贸易、旅游和经济走廊。因此以两个合作机制的协作平台为抓手，将新疆纳入边境自由贸易区建设将大大加快中国（新疆）与中亚区域经济合作的步伐，为新疆经济社会的长治久安提供良好的助力④。设立自由贸易区，是探索

① 国务院.国务院关于加快实施自由贸易区战略的若干意见[EB/OL].[2015-12-17]. http://www.gov.cn/zhengce/content/2015-12/17/content_10424.htm.

② 陈超.习近平：加强自贸区战略顶层设计谋划中国未来大棋局！[EB/OL].[2014-12-07].http://www.vccoo.com.

③ 常雪梅，程宏毅.习近平：加快实施自由贸易区战略 加快构建开放型经济新体制[EB/OL].[2014-12-06].http://www.360doc.com.

④ 玉素甫·阿布来提.促进中国新疆与中亚五国经济一体化进程的探讨[J].俄罗斯中亚东欧市场，2011（2）：24-28.

区域经济合作发展新模式不能忽视的路径。

（二）促进中国（新疆）参与中亚双边自由贸易区建设

1. 自由贸易区建设基本条件

实践证明自由贸易区建设总体需要具备四个条件：一是自由贸易区各方的需求伴随贸易与投资规模的常年扩大而增加，激发了推进各方贸易合作和实施贸易便利化举措的诉求。二是参与自由贸易区各方建立了具有合作基础的政治互信。三是政府的执政管控能力强，能够操控和平衡各方利益。四是外部环境比较理想，比如没有他国的干涉或者发生经济危机等"灰犀牛"事件①。当前中国区域合作的层次，主要涉及与发达国家之间进行的保函贸易便利化在内的双边或者多边贸易投资协定与经贸活动安排，和发展中国家建立自由贸易区，与周边国家建立 RCEP（全面经济贸易伙伴关系）。

2. 中国（新疆）参与双效机制下的自由贸易区发展正逢机遇

就目前中俄关系看，俄罗斯与中亚五国均希望加强与中国的合作，因推进区域经济的一体化可以有效避免被西方市场和规则体系孤立。

从上合组织成员国立场来看，成员国因国际形势产生的危机意识和合作的利益诉求，希望通过制度上的协商合作与务实推进，建立规范化标准化的市场秩序。

从政治互信视角看，上合组织的机制建设已经比较成熟，各层次不同领域的合作运作相对成熟，从元首到部长以及行业之间经过十八年的频繁磋商互动，已建立了良好的政治经济互信基础，并且有着共同的增进国民幸福指数和繁荣富裕的目标。

从法律法规建设层面看，除乌兹别克斯坦之外的上合组织成员国均加入了WTO，遵循统一的贸易规则框架，技术共享，只在一些细节规定、单证格式、标准体系方面存在比较小的差别，另外，独联体自由贸易区已生效运作，只有中国未加入此自由贸易区，但对于中国推进上合组织自由贸易区有着借鉴的意义。

最后从中亚区域借鉴合作发展的进程和效果观察，因上合组织的不断壮大和对区域内成员国家的推动，中亚国家、俄罗斯与中国之间的贸易和投资规模、合作领域以及覆盖范围、企业类别等均全方位扩张，不断增加，从分享到开放式发

---

① 张宁. 上海合作组织自贸区的可能性分析 [J]. 辽宁大学学报（哲学社会科学版），2017，45（4）：140-148.

展贸易和投资利益的群体及组织不断膨胀。而俄罗斯和哈萨克斯坦两国均致力于区域发展和机制建设，俄哈的"大欧亚"倡议与中国"一带一路"倡议也存在很多相通性，因此与域外国家建立自由贸易区也是欧亚经济联盟的重要工作之一。

从合作机制的完善程度来看，中国（新疆）与中亚区域经济合作不论多边还是双边机制，在良好官方合作基础上已经日益的深化[1]。存在的困难包括贸易结构较单一、非关税壁垒依然严重、地区内多种国际合作机制的牵制、自由贸易区的态度和立场有差异。

3. 中国（新疆）参与双效机制下的自由贸易区建设基本原则[2]

上合组织成员国政府间于2003年9月批准了《多边经贸合作纲要》，2010年签署了《关于区域经济合作的基本目标和方向及启动贸易和投资便利化进程的备忘录》，明确了上合组织区域经济合作的基本方向和目标，显现出建设自由贸易区是上合组织成员国未来发展的聚焦方向。鉴于上合组织各国国情，建设自由贸易区应坚持几个原则：为"一带一路"服务的原则；重点突破、先易后难原则，如中巴贸易协定谈判模式可供借鉴；共商、共建、共享原则，这是实现区域内的贸易投资自由化必须遵守的原则；引领理念和规则、适当援助和补偿原则等。

4. 中国（新疆）参与双效机制下的自由贸易区建设方案选择

从自由贸易区协议文本类型和内容可以看到自由贸易区建设目前有四种方案：

一是以独联体自由贸易区为载体，加入其中的上合组织成员国建立自由贸易区。依据独联体自由贸易区协议条件，可以在修改的基础上制定自由贸易区协议。此方案主要针对易货贸易，对于中国影响不大。二是中国制定结合国际自由贸易区建设最新理念和成果的统一文本与上合组织其他成员国磋商建立上合组织自由贸易区，能够考虑中国自身的国情特色。三是以中国和欧亚经济联盟自由贸易区合作为切入点。借助欧亚经济联盟自由贸易区的实践经验，先与其建立自由贸易区，再以此为基础吸收塔吉克斯坦和乌兹别克斯坦。四是建立

---

① 张宁. 上海合作组织自贸区的可能性分析 [J]. 辽宁大学学报（哲学社会科学版），2017，45（4）：140-148.

② 张宁. 上海合作组织自贸区的可能性分析 [J]. 辽宁大学学报（哲学社会科学版），2017，45（4）：140-148.

与上合组织其他成员国间的双边自由贸易区，然后整合形成上合组织自由贸易区①。

自由贸易区文本的内容分别为货物贸易、服务贸易+货物贸易、货物贸易+投资协议+服务贸易以及货物贸易+服务贸易+投资协议+其他议题，涉及关税削减、生产要素流通以及各个产业的开放，也包括劳务输出以及环境议题②。主要的建设突破重点领域应是加快推进中亚区域完整配套的基础设施建设、内部贸易自由化和上合组织内部投融资一体化，解决基础硬件环境，增强合作意愿，提供资金融通和结算便利③。

5. 中国（新疆）参与双效机制下的自由贸易区建设路径

自由贸易区发展实践指出了硬件与软件建设并举原则，同时必须加强功能性联系机制和重点领域合作机制。中国（新疆）因优越的区位条件参与到上合组织自由贸易区建设，可以深化与中亚区域经济合作的范围和领域，并能够进一步尝试向"一带一路"沿线国家推广。对于新疆而言参与合作的路径主要有：

加强中国（新疆）与中亚之间的政策沟通。自由贸易区的建设需要各方在政策方面进行深入的沟通与交流。中国可以在以下三方面做出行动：首先，要继续加强对恐怖主义的打击，有利于创造稳定的自由贸易区社会环境；其次，需要协调各方面的关系，努力避免领土主权纠纷，避免很多不利因素阻碍自由贸易区建设进程；最后，对于俄罗斯与中亚区域的关系要高度重视，妥善梳理与欧亚经济联盟的关系，使得中国和俄罗斯之间在推进中亚区域经济合作时，兼顾欧亚经济联盟的目标，避免产生反作用力。

加速推进中国（新疆）与中亚之间的人文交流。在自由贸易区的建设过程中，还应加强人文交流。上合组织以及 CAREC 各成员国遍布欧亚大陆，而这些地区在历史上就处于东西方文明汇集之处，拥有共同的"丝路精神"。虽然各成员国经济文化背景差异很大，但"平等互信、团结互利、包容共赢，共享和平发展"理念成为共同的精神财富④。中国（新疆）与中亚各成员国从政府、学术界到社会团体与民间组织通过开展各种形式的人文交流，既是加深身份认同，

---

① 张宁. 上海合作组织自贸区的可能性分析 [J]. 辽宁大学学报（哲学社会科学版），2017，45（4）：140-148.

② 张宁. 上海合作组织自贸区的可能性分析 [J]. 辽宁大学学报（哲学社会科学版），2017，45（4）：140-148.

③ 胡贝贝，吴笛，李新. 上海合作组织自贸区建设及其经济效应分析 [J]. 国际展望，2018（3）：50-69，154-155.

④ 习近平. 弘扬人民友谊，共创美好未来：在纳扎尔巴耶夫大学的演讲 [EB/OL]. [2013-09-07]. http://www.xinhuanet.com/politics/2013-09/08/c_117273079.htm.

消除隔阂的重要途径，也是为中国（新疆）参与自由贸易区建设，融入中亚区域经济一体化打造良好的区域软环境，更是"丝路精神"的传承，势必会为经济领域合作带来更积极深远的影响①。

五、上合组织与 CAREC 推进中国（新疆）与中亚区域经济合作的新进程

（一）上合组织 2025 年战略指导下的新进程

2019 年的《上海合作组织成员国元首理事会会议》指出，上合组织作为高效和建设性多边合作机制，在维护地区和平稳定、促进成员国发展繁荣方面发挥着重要作用，指出上合组织已成为成员国深化相互理解、加强信任对话、建设平等伙伴关系的稳固平台，致力于在国际法基础上，建设新型国际关系和确立构建人类命运共同体的共同理念。各成员国根据《上海合作组织宪章》规定的宗旨和原则，遵循"互信、互利、平等、协商、尊重多样文明、谋求共同发展"的"上海精神"，继续致力于推动上合组织框架内政治、安全、经贸、金融、投资、交通、能源、农业、人文等领域的务实合作（2025 年上合组织发展目标和任务见表 6-3），重视深化同上合组织观察员国和对话伙伴等国家的全方位互利合作②。

表 6-3　2025 年上合组织发展目标和任务

	合作具体内容
发展战略目标和任务	深化经贸、投资合作以及优先领域的合作项目，促进成员国可持续发展，提高人民生活水平；扩大人文联系，包括科技、卫生、环保、教育领域，开展人员交流；把上合组织地区建成和平、稳定发展、经济增长、互信、睦邻友好和繁荣的地区；在上合组织框架下为发展贸易投资合作创造有利条件，包括制定和落实共同的基础设施项目，加强在上合组织实业家委员会和银联体参与下的务实合作；成员国就"丝绸之路经济带"倡议形成共识，将其作为创造有利条件推动地区经济合作的手段之一

---

① 胡贝贝，吴笛，李新. 上海合作组织自贸区建设及其经济效应分析［J］. 国际展望，2018（3）：50-69，154-155.

② 上海合作组织成员国元首理事会会议新闻公报［N］. 人民日报，2019-06-15.

表6-3(续)

	合作具体内容
经贸合作	经济合作是维护上合组织地区稳定的重要因素,也是本组织实现长期稳定的手段之一。开展该领域合作有助于促进成员国经济发展,提高人民生活水平。 成员国将采取旨在进一步扩大上合组织地区经贸互利合作的协调措施,包括建立有利的投资和营商环境,支持实业倡议,落实优先领域合作项目,发展基础设施。成员国将采取协调措施,在互利共赢基础上开展产能合作。成员国将在融入世界经济进程中相互支持,力争把全球化和国际经济危机对本国经济造成的消极影响降至最低。 成员国将采取切实措施落实上合组织框架下的经济和投资项目。成员国将根据需要更新多边经贸合作纲要落实措施计划,制定下一阶段推动上合组织项目合作措施清单。 为本组织项目的融资提供保障,为落实领导人达成的共识,成员国将继续就建立上合组织开发银行和上合组织发展基金(专门账户)开展工作。成员国支持上合组织实业家委员会和银联体积极参与上合组织地区经贸合作项目的遴选和落实,首先是在经济创新领域,成员国欢迎观察员国、对话伙伴政府机构和实业界参与项目合作
	成员国将加强金融领域合作,交流经验和信息,努力为发展本组织金融服务市场、吸引投资、完善支付结算及其他金融业务创造有利条件。 成员国将继续完善现有经贸合作机制,提高协调能力,包括借鉴国际先进经验。 成员国将促进创新领域互利合作,包括开展中小企业合作,实施边境和跨区域合作项目,建立合资企业。为交流先进经验、开展企业家合作,成员国将继续联合举办企业家论坛、展览、研讨会,以促进成员国中小企业同科研机构合作,落实创新技术成果
经贸合作	成员国将推动2014年签署的《上海合作组织成员国政府间国际道路运输便利化协定》;将采取措施发挥上合组织跨境运输潜力,构建地区跨境交通和运输走廊;合作的重要方向是促进基础设施和物流现代化,包括扩大上合组织地区国际物流中心网和构建交通干线沿线的产业集群;将在能源领域开展各类互利合作,包括可再生与替代能源;将加强先进环保技术、可再生和清洁能源、节能等领域的合作,以促进可持续发展。在发展地区信息通信技术方面,成员国将遵守公认的标准以及原则。 成员国将优先制定共同感兴趣的创新合作计划和项目。 农业领域是成员国合作的优先方向之一。农产品生产与加工的高科技联合项目,在粮食等农业领域运用创新科技将被给予特殊关注。为开展农工综合体领域的先进经验和技术交流,将共同举行论坛、展览、学术实践性课程、研讨会、科研等活动。 海关领域是重要合作方向,合作包括:保护知识产权,交换跨境货物和运输工具信息,在发展和应用风险管理系统方面开展合作,打击违反海关法活动,按照职业教育和干部进修等规划培训海关人员

表6-3（续）

	合作具体内容
文化人文合作	成员国将努力为发展科技、教育、文化、卫生、旅游合作、深化社会团体与民间交往创造有利条件。将不断通过双边和多边方式扩大教育、科研机构的联系，实施共同感兴趣的科研项目和规划。 落实2007年签署的《上海合作组织成员国政府间文化合作协定》得到特别重视。 成员国将在上合组织地区文化与自然遗产研究与保护方面开展合作，包括"丝绸之路"历史沿线、防止盗窃文化珍品及其非法进出境、建立古文物清单和数据库、培训文物保护专家、艺术品复原、科技与艺术鉴定、博物馆规划、非物质文化遗产研究、民俗学、现代艺术与媒体文化、电影、戏剧、艺术经济学和艺术社会学及文化政策研究方面开展合作
文化人文合作	作为多民族、多宗教社会，成员国重视维护国内不同民族和宗教间的和谐，巩固各民族、宗教和谐共存的悠久传统，开展有观察员国、对话伙伴参与的跨文明对话。 在上合组织框架内开展卫生合作的迫切性不断上升，包括在传染病防治、流行病监测、营造预防慢性非传染性疾病的良好环境以及妇幼保健等方面开展合作。 进一步增加旅游团组、提升旅游服务品质是旅游业的主要任务。为此，成员国将交流国家旅游政策和经验，扩大主管机关和行业组织之间的联系，举办旅游展会，开辟新的旅游线路，定期交换旅游市场、旅游资源信息。将在旅游部门领导人会议框架内开展协作，制定该领域合作文件。 成员国重视环保、生态安全、应对气候变化消极后果领域的合作，将继续制定环保合作构想及行动计划草案，举办成员国环境部长会议，为交流环保信息、经验与成果创造条件①
	成员国将开展非政府组织、非商业机构及民间的人文交流。在上合组织内建立睦邻友好合作委员会或具有类似职能的机制将有助于上述交流。 上合组织论坛这一多边公共性的专家咨询机制旨在为上合组织活动提供学术支持，发展上合组织成员国、观察员国和对话伙伴科研和政治研究中心的相互合作。论坛将继续发挥重要作用，并将提高其活动的实际成果

资料来源：上合组织，http://chn.sectsco.org/documents/。

从已有的资料和2025年发展目标任务的内容可以看出，上合组织先从安全合作开始，目前已向经贸领域、人文领域拓展。合作的路径显示，下一阶段的目标是重经济合作的阶段，合作领域和中国（新疆）地域衔接紧密，再加

---

① 王玉娟，何小雷. 加强上海合作组织环保合作 服务绿色丝绸之路建设［J］. 中国生态文明，2017（3）：33-37.

上上合组织形成的地方政府领导人会晤机制，已有的经济博览会机制等。可以预见，在上合组织框架下，中国（新疆）参与中亚区域经济合作的机制会进一步完善，合作的内容更加广泛，形式也更加务实，其联系机制和重点领域合作机制驱动效应将在新的历史时期，在"一带一路"倡议和新疆作为"一带一路"核心区建设的历史性机遇中进一步显现。

（二）亚行"CAREC2030"战略指导下的新进程

亚行致力于推动"区域合作一体化"的运营计划（2019—2024年）战略优先事项。其区域合作与一体化次区域项目，仍然是区域合作与一体化业务的主导机制，而亚行也参与了更广泛的区域合作与一体化倡议，这些倡议也可能涉及发展中国家之间超越单个区域合作与一体化次区域项目的特定合作。应考虑到区域面临的新的区域合作与一体化趋势以及亚行解决这些问题的能力，对2016—2020年区域合作与一体化运营计划中的区域合作与一体化运营方法进行更新。亚行保持积极主动，确定区域合作与一体化投资组合的增长和多样性的新机会，包括新兴部门、子部门和亚行援助的次区域的项目。例如，非主权和次区域间的区域性循环贷款业务应增加；政策的援助应有选择地用于推动进一步开放的区域；循环贷款应是国家伙伴关系战略（CPS）进程中更明确的重点。区域合作与一体化应更多地促进创新和新技术，在跨境发展背景下引进和应用，并促进发展中国家之间在该区域技术扩散方面的合作。因此，新的区域合作与一体化运营计划（2019—2024年）将过渡到以下战略运营事项：经济体之间的联系越来越紧密，全球区域贸易和投资机会扩大，区域公共产品增加和多样化。这三个战略作为优先事项，将使本计划能够制定一个由DMC领导的联合行动的一致和互利方案，以支持2030年的目标。为了做到这一点，《中亚区域经济合作综合行动计划》的实施包括以区域合作与一体化援助为重点，根据国家差异为不同类别的发展中国家量身定制。

2017年第16届CAREC部长级会议上批准了"CAREC 2030"战略：连接共享和可持续发展区域，这是未来指导该计划的新战略框架。根据CAREC的地位和提供优质知识服务的能力深化政策对话；通过促进成员国之间民间和企业的联系，整合私营部门和民间社会的作用；建立一个开放包容的平台，以帮助加强与该区域活跃的其他国际和区域合作机制的合作并建立协同作用，并最大限度地发展伙伴的资源和专门知识，以支持区域合作。亚行的私营部门业务将提供市场无法以合理条件提供的融资，改善项目设计和发展成果，并降低感知风险，如表6-4所示。

表 6-4　实施与"CAREC 2030"战略国家分组有关的区域合作和一体化

国家分类	连通性	贸易与投资	区域公共物品
脆弱和受冲突影响的国家	连接落后边境地区的基础设施	中小企业从事跨境贸易	灾害风险管理
内陆发展中国家	长途运输和物流基础设施	经济走廊发展、农业价值链	区域教育和其他基于部门的知识/咨询服务
低收入和中低收入国家	集成连接	经济走廊发展	跨界自然资源管理
中上收入国家，包括解决贫穷和脆弱的问题	中试连接技术	跨区域贸易和外商直接投资、中小企业落后环节、更高质量的区域合作和一体化标准（如劳动力流动、区域金融市场）	排放交易、绿色技术试点和分享成果
案例：创新工具	连通性	贸易与投资	区域公共物品
具有复制潜力的现有项目	改善密克罗尼西亚联邦、基里巴斯和瑙鲁的互联网连接	广西区域合作与一体化促进投资项目高价值园艺开发项目	中华人民共和国减排和污染控制设施
管道区域合作与一体化项目	Dili 机场升级	农业价值链发展	太平洋抗灾计划
区域合作与一体化商业发展研究	亚美尼亚—格鲁吉亚走廊	阿拉木图—比什凯克经济走廊 费尔干纳山谷园艺价值链	孟加拉国、印度和泰国的绿色港口
区域合作与一体化技术援助或试点项目	中亚电力系统现代化	印度—湄公河中小企业国际化试点 印度尼西亚—东帝汶试点	跨界水资源管理联合部门和专题小组工作

资料来源：亚行。

　　"CAREC 2030"战略优先考虑五个业务集群，包括传统和新的合作领域：经济和金融稳定，贸易、旅游和经济走廊，基础设施和连通性，农业和水，人类发展。2018 年亚行董事会批准了一项长期企业战略，亚行支持的七个业务重点中促进区域合作和一体化仍占主导方面，如表 6-2 所示。

亚行对于"CAREC 2030"战略的实施具备翔实的计划，其推动的次区域经济合作机制 CAREC 在 20 多年来日趋成熟和目标明确，尤其是将 CAREC 学院设立在新疆乌鲁木齐后，不断推进和开展包括成员国在内更大范围内的项目论证和研究，以及人文领域的教育文化科学研究合作日益发挥着联系各国，加快促进区域合作的作用。中国（新疆）作为 CAREC 关注的重点区域，CAREC 学院与中国（新疆）各部门及高校均建立了广泛的联系和研究合作，对于推进 CAREC 计划产生了决策性影响。

第七章　推进中国（新疆）与中亚区域经济合作协同机制建设新视角

一、双效合作机制推进中国（新疆）与中亚区域经济合作的模式构想与选择

（一）双效合作机制推进中国（新疆）参与中亚区域经济合作

上合组织与亚行推动的 CAREC，其本质都是引导主权国家为主体的合作，但两者的竞争大于合作，因为美、日主导的亚行，新丝绸之路的走向与"丝绸之路经济带"有着重叠但走向并不一致，从目前两者的博弈看，上合组织因亚洲基础设施银行、丝绸之路基金的支持，点—轴系统模式则是两者合作的基础模式，特别是轴线系统，亚行推动经济走廊和上海合作组织推动的经济走廊，使得中亚区域的经济空间格局不再是分散的，而是开始形成网络经济走廊（见图 7-1）。

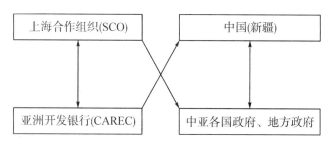

图 7-1　双效合作机制推进中国（新疆）参与中亚区域经济合作

从中亚各国政府来说，可以直接对接上合组织和亚行，而且出台的相关规划与战略已经达成了基本共识，这就需要在共识的基础上形成并落实为行动，

而这方面来说，中国（新疆）参与的层次是不够的，因为以上都是以主权国家为参与主体。

从中亚各国地方政府和中国（新疆）来说，其对接的主体是一致，国界主权属性，地方政府是接受者，因而，中国（新疆）与中亚各国地方政府的合作属于自下而上的合作模式，是典型的次区域合作，合作关键的资金是自上而下的，因此，地方政府的共识对接上位的规划与战略就是关键，同样，点轴理论模式作为地域空间结构现象，符合其合作的基本思想。

总体来看，以点轴理论模式为地理空间载体，形成地方政府区域经济合作的共识，具备自下而上和自上而下双通道，两个组织具备双效合作机制构建基础。

（二）推进中国（新疆）与中亚区域经济合作的双效平台模式构建

中国（新疆）与中亚地缘区位决定了与中亚区域经济合作可以借助"丝绸之路经济带"这一共识的基础，而上合组织和 CAREC 机制已经具备双效合作的基础。CAREC 结合美国提出的新丝绸之路，与起主导作用的上合组织目标是有重叠的，能起到辅助作用。总之，属于主—副作用下的合作平台。

从表7-1可以看出，上合组织已经有了地方政府领导人会晤平台，其重点领域合作成立的专项工作组，地方政府有着一定的主动性；亚行目前依然是部长对话，也有相关的专项工作组。因此，新疆参与中亚区域经济合作，从上合组织的角度看，地方政府领导人会晤—专项工作组平台是务实的平台模式；从亚行的角度看，专项工作组平台是务实的平台模式。显然，核心是对话平台和专项工作组平台起着至关重要的作用。

表7-1　双效合作机制推进中国（新疆）参与中亚区域经济合作的双效平台模式

机制分类	机制亚类	亚行	上合组织
经济联系机制	区域对话机制	部长对话平台	地方政府领导人会晤
	协调仲裁机制	亚行提供	协调仲裁机构
	信息共享机制	中亚经济合作网	上海合作组织经济信息网
	利益保障机制	亚行提供	利益保障委员会
	咨询服务机制	中亚经济合作学院	上合专业咨询机构

表7-1(续)

机制分类	机制亚类	亚行	上合组织
重点领域合作机制	贸易合作机制	专项工作组	专项工作组
	投资合作机制	专项工作组	专项工作组
	能源合作机制	专项工作组	专项工作组
	交通合作机制	交通走廊	专项工作组
	公共产品服务机制	专项工作组	专项工作组

　　地方政府层面的对话平台是起到关键性作用的机制，是上合组织框架下通过上合组织已有的多层对话机制，中国与中亚各国政府要对一些共同关注的事务，对未来发展的目标和新兴领域，对影响和阻碍各方开展区域经济合作的制约因素和壁垒，对有关合作能否在国家和地区之间顺利开展等问题，均需要通过地方政府这一平台来共同磋商以求达成共识①。亚行的高官会议主要使命是搭建部长会议和行业委员会之间的桥梁，筹备、落实部长级会议政策性内容，督导各行业委员会包括论坛的工作②。对于中国（新疆）与中亚的区域合作而言，在CAREC框架下促进中国（新疆）与中亚国家同级地方政府、各职能部门、企业之间的磋商、对话和交流是有利于解决合作中出现的各种矛盾和冲突的，有利于推动各项协议和合作机制规定的执行力度，最终能够达到中亚区域内经济合作的良好预期③。

　　专项工作组合作平台的建设。上合组织为加强和扩大各领域合作，建立了涉及很多领域的新会谈机制以及常设和临时专家工作组，作为对原来已有的部门领导人会谈机制的补充，有利于合作的推进和研究新的问题。例如，上合组织促进投资专家工作组会议于2004年9月1日在杜尚别召开了首次会议。专家工作组由上合组织6个成员国负责协调对外经济贸易与工业的相关部门的专家组成；上合组织领导下成立了能源领域合作的国家间专门工作组，专门针对上合组织成员国均广泛关注的能源合作问题。因此，从上合组织角度来看，专项工作组是上合组织发展宗旨和"上海精神"的体现，也符合中国（新疆）参与中亚区域经济合作的预期。专项工作组是亚行在具体落地层面上实施项目的评估以及协调与项目关联的当事人之间的

---

　　① 高志刚，王彦芳. 构建"环阿尔泰山次区域经济圈"合作模式与合作机制的思考 [J]. 新疆财经，2015（6）：15-22.

　　② 刘兴宏. 亚洲开发银行与中亚区域经济合作 [J]. 东南亚纵横，2010（5）：93-96.

　　③ 李道军，胡颖. 中国新疆参与中亚区域经济合作的机制比较与启示 [J]. 新疆社会科学，2011（3）：54-58.

关系等具体工作，属于务实操作的具体机构①。因此，中国（新疆）与中亚各地方政府与工作组的对接是务实的层面，也有自身的主动性与积极性。

（三）利用上合组织与 CAREC 合作平台推进中国（新疆）与中亚区域经济合作

在上合组织与 CAREC 合作平台上，一是建立与该平台的功能性相一致的协调仲裁、区域对话、利益保障、信息交互以及咨询服务等的经济联系机制，特别是与中亚区域内的各国地方政府；二是建立与该平台业务领域相一致的部门专项合作机制，尤其是重点领域涉及利益保障、贸易投资、能源交运和科技合作机制等，特别是与中亚区域内地方政府部门的专项合作机制，追求务实则是次区域经济合作机制的最大特点，见表 7-2。

表 7-2　中国（新疆）参与中亚区域经济合作的机制

机制	机制细分	功能	组织形式
经济联系机制	区域对话机制	主要是为加强中国（新疆）与周边国家的协商对话，进一步协调分歧并提出次区域经济合作设想和对策，以促进区域经济合作交流并建立共识②	针对各个地区的不同时期合作重点建立中国（新疆）与周边国家地方政府之间定期会晤、互访、磋商机制
	协调仲裁机制	制定一系列被中国（新疆）与周边各国共同认可的次区域经济协调多边规则和争端仲裁规定，协调中国（新疆）与周边各国区域经济政策的制定工作；协调地方性次区域经济合作机制，保障次区域经济合作的各项规则和协议的有效对接，努力推动区域经济联系向深层次发展	将协调仲裁中心作为中国（新疆）与周边国家次区域协调仲裁机制的常设机构，并成立该中心专家组
	信息共享机制	确保促进中国（新疆）与周边各国在经济信息方面的共享与交流，建立起互动联通关系	设立专门的双边或多边经济合作信息交流机构，定期提供具体项目和投资环境的信息以及有关投资领域法律法规变更
	利益保障机制	保护各方的相关利益，次区域经济合作各方联合制定各类相关次区域经济合作规定与政策	成立区域经济合作利益保障委员会，设立相应的联合执法机构
	咨询服务机制	组织中国（新疆）与周边各国的研究力量对于合作中共同关注重视的交流合作问题提供咨询服务	设立专门研究本区域经济合作与发展问题的科研机构

①　刘兴宏. 亚洲开发银行与中亚区域经济合作 [J]. 东南亚纵横, 2010 (5)：93-96.

②　高志刚，王彦芳. 构建"环阿尔泰山次区域经济圈"合作模式与合作机制的思考 [J].
新疆财经, 2015 (6)：15-22.

表7-2(续)

机制	机制细分	功能	组织形式
重点领域合作机制	贸易合作机制	构建区域性贸易合作机制的目标是：落实上合组织与CAREC合作平台制定的各类规划和举措，实质性推动区域贸易便利化合作更加规范化和制度化，为自由贸易区建设打下基础	成立区域贸易合作协调中心，作为协调和推动双方贸易合作的常设机构，同时建立与之相配套的贸易协调仲裁与区域性贸易法律法规制定和执行的二级机构
	投资合作机制	借助国际组织平台和区域合作机制促进中国（新疆）与周边国家共建投资合作企业，不断拓宽投资合作领域，增强双方投资合作的实际效果	成立合作平台—地方政府—企业一体的区域投资合作管理委员会
	能源合作机制	通过组建专门的能源合作机构，在能源领域广泛开展能源技术、政策与信息交流合作，并加快推动能源开发、贸易、管道与运输安全多方面的交流合作	成立区域能源合作指导委员会
	交通合作机制	交通运输领域广泛开展合作，通过建立协调机构设立过境运输收费、运输技术标准以及签署地方性协议，推动中国（新疆）与中亚各国之间扩张国际运输业务范围、道路交通网络等基础设施建设，加快跨国运输便利化	成立区域交通运输合作指导委员会，其主要职能是在推动落实现有双边运输协定的基础上，进一步规范跨国运输收费标准，推动双方多条跨国道路运输线路的开通，简化过境运输手续等
	公共产品服务机制	目标是中国（新疆）与周边国家次区域地方政府联合，加强风险灾害管理、跨界自然资源管理区域教育和其他基于部门的知识、咨询服务	在各地方政府部门基础上，各部门新增跨国合作的相关机构，以推动该目标的实现

资料来源：根据相关文献资料整理①。

二、中国（新疆）与中亚区域经济合作的新路径

国际上次区域经济合作的主要模式主要有跨国经济合作开发区模式、增长极模式、边境自由贸易区模式。跨国经济合作开发区模式具有能够发挥毗邻国

---

① 聂文元. 中国新疆与周边国家区域经济合作机制研究 [D]. 石河子市：石河子大学，2008；聂文元，李豫新. 上海合作组织框架内中国新疆与周边国家区域经济合作机制探析 [J]. 俄罗斯中亚东欧市场，2008（12）：17-21.

家资源互补性、地缘优势的特点，有利于克服各种制约因素，有利于各个国家共同参与开发；边境自由贸易区模式在进一步废除各种壁垒，创造商品的自由贸易和自由流通的条件下才能建成；增长极模式的局限性在于区域经济合作区内存在合适的增长极，点—轴模式应是双效合作机制推进中国（新疆）参与中亚区域经济合作的新路径：其点模式包括建立跨国经济合作开发区、建立边境自由贸易区两类，其轴线模式包括经济走廊和基础设施走廊两类。

（一）中国（新疆）与中亚区域经济合作的点路径

从中国（新疆）与中亚国家的现实情况看，跨国经济合作开发区模式和边境自由贸易区模式应该更具有可操作性。因为增长极模式从理论上是可行的，但现实的可操作性较弱。因此，中国（新疆）与中亚区域经济合作的点路径是：以建立跨国经济合作开发和边境自由贸易区为基础，以建立双边自由贸易区为过渡，最终建立中亚自由贸易区，形成中亚经济圈①。

1. 建立跨国经济合作开发区

中国（新疆）和中亚各国可根据建立跨国经济合作开发区的条件，在谈判的基础上，在口岸城市建立中哈、中吉、中塔双边跨国经济合作开发区及多国多边跨国经济合作开发区。目前，中哈霍尔果斯经济合作中心已经建成。建立跨国经济合作开发区，首先，要考虑是否与已建成的开发区冲突；其次，在地理位置上，中亚各国中哈萨克斯坦与中国的边境线最长；再次，中国与哈萨克斯坦开展对外贸易频繁且贸易额最大，边境地区口岸多，交通和管道运输线路便利；最后，哈萨克斯坦拥有合作开发的较丰富的自然资源和能源资源。中哈跨国经济合作开发区如果能够较为顺利完成建设任务，必然会为中国（新疆）与吉尔吉斯斯坦和塔吉克斯坦的合作提供实践经验。

2. 建立边境自由贸易区

边境自由贸易区的选址虽有一定的要求，但条件并不苛刻，一般口岸区域基本能满足条件，其中双边自由贸易相关政策的协调是最大的难点。如果双方设立边境自由贸易区的愿望都很强烈，通过谈判、协商、政策协调及沟通问题得以解决，边境自由贸易区模式就具有较强的可操作性和实现的可能性。中哈边境自由贸易区的建立有助于发挥对中国和哈萨克斯坦丰富生产要素的吸纳和扩散作用，实现中国与哈萨克斯坦商品的自由流通和自由贸易，中哈边境自由

---

① 胡锡进，刘宾，葛剑雄，等. 专家谈中国边疆：统一取决于国民凝聚力［N］. 环球时报，2013-10-15.

贸易区建立的经验可逐步运用于建立中吉、中塔双边边境自由贸易区。

（二）中国（新疆）与中亚区域经济合作的轴线路径

1. 跨境经济走廊

跨境经济走廊是在区域经济一体化的过程中睦邻友好国家利益共享互利互惠的战略举措，也是一个经济合作的手段。根据亚行的定义，经济走廊（economic corridor）是在特殊地理区域内联系生产、贸易和基础设施的机制。跨境经济走廊是两个或两个以上的国家（地区），在互有交集的地理区域考虑环境、资源禀赋和人文条件，建设一个融合了各种经济活动的增长极沿"廊"区域，也成为一种跨境经济合作机制①。跨境经济走廊的发展规律遵循动态功能演化过程，分为横向和纵向演变。横向看是地理空间从"点"到"线"、又从"线"到"面"的伸展；纵向看是在合作的具体项目上从"单一"到"复杂"，跨越了经济、政治到安全领域、从"利益"平台向"命运共同体"平台、"低层级"到"高层级"的演化过渡规律②。

2. 基础设施走廊

基础设施走廊指交通、能源、通信等基础设施的互通走廊。总体而言基础设施是目前亚洲区域内实现区域经济合作完成共同体建设的突出弱项，有着比较大的资金缺口，也为亚投行"预留"了潜力巨大的业务空间。从目前亚洲基础设施的水平和资金需求看，目前亚洲区域内尤其是"一带一路"沿线国家交通、通信、电力等基础设施互联互通总体水平落后，投资资金融资需求巨大③。亚投行目标集中，可以有效弥补现有多边开发机构对基础设施支持的不足。亚投行重点支持改善基础设施，实现本地区互联互通，进而推动区域的共同发展和繁荣④。因此，对于上合组织丝路基金和亚投行，基础设施走廊是其核心领域之一，而亚行致力于促进亚洲及太平洋地区发展中成员经济和社会发展，基础设施是其核心业务。综合来看，单一的基础设施建设的区域效应弱，难以产生应有的经济、社会效益，各组织也都在考虑集中力量办大事，基础设

---

① 卢光盛，邓涵. 经济走廊的理论溯源及其对孟中印缅经济走廊建设的启示 [J]. 南亚究，2015（2）：1-14，154.

② 卢光盛，邓涵. 经济走廊的理论溯源及其对孟中印缅经济走廊建设的启示 [J]. 南亚究，2015（2）：1-14，154；卢光盛，邓涵，金珍. GMS 经济走廊建设的经验教训及其对孟中印缅经济走廊的启示 [J]. 东南亚研究，2016（3）：35-43.

③ 高鹏. 亚投行（AIIB）的建立背景、面临挑战及对策 [J]. 金融与经济，2015（5）：17，32-36.

④ 张丽平. 亚投行，助力亚洲互联互通 [N]. 人民日报，2014-11-13.

施走廊建设是应有之意，为后期的点路径的城市、各类开发园区和线路径的经济走廊奠定基础。

3. 经济走廊

1998 年召开的 GMS（大湄公河次区域）第八次部长级会议提出了关于经济走廊的概念，是指将交通走廊和经济建设结合起来，对于各经济体的交流合作形成合力和更高的效率。GMS 经济合作是由中国、越南、老挝、柬埔寨、缅甸和泰国在 1992 年亚行的组织下，共同建立的一个次区域经济合作机制①。《推动共建丝绸之路经济带和 21 世纪海上丝绸之路的愿景与行动》"框架思路"中提出按照"一带一路"倡议的规划，需要将陆上国际大通道串联沿线中心城市作为支撑轴，再以重点经贸产业园区作为支撑平面，共同打造新亚欧大陆桥、中国—中亚—西亚、中蒙俄、中国—中南半岛等国际经济合作走廊②。其中中国—中亚—西亚经济走廊，从新疆出发，抵达波斯湾、地中海沿岸和阿拉伯半岛，主要涉及中亚五国、土耳其、伊朗等国；中巴经济走廊，起点在新疆喀什，终点在巴基斯坦瓜达尔港，全长 3 000 千米，贯通南北丝路关键枢纽，北接"丝绸之路经济带"、南连"21 世纪海上丝绸之路"，是一条包括公路、铁路、油气和光缆通道在内的贸易走廊。亚行倡导的中亚区域经济合作机制计划中也提出了建设六大经济走廊，六大经济走廊支线之一的阿拉木图—比什凯克经济走廊，地处中亚地区的中心位置，连接了哈萨克斯坦最大城市阿拉木图与吉尔吉斯斯坦首都比什凯克。由于其地理优势明显以及经济潜力巨大，两国领导人决定将其作为国家合作战略实施，设立专门委员会作为合作基础。GMS 作为一个逐步成熟的经济走廊对于如何实现互利共赢产生了实践的借鉴。因此，中国（新疆）与中亚区域经济合作的方式之一就是双向机制驱动下的经济走廊建设，其参与模式主要是围绕双效机制提出发展构想去实践。

（三）中国（新疆）与中亚经济合作的区域路径

区域路径指根据区域内经济主体的经济社会文化差异制定对重点领域、实施项目和地理片区设计以点带面的"点带面"路径，以及在此基础上推进合作的深度和广度，以实现更高层级区域经济一体化合作目标的"以片溢面"路径。具体分析重点区域合作的路径是指从各成员国在一些选定的重点范围内

---

① 陈昕. 大湄公河次区域东西经济走廊发展研究与借鉴 [J]. 管理世界，2012 (12)：179-180.

② 杨国华. 论《跨太平洋伙伴关系协议》(TPP) 与我国多边和区域一体化战略 [J]. 当代法学，2016，30 (1)：32-42.

由功能性合作开始，奠定政治经济基础后，随着合作的深入和提高，逐步发展到建立制度性合作。目前中哈霍尔果斯国际边境合作中心、阿尔泰区域和中、吉、乌三国间的区域经济合作区已初具形态，符合重点区域的合作路径，为后续的中国（新疆）与中亚区域经济合作、重点区域合作模式提供了借鉴和可供参考的经验，同时从管理角度分析，重点区域的合作方式创造了自由贸易区建设的先决条件，是典型的以点带面推动区域经济合作的创新探索。

双边与多边的区域合作也是一个重要的区域合作路径，可以纳入"以片溢面"的范畴，目标是将区域经济合作推向更高层次的区域经济一体化。具体实现的步骤是先从合作基础以及意愿都具备的相邻国家或地区开展自由贸易，从尝试建立单个双边自由贸易区开始，逐渐"以片溢面"策划发展"多个双边"自由贸易区①。

三、新形势下中国（新疆）与中亚区域经济合作新平台

（一）"一带一路"视角下中国（新疆）与中亚区域经济合作

1. "一带一路"的点轴作用

上合组织提出共建经济走廊的计划紧随"一带一路"倡议提出之后。六大走廊从东往西依次有：中国—中南半岛、新亚欧大陆桥、孟中印缅、中蒙俄、中巴、中国—中亚—西亚，也可视为是中国和"一带一路"沿线国家共同规划共建的一个务实的经济带。2015年3月《推动共建丝绸之路经济带和21世纪海上丝绸之路的愿景与行动》即"一带一路"规划方案由国家三部委联合发布，提出了与沿线各国共建"一带一路"倡议的框架思路："丝绸之路经济带重点畅通中国经中亚、俄罗斯至欧洲（波罗的海）；中国经中亚、西亚至波斯湾、地中海；中国至东南亚、南亚、印度洋。21世纪海上丝绸之路重点方向是从中国沿海港口过南海到印度洋，延伸至欧洲；从中国沿海港口过南海到南太平洋。陆上依托国际大通道，以沿线中心城市为支撑，以重点经贸产业为合作平台，共同打造新亚欧大陆桥、中蒙俄、中国—中亚—西亚、中国—中南半岛等国际经济合作走廊；海上以重点港口为节点，共同建设通畅安全高效的运输大通道。中巴、孟中印缅两个经济走廊与推进'一带一路'建设关

---

① 李子先，孙文娟，何伦志. 推动上海合作组织区域经济一体化模式及路径研究［J］. 新疆大学学报（哲学·人文社会科学版），2014，42（5）：87-92.

联紧密，要进一步推动合作，取得更大进展。"通过对《推动共建丝绸之路经济带和 21 世纪海上丝绸之路的愿景与行动》分析，"一带一路"倡议的规划是以点轴理论为基础，归属于增长极理论范畴。前文理论依据的阐述中已经对于增长极的理论内涵进行了概述，而点轴开发理论内容是指增长极作为点需要密切关注，而轴线两侧经济带的发展，以人口产业及其他要素流动聚集为依托呈带状延伸。最终的聚集效应是通过以点带线，以线为轴形成条带状和网络状经济区域发挥出来，进而实现规模经济效应形成市场规模和合作的需求。

就"一带一路"倡议的设计路线而言，每一个沿线城市皆为点，中心城市为增长极，而点和点之间的连接是通过基础设施完成的，以道路、航运、管道、电网、通信网络等为轴。而以产业和人口作为经济活动依托的点和轴相连接就成为经济走廊。多个经济走廊交织在一起形成区域经济网络结构，最后产生聚集效应，带动了区域经济一体化的进程。不论古丝绸之路还是新丝绸之路，均是以经济活动带将一个个节点城市连接起来成为经济带。丝绸之路分为古代和现代丝绸之路。陆上古丝绸之路是一条自中国长安（西安）出发通往西方直达罗马帝国长达 7 000 英里（1 英里 = 1.609 344 千米）长的贸易通道。包括北路、中路和南路三条主要线路，均经过中国甘肃的河西走廊到达甘肃敦煌，从南北两个方向绕过塔克拉玛干沙漠进入中亚，途经西亚，最终到达地中海和波罗的海沿岸的欧洲国家及南下到非洲部分国家①。1990 年 9 月，东起江苏连云港，出新疆阿拉山口直通荷兰鹿特丹的新亚欧大陆桥开始运行，成功构建了亚欧海陆运输最为便捷、最为经济的国际过境集装箱运输陆路通道，被誉为"新丝绸之路"。

第二条新亚欧大陆桥即"丝绸之路经济带"，基本与古丝绸之路重合。横穿中亚、中国、俄罗斯、蒙古国、西亚、东南亚等国家和地区，搭建了东亚经济圈与欧洲发达国家和地区的桥梁，是目前世界上最长、最具发展潜力的经济带②。同时这条经济带将沿线节点城市连接起来，东起连云港，西到荷兰鹿特丹，横穿东西途经陇海铁路沿线的大城市，东起连云港西至新疆伊犁地区的伊宁市，也途径中亚国家的大城市，将中亚国家重要节点城市如阿拉木图、比什凯克、塔什干、杜尚别、苦盏等串联起来。这些节点城市将在基础设施联通，贸易便利化推进后形成有机联系，构成经济网络，发挥产业优势互补作用，建

---

① 郭爱君，毛锦凰. 丝绸之路经济带：优势产业空间差异与产业空间布局战略研究 [J]. 兰州大学学报（社会科学版），2014（1）：40-49.

② 苏华，冯亮. 丝绸之路经济带"点—轴带动"发展模式构想 [J]. 学术探索，2016（9）：86-92.

立完整的经济一体化体系。丝绸之路的点轴作用必然体现在中国（新疆）与中亚区域经济合作的发展前景中。

"丝绸之路经济带"本身涵盖了众多的沿线国家区域经济的增长极节点城市和资源区块，成为一个巨大增长极的发展轴。其由基础设施、经济走廊和"丝绸之路经济带"共同构成不同层级的轴线。以新疆作为核心区，中国—中亚—西亚经济走廊的主要节点城市包括新疆的乌鲁木齐市和喀什市，天山北坡经济带中段中小城市、宁夏和青海首府城市以及中亚五国和伊朗、土耳其等国的重要城市。作为基础设施轴线，沿线地区建设了一批航空枢纽并开通国际航线，如乌鲁木齐市有通往中亚五国、俄罗斯、伊朗、巴基斯坦、土耳其等国的国际航线15条，新疆独特的区位优势已成为大中亚区域的核心航空枢纽。作为轴线的中国—中亚—西亚经济走廊上的重点产业园区，主要有新疆喀什经济开发区、吉尔吉斯斯坦比什凯克自由经济区、哈萨克斯坦阿拉木图信息科技园区、塔吉克斯坦索格特自由经济区、乌兹别克斯坦鹏胜工业园、吉扎克工业特区。作为最大轴线的丝绸之路新亚欧大陆桥东起连云港连接陇海—兰新线，经过新疆阿拉山口在哈萨克斯坦与德鲁日巴站接轨，贯穿亚欧大陆板块中部，总长约10 900千米。它的东端可直接与东亚诸国相连，在我国口岸城市换装可入境中亚，在中亚地区分为北、中、南三线：北线经由塔什干与西伯利亚大铁路接轨，中线主要穿过中欧诸国，南线由土库曼斯坦境内向南进入伊朗，经土耳其还可以南下直通北非①。

第二次中央新疆工作座谈会提出，新疆要以通道建设为依托扩大对内对外开放，加强铁路等基础设施建设，发展现代物流，立足区位优势，建设好"丝绸之路经济带"核心区。这意味着中国（新疆）与中亚区域经济合作已经从20世纪90年代的第一阶段原材料领域的合作，进入到第二阶段以核心区"五通"目标为切入点，转向基础设施打造和经济结构的调整。中国（新疆）与中亚国家均归属于共建"一带一路"倡议的核心区域。在新形势下，"一带一路"倡议已取得沿线国家比较广泛的共识，其点轴作用产生的经济带连接和聚集，对于中国（新疆）和中亚区域经济合作提供了新的视角和机遇，对上合组织和CAREC机制推进中国（新疆）与中亚这一经济带上最中心的区域经济合作与发展是全新的拓展。

---

① 苏华，冯亮. 丝绸之路经济带"点—轴带动"发展模式构想［J］. 学术探索，2016（9）：86-92.

1. "一带一路"倡议对接上合组织与 CAREC 的合作平台拓展

习近平总书记在提出"一带一路"倡议后多次强调，"一带一路"建设不设新的组织，不建新的机制，要充分发挥上合组织等已有机制的功能和作用，推动"一带一路"建设中的务实合作①。《推动共建丝绸之路经济带和 21 世纪海上丝绸之路的愿景与行动》在"关于合作机制"的内容中明确指出要"强化多边合作机制作用，发挥上海合作组织等现有多边合作机制作用"，借助这些机制加强和深化与沿线国家的交流，加强相关国家沟通，让更多国家和地区参与到"一带一路"建设中来②。在已经明确和强化的十大合作机制中，上合组织处于首要突出位置，显示出上合组织在"一带一路"推进中的地位非常重要，同时上合组织成员国在第十五次元首理事会上积极的发声，回应支持中国"丝绸之路经济带"的倡议，表达了共建的态度。

上合组织框架内的八个成员国、四个观察员国、六个对话伙伴国均处于"丝绸之路经济带"沿线，两者存在诸多共同成员国，"一带一路"倡议与上合组织在区域空间内上有超过40%的交集。显现了上合组织作为全球经济治理的区域合作平台与"一带一路"经济带并行，同时借助经济带在沿线国家的共建和合作中还能够得到延伸和拓展。其中，"一带一路"倡议从中国诞生，横贯亚欧非大陆，两端联结东亚经济圈和欧洲经济圈覆盖了上合组织多数成员国，同时上合组织成员国也是"一带一路"倡议践行"五通"的示范区。

因此作为中国"一带一路"建设的"切入点"，上合组织成员国涵盖了中亚和两个重要的新兴经济体以及欧亚大陆面积最大的国家即俄罗斯，其成员国为推动各层面合作所进行的努力，也为"一带一路"建设提供了有利的机制框架、合作体系、法律法规基础和积累下来的丰富经验，极有利于推进"一带一路"倡议提出的孟中缅印经济走廊、中巴经济走廊、中国—中亚—西亚经济走廊和中蒙俄经济走廊等交通基础设施建设③。作为一个几乎涵盖区域内所有成员的合作机制，自然成为衔接中国"一带一路"倡议与普京倡议的俄罗斯"大欧亚伙伴关系"的桥梁，以及借助"丝绸之路经济带"与欧亚经济联盟对接的重要平台。在当前的上合组织发展上，多边经济合作属于目前较为落后的环节。"一带一路"倡议的实施无疑将有力促进上合组织内部各成员国

---

① 张崇钰. 青岛峰会后的上海合作组织 [J]. 淄博师专论丛，2019 (3)：282.

② 推动共建丝绸之路经济带和 21 世纪海上丝绸之路的愿景与行动 [N]. 智富时代，2015-03-01.

③ 张宁. 上合组织自贸区是"丝绸之路经济带"与"大欧亚伙伴关系"的新平台 [J]. 欧亚经济，2016 (5)：61-63，128.

家之间的多边经济合作①。因此，上合组织与"一带一路"建设对接是对合作组织原有平台的拓展，同时"一带一路"建设还能够弥补上合组织经济合作的短板，为上合组织平台带来延伸，借力上合组织能够加快发展，推进中国（新疆）与中亚区域经济合作。

CAREC 一直很重视对外的合作，包括与其他国际组织合作机制的对接，为能够达到最佳的资源配置优势以实现合作的高效率。CAREC 在《乌鲁木齐宣言》中提到"中亚区域经济合作规划支持欧亚经济共同体、上海合作组织以及其他区域组织，并与其一道发挥着越来越重要的作用"②。"一带一路"沿线国家与 CAREC 成员国高度重合，且对于中国（新疆）和中亚位于"一路一带"核心区的建设以及区域经济合作目标高度一致。基于"丝绸之路经济带"核心区的建设需要，目前新疆以乌鲁木齐为集散地连接国内外大中城市和新疆各地、州、市中心城市的丝绸之路空中通道和运输网络建设已经初具规模，因此"一带一路"倡议为 CAREC 机制的运行也拓展了更大的合作空间，带来了政策便利。

CAREC 机制在落实其对中亚区域经济合作行动计划和项目推进的 20 多年间，在促进成员国间经济合作方面表现突出。根据前文所述"CAREC 2030"战略将继续深化区域基础设施的建设，并探讨将合作拓展到其他区域发展的重要领域，例如农业、粮食与水资源安全、通讯、旅游、金融、教育、卫生和环境保护等。CAREC 和上合组织一样，合作将集中于成员国区域内交通能源等基础设施和贸易便利化这几个重要的领域。特别是，《推动共建丝绸之路之经济带和 21 世纪海上丝绸之路的愿景和行动》提出了"一带一路"倡议的贸易便利化实施方案，主要有：推动世界贸易组织《贸易便利化协定》生效和实施；降低非关税壁垒，共同提高技术性贸易措施透明度；加强海关合作，提升通关能力和通关效率。鉴于 CAREC 机制在多年的项目管理中已经积累了成熟的运营经验，在推进各成员国实施贸易便利化方面也取得了实质性的进展和成效，在共同推进"一带一路"倡议实施过程中，不可忽视 CAREC 机制创造的良好的中亚区域贸易便利化合作优势与平台基础。

"一带一路"倡议的提出对于 CAREC 机制所覆盖的区域，尤其是中亚五国区域内的基础设施、投资、贸易和能源合作均提供了更好的合作机遇和双赢的有利平台。尤其是在亚行资金有限的前提下，中国发起的、"一带一路"沿

① 杨恕，王术森. 丝绸之路经济带：战略构想及其挑战 [J]. 兰州大学学报（社会科学版），2014（1）：23.

② 陈维. 论"中亚区域经济合作计划"的地位与作用 [J]. 西部学刊，2014（6）：28-32，47.

线国家参与建立的亚投行的成立使得中亚区域经济合作能够得到更广阔的融资，为 CAREC 机制拓展了更好的推进合作的平台。

（二）亚投行平台下中国（新疆）与中亚国家区域经济合作新秩序

1. 亚投行的建立以及意义

2014 年 10 月 24 日，由中国发起，21 个国家的财政部长和授权代表在北京签约，共同决定成立亚洲基础设施投资银行。随后，英国等老牌金融强国也陆续宣布加入。6 月 29 日，《亚洲基础设施投资银行协定》（以下简称《协定》）签署仪式在北京举行，50 个国家正式签署《协定》。亚投行致力于投资准商业性质的基础设施，将为"一带一路"倡议提供直接的金融支撑，以金融为抓手建立经济合作平台，满足各国获取更多外部资源的需求。

亚洲地区是目前世界上最具经济发展潜力和活力的地区，约占全世界 60% 的人口。由于建设资金约束制约了该区域的发展，尤其是基础设施不能满足多方需求。根据亚行估算，要想维持各国目前的经济发展水平，至少需要 8 万亿美元的内部基础设施投资资金，68% 用于新增投资，32% 用于维修，而每年该项支出约 8 000 亿美元。世界银行、亚行等国际多边机构都不能提供如此庞大的资金，因世界银行的总资金约为 2 230 亿美元，亚行为 1 600 亿美元，两家银行每年大概只能给亚洲国家提供 200 亿美元的资金①，距离实际资金需要相距甚远。事实上欧亚大陆并不会缺少资本，真正缺少的是如何能够利用好充裕资金的思路，缺少的是一个专门为基础设施投资构筑的融资平台和运营良好、理念先进的融资机制。亚投行的诞生意欲将与多个国际性组织以及亚行合作，实现利益与风险共担，长远看推进"一带一路"沿线国家的交流合作，基础设施先行是具有重大意义的战略谋划。

"一带一路"倡议实施的先决条件是能够最大限度实现基础设施网络的互联互通。由于"一带一路"沿线大多属于发展中国家和地区，具有较大经济发展潜力。随着工业化和城镇化进程加速，未来沿线国家基础设施投资需求旺盛。英、法、德、意等西方发达国家加入亚投行不仅为其他沿线成员国带来发展机遇，也必然会为亚投行本身的经营带来经济效益。美国主导的世界银行、国际货币基金组织和世界贸易组织为世界经济定下了游戏规则，决定了美国在世界经济秩序尤其是世界金融秩序当中的绝对话语权。日本在美国的支持下成

---

① 2015 博鳌论坛观点. 构建亚投行金融平台，助力"一带一路"[N]. 环球市场信息导报，2015-03-25.

立了亚行，并开展以 CAREC 为主要项目计划的次区域经济合作，也具备了一定的主动权。因此，由中国主导、控股，先成立一个区域性的亚行，为破解中国经济发展困局找到突破口，同时也能够抗衡美国对中国经济发展的遏制，是一种高瞻远瞩的智慧选择。

2. 亚投行建立的合作新秩序

中国倡导建设的"丝绸之路经济带"，得到了中亚国家的积极响应，近年来在上合组织与 CAREC 机制双效推进下，基础设施及通商口岸建设联通已经初具规模，中国（新疆）与中亚区域经济合作加快了步伐。基于新疆良好的地缘优势和文化融合优势，亚投行的建立为中国与中亚国家未来合作开辟了更广阔的空间，与其他合作组织以及亚行相比有着自身的秩序规则。

（1）亚投行定位为基础设施投资银行，有着鲜明的区域性、开放性、专业性和准商业运作特点，资金实力雄厚且投向目标集中，拥有资金使用建议话语权。与亚洲商业银行谨慎的贷款政策不同，亚投行有着更为灵活的审批程序与贷款条件。对于中亚国家来说，基础设施建设落后是其经济发展的瓶颈。基础设施因具有一定准公共产品的特点，且在国际合作范围内还受到该行业投资成本收益特点和当地政策的制约，投资人的风险规避意识很强。亚投行的成立对于中亚国家来说是正逢其时，中国可以在亚投行平台下，从双边或多边入手，建立新的合作路径，通过金融支持积极推动与中亚国家在基础设施建设方面的合作，最终形成互联互通的大通道，为更广泛的经济合作开辟道路。

（2）面向中亚地区的合作组织众多，需要厘清协调彼此的关系。中国主导的上合组织、亚行主导的 CAREC 机制（中亚区域经济合作机制）、俄罗斯主导的欧亚经济联盟、美国提出的"新丝绸之路计划"等。其中俄罗斯主导的欧亚经济联盟在该地区的影响力最大，且俄对中国与中亚国家不断密切的经贸联系持怀疑态度，而中国倡导的"丝绸之路经济带"在地理空间上又与之重叠，处理好中俄关系消除俄罗斯的怀疑态度是不可忽视的外交策略。但中亚国家经济发展水平较低，没有足够的能力进行基础设施建设，亚行、世界银行等多边机构贷款能力也十分有限，在此背景下，亚投行的建立无疑给各国带来了基础设施建设方面的资金支持与帮助。

（3）亚投行对中亚的积极影响。从东西两端横看整个"丝绸之路经济带"，它具有明显的中亚特征："一头连着繁荣的亚太经济圈，另一头系着发达的欧洲经济圈，但是在中国—中亚地区之间形成了一个经济凹陷带。"[1] 中

---

① 苏小莉. 贸易便利化与对外直接投资的出口效应 [D]. 北京：对外经济贸易大学. 2018.

亚地区经济发展水平整体落后，成为"丝绸之路经济带"建设的难点和需要打通的关键环节，只有中亚国家的经济发展起来，这条通往欧洲发达经济圈的道路才能畅通。作为中国向西开放的必经区域和重要的东联西出不能跨越的经济合作伙伴①，中国都需要同中亚国家开展经济合作，同时，中亚国家要实现自身的发展战略也需要中国的支撑。中亚国家属于内陆国家，缺少直接出海口成为各国谋求经济发展的最大障碍，且由于历史原因，不可能隔断与俄罗斯的各种千丝万缕的联系和影响。为了开拓新的局面，中亚国家必然要寻求出海口、发展同除了俄罗斯之外的更多国际经济关系。因此依托亚投行构建新的合作秩序，顺势而为也是中亚国家必然的选择。

（4）亚投行与现有合作机制。目前涉及中国与中亚区域经济合作的区域合作机制主要有 CAREC 和上合组织，它们之间既相互竞争又相互合作，但由于现有机制内外因素的制约，导致其制定的政策得不到很好的执行或执行效果不佳。这些合作机制既给亚投行带来了很大的压力，又为其提供了良好的发展机遇。只要亚投行能够取长补短，找好合作的突破口，就一定能在竞争中取胜。事实证明，它们的确在不同程度上起到了整合区域经济资源以及促进当地经济发展的作用。因此，吸收借鉴各机制的经验教训并研究其对亚投行的影响，对于亚投行地位的稳固具有重要意义。

亚投行与亚行有明显不同的侧重点。亚行以努力协助亚太地区发展中国家摆脱贫困困扰为己任，而亚投行则将重心放到基础设施的建设上，虽说两者在基础设施建设领域有可能产生重叠和交叉，但在资金和业务分工方面完全可以进行互补以及分工和合作。两个国际性金融机构的比较如表 7-3 所示。

表 7-3　亚行与亚投行对比

银行名称	亚行	亚投行
创立日期	1963 年 12 月	2015 年 12 月
核定股本	1 600 亿美元	1 000 亿美元
成员	67 个	80 个
总部所在	马尼拉	北京
最大出资国	日本、美国（均为 16.5%）	中国 50%

① 王海运，等. "丝绸之路经济带"构想的背景、潜在挑战和未来走势 [J]. 欧亚经济. 2014（4）：5-58，126.

表7-3(续)

银行名称	亚行	亚投行
中国投票权	日本持股 6.429%，拥有 5.442% 的投票权	50%
目标定位	致力于亚太地区成员消除贫困，促进经济一体化发展	促进亚洲地区互联互通建设和经济一体化

资料来源：根据亚行、亚投行官网的资料整理。

从亚投行未来将发挥的作用来看，亚投行是一个更具活力和发展潜力的组织，推动和支持基础设施互联互通建设不仅仅只是推进经济合作进程，更为重要的是找到了一个启动亚太地区经济增长的关键支点，其深远意义已经超越亚洲和基础设施本身。目前由美国主导的金融秩序存在缺陷，它们急需一种新的秩序，来推动经济的发展。亚投行完全可以利用现有机制的资源，构建一个新的合作秩序，以实现更大的发展。亚投行从发起倡议就受到全世界的瞩目和欢迎，57 个意向创始成员的数目也远远超出了亚行和世界银行当年分别的 31 个和 28 个。作为政府间性质的亚洲区域多边开发机构，其秉持"精干、廉洁、绿色"（lean，clean，green）的理念，是对现行国际合作以及经济秩序的有益补充。

3. 亚投行平台下中国与中亚国家合作博弈分析[①]

作为国际金融机制里的一匹黑马，亚投行的创建必然会对国际关系、国际格局产生重大影响，从而引发国际关系新的利益博弈。国家利益是一个国家制定外交战略和方针时所考虑的核心因素，也是决定一个国家行为的最基本的因素。中亚作为中国的邻居，无论是从地理位置、自然资源还是从文化来说，对中国有着十分重要的战略意义，但只要是合作均存在利益的博弈。

（1）中国与中亚区域利益博弈模型

讨价还价模型是在 20 世纪 50 年代博弈论诞生和发展起来之后才受到重视的。中国与中亚国家间在利益上是既有冲突又有合作的，中国与中亚国家利益博弈符合讨价还价这一博弈模型的本质。

假设中国与中亚国家参与者均为理性人，两者分别作为买方和卖方，记为 C、K，其中 C 可以接受的价格区间为 $[C_1, C_2]$，K 可以接受的价格区间为 $[K_1, K_2]$，且 $C_1 < K_1 < C_2 < K_2$。其中，$[K_1, C_2]$ 为谈判区间，倘若一方出价不

---

① 高志刚，江丽，中国与哈萨克斯坦油气资源领域合作的博弈分析 [J]. 国际经贸探索，2014（4）：89-93.

在这一区间，另一方又不肯妥协，那么双方则无法进行经济合作。假设 P 为最终均衡解（P ∈ [K₁, C₂]），C_2-P 为中国剩余，$P-K_1$ 为中亚国家剩余，中方希望 P 值越小越好，而中亚国家则希望 P 值越大越好，如图 7-2 所示。

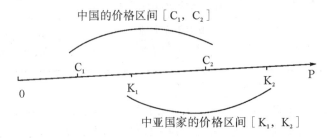

图 7-2　中国与中亚国家的价格区间

讨价还价博弈是一个复杂的重复博弈，本书假设只讨论三阶段的讨价还情况。

第一，假设中国与中亚国家要分割的总收益为 1，但分割的比例尚未确定。在完全信息和实力对等的情况下，三阶段讨价还价博弈模型分析如下：第一阶段，如果中亚国家报价 P_1，且中国能够接受，那么谈判结束，中亚国家所获收益为 M，中方所获收益份额为 1M。倘若中方不接受中亚国家的报价，则谈判进入第二个阶段，中国报价 P_2，若中亚国家接受报价，则谈判结束，中方获得的收益份额为 aM，中亚国家的收益为 1-aM。如果中亚国家不接受中方的报价，则谈判进入第三阶段，中亚国家报价 P_3，中方接受，则收益分别为 1-a（1-aM），a（1-aM），因为本书只讨论三阶段模型，故此时谈判结束。由 Rubinstein 定理得，子博弈精炼纳什均衡解为 M * =1（／1+a），具体讨价还价过程见图 7-3。

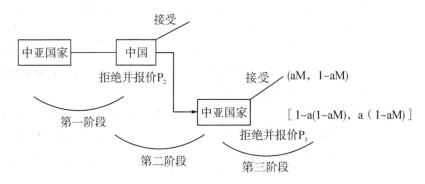

图 7-3　完全信息三阶段中国与中亚国家讨价还价过程

第二，中国与中亚国家在经济合作领域对对方的情况是不完全了解的，即在信息不对称的情况下，分析中国与中亚国家经济合作的讨价还价情况。信息不对称表现在对谈判区间 $[K_1, C_2]$ 如何确定上，且双方的贴现因子分别为 ac、ak，并且两者未必相等。假设每次对方还价均服从均匀分布，且掌握信息多的一方也知道对方的还价服从均匀分布。假设中国与中亚国家存在某种共识，令 $C_1=K_1$。由于两国都参与过国家间的区域经济合作，其中中国作为买方，相对比较了解交易情况，但对于 C_2 并不确定，中方清楚自己的保留价格，但是中亚国家不知道。假设中亚国家认为中国的保留价格为 C_{21}，则有如下讨论：令 $Y_1 = C_{21}-K_1$，$Y=C_2-K_1$，原谈判区间 $[K_1, C_2]$ 对于中亚国家的映射变为 $[0, Y_1]$，对于中国的映射边为 $[0, Y]$：

①当 $Y \geq Y_1$，用逆推法得在第三阶段，中亚国家报价为 P_3，同时由于报价服从均匀分布，且中国与中亚国家又都是风险中性的，故中亚国家的期望收益为：E（中亚国家）$= Max [b*P_3+0*(1-b)]$，其中，b 为中亚国家估计中国接受还价的概率，$b=(Y_1-P_3)/Y_1$，进而解得：$P_3 = Y_{1/2}$，则中国的收益为 $Y- Y_{1/2}$。逆推到第二阶段，中国与中亚国家的收益贴现分别为 $a(c_1-Y_{1/2})$，$ak(Y_{1/2})$。在这一阶段，中方知道 $Y \geq Y_1$，但中亚国家不知道。倘若中国按照计算在第二阶段给出价格 $ak(Y_{1/2})$，则中亚国家肯定不会同意，于是中方会给出一个让对方相信的价格 $P*$，使得 $P* =(ak-ac)* Y_{1/2}(1-ac)$，这个价格带有欺骗性质，对于中亚国家来说这是一个可信欺骗，则双方在谈判区间 $[0, Y_1]$ 之间进行完全信息的讨价还价的原始分蛋糕模型，但始终中方能占到便宜。倘若中亚国家仍不知道 $Y \geq Y_1$，但中亚国家对中方的出价策略比较清楚，则中亚国家不会相信中方的报价，两者会一直讨价还价，直到 $Y=Y_1$。

②当 $Y<Y_1$，同上述（1）相同，中亚国家不知道 $Y<Y_1$，中亚国家的收益仍为 $Y_{1/2}$，中国的收益仍为 $Y- Y_{1/2}$。此时，Y 必须大于 $Y_{1/2}$，否则谈判破裂。在第二个阶段，中国出价，中国仍然相信会给出一个让中亚国家相信的价格 $P*$，且使得 $P* =(ak-ac)* Y_{1/2}(1-ac)$，但此处，$Y \leq Y_{1/2}$，且之前中方的保留价格大于 $Y_{1/2}$，故中国的保留价要由中亚国家先确定自己能获得最大收益 $Y_{1/2}$，则中国的最大收益为 $(1-ak)Y_{1/2}$。在第一阶段，将第二阶段的值贴现得到中国的收益为 $(1-ak)Y_{1/2}$，中亚国家的收益为 $Y_1[1-(ac-ak\ ac/2)]$，如表 7-4 所示。

表 7-4　当 $Y<Y_1$ 时，中国与中亚国家的收益

阶段	第一阶段	第二阶段	第三阶段
中国与 中亚国家	ac（$1-ak$）$Y_{1/2}$ Y_1〔$1-$（$ac-ak\ ac/2$）〕	（$1-ak$）$Y_{1/2}$　$ak\ Y_{1/2}$	$Y-Y_{1/2}$ $Y_{1/2}$

第三，考虑到双方力量的因素，这不同于一般讨价还价模型的方面。力量（S）包括两个方面：一方面是指实力，即在讨价还价过程中双方的地位、承担风险的能力及心理压力等因素；另一方面是指实力和力量的感觉，即展现力量的方式。

力量一方面是通过贴现因子来表示的，另一方面是通过谈判破裂点来表示的。其中，在贴现因子方面，力量（S）与贴现因子（a）呈现正相关关系，即一方的力量越强，在谈判过程中，该方的风险承担能力及心理承受压力相对于另一方具有明显的优势，在其他情况一致时，力量（S）越大，其在谈判过程中为争取自身最大利益更能保持一个长时间的谈判，那么任何长时间的谈判利益在他看来贴现到首期都是很高的。不失一般性，设 $a=1-1$（$/S+1$），其中力量（S）区间为〔0，$+\infty$〕，贴现因子 a 的区间为〔0，1〕。根据上述 2 的分析，对中国和中亚国家在第一阶段出价分别对 SK、CK 求偏导，有以下结果：

$$\partial\partial SKK1 = Y21 * ac * (S+11) 2 >0,$$
$$\partial\partial KSc1 = (a2k-1) * (SY+11) 2 <0 \tag{7-1}$$

$$\partial\partial S^c K1 = -\frac{Y_1}{2} * a_c * \frac{1}{(S+1)^2}<0, \quad \frac{\partial C_1}{\partial S_c}=\frac{1}{(S+1)^2}(1-a_k) * \frac{Y_1}{2}>0 \tag{7-2}$$

函数式（7-1）、（7-2）表明一方的报价与自身的力量成正比，与对方的力量成反比，假设得到正确检验。

任何谈判都有破裂的可能，在谈判破裂的情况下，双方也有可能获得收益，一般用（d_1，d_2）表示。在双方力量均等的情况下，假设谈判破裂为（0，0），不加以考虑；但双方力量不对等的情况下，谈判破裂点不同，实力强的一方 d 值较大，力量越强，则谈判越容易获得更大的分配比例。

从以上分析可以得出：①在中国与中亚国家的经济合作过程中，无论双方采取什么样的策略，还是获得多少比例，都与总收益成正相关关系。在中国与中亚国家的经济合作过程中，要通过合作产生更多的合作剩余，进而来提高双方的经济收益。中国一方面应积极挖掘与中亚国家的合作优势，进一步提高自身的经济利益；另一方面要高度关注中亚国家的利益，在不损害中亚国家利益的前提下提高经济合作收益。②在信息不对称的情况下，中国与中亚国家在经

济和合作过程中有各自的优势：卖方优势与可信欺骗，中国要通过多种渠道，及时掌握真实的信息，提高贴现因子，对于卖方的优势要尽可能减少其发挥作用，充分发挥自身优势，获得更高的经济利益分配比例。③一个国家力量的大小直接决定其是否在与他国合作过程中获得收益，力量与收益反向变动。中国应不断增强自身力量，通过多种渠道与方式提高中亚国家的合作意愿，减少不合作动机，进而提高谈判破裂点，以获得更多的经济利益。

（2）中国与中亚国家利益博弈展望

中国对亚投行持合作的态度。亚投行是由中国倡议主导成立的，中国对亚投行的未来和即将发挥的作用寄予厚望，在某种程度上中国成立亚投行是由美日联手激发出来的，是为了改变目前世界银行、国际货币组织和亚行由美日一手操纵，国际金融话语权和地位不平衡这一现状。亚投行的创建是世界各个国家和地区共谋发展的愿望、决心和行动的一种表达。同时它也是一种创新机制，有利于改善全球金融治理，是一件很有意义的事情。在政治上，亚投行的建立向世人展示了中国良好的国际形象，为实现伟大、富强的中国梦和中国的和平崛起创造了有利的外部条件。借助亚投行这个有利的平台，中国进一步增强与其他国家的政治互信，从而为我国的和平崛起创造有利的外部环境。经济上更是要实现多重目标。另外，亚投行的建立，将加快人民币国际结算的进程，为中国在国际金融中赢得更大的话语权。作为世界第二大经济体，中国在世界经济中的地位与权力并不相符，一直受制于由美国等国家制定的金融规则中，亚投行的建立将打破这一不平衡。由于一些国家对于中国的发展还存有疑虑和不信任，亚投行未来肯定会面临很多挑战。但总体上，中国作为亚投行的主导国，将坚持开放包容的原则，与各方一道共同努力，将亚投行打造成一个实现各方互利共赢和专业高效的基础投融资平台，为亚洲区域基础设施建设和经济发展做出贡献。

中亚国家对亚投行持合作的态度。中亚五国中四个国家出现在亚投行创始成员国名单中，只有土库曼斯坦尚未加入亚投行。由于独特的地缘政治价值，丰富的战略资源，大国争相关注和介入这一区域。中亚国家自然也以国家利益为出发点实行现实主义的多边务实外交战略，采取借力打力的策略，实现自身利益最大化，又使得大国之间相互制衡。中亚地区基础设施严重不足，这极大限制了中亚地区的经济发展，亚投行的成立将有利于弥补这一不足，并完善中亚基础设施建设，将丰富的自然资源转化成经济资源。出于对本国国家利益最大化的考虑，除土库曼斯坦外其他中亚国家均先后加入了亚投行，成为创始成员国。土库曼斯坦作为永久中立国，并且出于中国和俄罗斯战略选择的考量，为了避免惹到麻烦才没有加入亚投行（俄罗斯担心中国用经济绑架中亚，一开始对加入亚投行并不积极，只是最后怕陷入尴尬境地才加入），也不排除土库曼斯坦看到亚投行为成员国提供真正实惠的时候再加入的可能。

四、中国（新疆）与中亚区域经济合作协同机制构想

目前学术界的研究中，涉及国际组织、国际合作机制或者平台与"一带一路"倡议对接的研究相对越来越多，但是对于国际合作机制的协同问题研究较少。目前研究只有少数的成果，或者偶有提及，还没有比较深入系统的研究。此处尝试进行协同机制的构想是出于理论层面的探索，还需随时间推移进行全面深入的论证。

（一）对于协同机制的理论思考

协同是"协调合作"的意思。管理学领域有关协同的理论概念最早由 H. 伊戈尔·安索夫（H. Igor Ansoff）提出，他认为协同是公司战略的要素之一，其经济学意义为 1+1>2 的内涵。作为一门独立的学科——协同学，则是由德国著名物理学家赫尔曼·哈肯（Hermenn Haken）创立。哈肯把"协同"定义为：系统的各部分之间相互协作，使整个系统形成微观个体层次所不存在的新质的结构和特征[①]，即两个或者两个以上不同资源或者个体实现共同目标的过程或能力。协同形成拉动效应，即协同效应，使事物双方或多方获益、整体加强，推动事物共同前进、共同发展[②]。"协同效应"适用于中亚区域范围内各种合作机制与"一带一路"倡议的相互协同，构建协同机制，等同于"协同管理"，即把系统中所涉及的各种资源和各个子系统进行时间、空间和功能结构的重组，产生具有"竞争—合作—协调"的能力，产生的效率效能超过各子系统之和。各个子系统都要为赢得组织整体目标而努力，这种协同合作的作用将超越每个子系统自身的独立作用，在协同发展过程中发生质的飞跃，形成拉动效应，从而促使合作系统整体效应的最大提升[③]。

---

① 哈肯. 协同学：大自然构成的奥秘 [M]. 凌复华，译. 上海：译文出版社，2005.

② 陈英，杜彬恒. 研究生思想政治教育协同管理模式构建与优化：基于协同理论 [J]. 西南农业大学学报（社会科学版），2013，11（3）：124-126.

③ 陈英，杜彬恒. 研究生思想政治教育协同管理模式构建与优化：基于协同理论 [J]. 西南农业大学学报（社会科学版），2013，11（3）：124-126.

对应协同理论，中国（新疆）与中亚区域经济合作由该区域经济合作主体系统，即以中国（新疆）与中亚五国为核心，与合作支持系统上合组织、CAREC以及"一带一路"倡议相互作用构成，并以上合银联体、亚行、亚投行以及丝路基金等金融网络支撑。中国（新疆）、中亚国家与"一带一路"倡议、上合组织、CAREC实现协同发展的过程，协同作用的发挥应使整个区域经济合作系统整体效应远大于某一个合作机制的作用。

（二）上合组织、CAREC与"一带一路"的协同机制构想

本框架构想受到一些研究启发，国内学者马莉莉（2017）提出的"加强与'一带一路'沿线国家和国际组织的对接，促进协同发展"[①]，韩璐（2019）提出上合组织与"一带一路"协同的相关问题思考[②]对于本协同构想的建立起到一定启示作用。"一带一路"倡议是基于面向全球融合了开放、包容理念的国际性的合作系统蓝图，不是一个封闭松散的地理描述。以"一带一路"倡议作为主系统构建一个国际区域经济合作的协同机制是一个长期的动态过程，不仅需要"一带一路"沿线国家认可和积极参与合作，还需要诸如中亚区域等次区域系统内核心主体的协调合作，叠加上合组织以及CAREC等成熟国际合作机制的协同配合，产生1+1>2的协同能量。只有通过不断的协同机制创新，才能使这项波及重点区域和全球的深度融合机制具备持续性活力。

构想框架如图7-4所示。

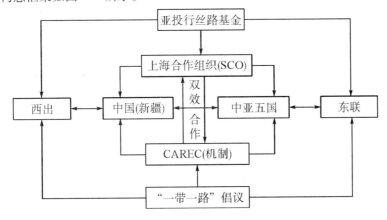

图7-4 中国（新疆）与中亚区域经济合作协同机制框架

---

① 马莉莉."一带一路"建设中发挥上海合作组织平台的作用［J］. 海外投资与出口信贷，2017（2）：42-45.

② 韩璐. 上海合作组织与"一带一路"的协同发展［J］. 大陆桥视野，2019（4）：60-65.

从图 7-4 中可看到,中亚和中国(新疆)段是"丝绸之路经济带"的核心区,作为东联西出的桥梁和纽带,连接了中国东部内陆沿海与西亚欧洲,东西两个区域可以称之为"丝绸之路经济带"的两翼。核心区与两翼联通互动,构成"一带一路"倡议的主轴。"一带一路"倡议本着合作共赢,构建利益、责任、命运的原则和理念,完成"五通"的目标,最终实现文化文明的交融。这一宏大工程必然需要一个协同创新机制才能胜任,"通过以点带面,从线到片;轴心主导,由近及远;先易后难,逐步深入的实现步骤"①。亚投行作为协同机制的金融平台支撑基础设施联通目标,是整个协同机制的支撑力量和实现"五通"的基础资源,和"一带一路"协同框架互为主系统框架。因此亚投行支撑下沿线各国经济体均能够接纳进入此框架中已经构成了协同机制的主体单元,目前沿线有 70 多个国家表明要参与到"一带一路"共建之中,认同它是提升区域经济发展的必由之路。

中国(新疆)与中亚区域经济发展水平整体比较落后,目前已是东西两端亚太经济圈和欧洲经济圈中间的凹陷地段,因此成为"丝绸之路经济带"建设的难点区段和需要互联互通的关键环节,只有中亚国家的经济发展起来,这条通往亚太和欧洲发达经济圈的道路才能畅通。从点轴的角度看待,中国(新疆)与中亚区域是协同机制主轴上的中段,分布在主轴两侧的地区和国家若干个点构成了一个次区域经济合作组合,该区域因为特殊的地缘政治意义和能源资源战略价值成为焦点区域,上合组织及 CAREC 等国际组织长期关注和参与该区域的建设与发展。上合组织以及建设中的上合银联体,CAREC 以及亚行构成了中国(新疆)与中亚五国的经济合作框架,因基础设施建设、能源合作、金融合作以及地区安全需要和所属成员国观察员国等均存在交集和目标重叠,我们称之为中亚区域经济合作的双效机制,二者之间本身是可以合作共建共赢的,存在协同创新的可行性。"尽管上合组织和 CAREC 在合作领域上有较高的重叠性,但目前二者的连接环节还非常薄弱。CAREC 具有较为完善的区域合作机制,在'丝绸之路经济带'建设中,具有不可替代的重要性和特殊性。应充分重视 CAREC 机制,促进上合组织和 CAREC 在区域交通基础设施建设、区域贸易投资便利化、区域标准一致化等重点领域的合作。"②

而上合组织与"一带一路"倡议本身存在协同互动的关系。"一带一路"

---

① 余晓钟,高庆欣."一带一路"战略实施过程中的协同创新研究 [J]. 科学管理研究,2016, 34 (3):16-19.

② 胡颖."一带一路"倡议下中亚区域经贸合作机制比较与对接研究 [J]. 北京工商大学学报(社会科学版),2016 (5):27.

倡议与上合组织对中国而言都具有近似的合作理念和目标取向，前者促进经济繁荣强化稳定的局面，上合组织通过成员间直接的安全合作维护了欧亚地区的安全与稳定。经济方面两者完全利益一致，目标重合，在区域经济合作领域能够达到高度的契合协同关系。外交上上合组织和"一带一路"倡议均会对中国的国际影响力产生积极推动作用，预示着中国对世界安全和经济事务的高度参与和负责担当的立场①。金融合作是推动区域经济一体化的重要后盾。从多年发展来看，上合银联体并未真正发挥对项目融资的作用，而如果协同机制构建完善，亚行与亚投行可以互相弥补不足，通过中亚区域经济合作协同机制借助融资合力。

根据前述关于亚投行与亚行的比较分析，基于地域范围的交集和共同作用于中亚区域的主要的金融机构，亚行实际已经将 CAREC 与"一带一路"倡议对接，纳入共同的协同系统，与上合组织共同完成中国（新疆）与中亚区域合作的协同子系统。

（三）中亚区域经济合作协同机制构建的基础与对策思考

根据协同理论，如果对区域经济合作系统中所涉及的各个子系统比如上合组织等合作组织、各金融机构的资本力量和政策供给等有效资源进行符合协同作用的系统科学统筹，构建系统的协调机制，自由且有效地配置与利用，产生具有"竞争—合作—协调"的能力，则实现合作共赢的目标是能够预期的，中国（新疆）与中亚区域经济合作协同机制目前已经具备了相关基础。

第一，2018 年 6 月上合组织青岛峰会提出的"青岛宣言"，总结了大部分成员国强调对"一带一路"倡议的支持，并肯定各方为实施该倡议开展的各项对接合作行动。2015 年 5 月，中俄签署了《关于丝绸之路经济带建设和欧亚经济联盟建设对接合作的联合声明》、2016 年 9 月，中哈签署了《丝绸之路经济带建设与"光明之路"新经济政策对接合作规划》、2015 年 6 月，乌兹别克斯坦与中国签署了《关于在落实建设"丝绸之路经济带"倡议框架下扩大互利经贸合作的议定书》、2017 年，乌兹别克斯坦颁布了《乌兹别克斯坦五个优先发展方向：2017—2021 年行动战略》，主要内容和规划方向与"一带一路"倡议高度契合、与《塔吉克斯坦共和国至 2030 年国家发展战略》对接融合，也有了文本的规划和进展。中巴经济走廊作为"一带一路"标志性的建

---

① 王树春，刘思恩. "一带一路"建设与上海合作组织合作路径探析 [J]. 俄罗斯东欧中亚研究，2018（5）：106.

设方案从 2013 年开始启动至今，在港口、运输、产能几大领域的合作都完成了突破性进展。上合组织成员国与"一带一路"倡议的积极对接和实践行动是对本国经济和区域合作的双重助推，产生了协同的新动能①。

第二，上合组织青岛峰会显现出"一带一路"倡议与上合组织在地区辐射范围上的重叠为二者的协同机制建设提供了现实基础，在战略举措和项目的落实方面均具备一定协同的条件。同时，"一带一路"倡议与上合组织和CAREC 在机制上存在协调对接的可行性。"一带一路"倡议并不是实体机构或运作机制，是以开放包容理念和经济合作作为共建的依据，必然是要利用和依托已有区域经济合作组织及平台或者成熟的双边、多边合作机制，完成对现有合作机制的继承发扬与优化升级，整合各组织各机制的制度力量。因此，倡议的推进势必与上合组织、CAREC 以及欧亚经济联盟等既有合作组织机制发生交融合力，相向而行，会通过协同创新将各个合作机制子系统慢慢形成合力，增添新的内涵，注入新的动能②。

第三，从全球治理与项目实施的角度看，"一带一路"倡议与上合组织和CAREC 合作平台均能够产生协同机制的合力。上合组织是中国发起的最成熟的区域合作组织，作为全球经济治理机制，在与倡议理念一致的前提下两者相互促进，相互支持。作为区域合作的重要推手金融合作而言，CAREC 机制所依托的亚行明确表示，亚行未来会加强对中亚各国的资金支持，并鼓励各国企业，包括有实力的中国企业参与项目投标并支持中亚各国推进政策改革，改进政府治理与项目执行能力，改善投资与商业环境，开展政府与社会资本（PPP）合作项目。此外，亚行也积极与世界银行、亚投行等国际机构和其他相关双边金融机构开展联合融资③。这是 CAREC 机制积极支持中国（新疆）与中亚国家拓展合作业务的具体行动信号，显现出金融机构作为载体的合作机制协同推进，产生合力的积极因素。

目前为数不多但观点明确的研究和已经进行的区域经济合作对接，不论是务虚还是务实，在中国（新疆）与中亚区域经济合作领域均已经预示了上合组织和 CAREC 机制由"一带一路"倡议和亚投行搭建了一个协同机制框架，在理念、目标和务实合作层面有诸多交集，逐渐产生向心力和资源聚合倾向。

---

① 韩璐. 上海合作组织与"一带一路"的协同发展 [J]. 大陆桥视野, 2019 (4)：60-65.
② 陈玉荣, 汤中超. 经济全球化背景下的"丝绸之路经济带"国际学术研讨会综述 [J]. 国际问题研究, 2014 (1)：126-132.
③ 王世钰. "一带一路"倡议对接 CAREC 中企面临诸多机遇：专访亚洲开发银行副行长张文才 [J]. 中国对外贸易, 2017 (7)：2.

但在实践过程中我们也应该看到，此协同机制构建存在很多困难，需要有针对性地提出对策建议。

第一，上合组织作为中国参与的最为成熟的国际合作平台，在与"一带一路"倡议协同的中亚区域经济合作方面担负着不可或缺的职能。但急需进一步优化完善上合组织机制，解决其安全合作推进顺利而经济合作相对滞后的问题。上合组织一直以来将维护区域安全、打击恐怖主义、等作为重心，在安全事务的合作机制上得到各成员国广泛认同，有着比较坚实的法律基础，但上合组织是区域性国家安全组织，而非特定的经济组织。目前的发展距离《上海合作组织成员国多边经贸合作纲要》设定的2020年实现"货物、资本、服务和技术自由流动"目标还有较长的距离。主要原因是上合组织仍然缺乏必要的经济职能，常设经济委员会不健全，合作项目采用一票否决制，分歧导致上合组织框架内经济合作项目的落实和推进阻力很大。因此上合组织的经济合作机制与职能的建立完善是与"一带一路"倡议建立协同机制的必要条件①。

第二，需要充分重视CAREC机制的优势和融资功能，解决好上合组织和CAREC的连接问题。上合组织和CAREC之间的协调与合作虽然主体不同，运作模式和理念不同，但是中国作为上合组织主导者和"一带一路"倡议者与日本主导的CAREC同为亚洲综合实力大国主要面向中亚区域内的合作组织，是具有共同利益和希望亚太区域经济繁荣摆脱贫困的共同愿望，应本着自愿原则，求同存异，探讨和共商上合组织与CAREC的信息共享和协调机制。尽管上合组织和CAREC在面向中亚的合作区域上交叠了，但双效机制之间的连接环节属于协同机制构建的塌陷薄弱部分，至今还处于研究探索阶段，具体如何搭建联结，将上合组织和CAREC更好地协同共建，涉及两个主体国家自身的意愿和积极的磋商。

CAREC具有较为完善的区域合作机制，应该看到其一直以来在中亚区域产生的影响力，中亚国家对日本的信赖度均不能忽视。要顺利推进"一带一路"建设，推进中国（新疆）与中亚区域经济合作，CAREC机制的协同作用是不可替代的，但上合组织经济合作机制尚有缺失，融资能力较弱，满足不了各成员国旺盛的投资需求，成为与CAREC机制和"一带一路"建设协同发展的一个短板②，因此应充分重视CAREC机制和亚行的金融资源，借力亚投行的平台，在共同的合作领域比如基础设施、贸易投资便利化和区域标准化等关

---

① 卢山冰，易茗，平菲. 上海合作组织有效助力"一带一路"倡议的思考 [J]. 2018 (2)：3-4.

② 韩璐. 上海合作组织与"一带一路"的协同发展 [J]. 国际问题研究. 2019 (2)：31.

注方向，为上合组织和 CAREC 两个合作机制的协同合作搭建桥梁，取得相应的金融支持弥补上合组织融资短板。

第三，以中国（新疆）与中亚区域经济合作贸易便利化的推进为切入点，以点带面，先构建与中亚区域经济合作的协同。上合组织与 CAREC 机制均将推进区域经济贸易便利化作为合作的重点和一体化的抓手，客观上存在较强的合作能力。我国积极参与了 WTO 和 CAREC 框架下的贸易便利化谈判与合作，应抓住时机将与两个国际组织的互动结合起来推进"一带一路"协同机制下的贸易便利化规划。"一带一路"倡议开放性虽然很高，但机制化程度低，可借力上合组织与 CAREC 机制，从命运共同体的发展立场、从具体的法律层面和基础设施合作推动互联互通合作项目入手，积极建立协调沟通的职能①，搭建以贸易与投资便利化为切入点的协同系统。因此与中亚区域经济开展合作时要紧密结合 CAREC 2020 年、2030 年战略，利用上合组织贸易与 CAREC 贸易便利化战略间的联系，尽快谈判制定与实施"一带一路"倡议与上合组织和 CAREC 的协同战略。

---

① 胡颖. 利用 CAREC 机制促进"一带一路"贸易便利化建设 [J]. 国际经济合作，2016 (4)：39-43.

参考文献

［1］山泽逸平. 亚洲太平洋经济论：21 世纪 APEC 行动计划建议［M］. 范建亭，施华强，姜涛，译. 上海：上海人民出版社，2001.

［2］黑塞，姚保琮. 论年龄［J］. 中华散文，2001（2）：49-50.

［3］科米辛娜，库尔托夫. 上海合作组织：新现实的形成［M］. 杨晓雯，译. 上海：上海人民出版社，2005.

［4］谢菲. 柔韧：麻省理工学院供应链管理精髓［M］. 上海：上海三联书店，2008.

［5］赫希，皮军. 环境政治学：反对与合法性［J］. 南洋资料译丛，2002（1）：83-92.

［6］赵常庆. 亚洲开发银行《中亚区域经济合作综合行动计划》与中国和上海合作组织的关系［J］. 俄罗斯中亚东欧市场，2009（5）：1-5.

［7］李道军，胡颖. 中国新疆参与中亚区域经济合作的机制比较与启示［J］. 新疆社会科学，2011（3）：54-58.

［8］马莉莉. "一带一路"建设中发挥上海合作组织平台的作用［J］. 海外投资与出口信贷，2017（2）：42-45.

［9］韩璐. 上海合作组织与"一带一路"的协同发展［J］. 大陆桥视野，2019（4）：60-65.

［10］王树春，刘思恩. "一带一路"建设与上海合作组织合作路径探析［J］. 俄罗斯东欧中亚研究，2018（5）：106.

［11］卢山冰，易茗，平菲. 上海合作组织有效助力"一带一路"倡议的思考［J］. 金融经济：下半月，2018（1）：3-5.

［12］胡颖. "一带一路"倡议下中亚区域经贸合作机制比较与对接研究［J］. 北京工商大学学报（社会科学版），2016（5）：27.

［13］胡颖. 利用 CAREC 机制促进"一带一路"贸易便利化建设［J］. 国际经济合作，2016（4）：39-43.

［14］王世钰.“一带一路”倡议对接 CAREC 中企面临诸多机遇：专访亚洲开发银行副行长张文才［J］.中国对外贸易，2017（7）：2.

［15］王海燕.中国与中亚国家参与周边区域经济合作机制比较研究［J］.新疆师范大学学报（哲学社会科学版），2010，31（2）：54-62.

［16］于宏君.关于交通管理行政处罚自由裁量权的探析［D］.延吉：延边大学，2007.

［17］高志刚.基于三类模式的中国新疆与中亚次区域经济合作平台构建［J］.俄罗斯中亚东欧市场，2010（10）：21-27.

［18］柴利.中国新疆与中亚五国人口状况对比分析［J］.农村经济与科技，2006（7）：21-22.

［19］刘晏良.统筹区域经济发展以新思路加快建设和谐新疆［J］.宏观经济研究，2006（10）：14-22，43.

［20］陈德峰.依托上海合作组织促进新疆与中亚区域经济一体化进程［J］.新疆金融，2008（5）：19-22.

［21］秦放鸣，张力民，毕燕茹.从投资角度看中国与中亚国家区域经济合作［J］.开发研究，2012（2）：1-5.

［22］胡颖，李道军.新疆参与中亚区域经济合作的经济效应分析［J］.新疆财经，2010（4）：41-46.

［23］何茂春，张冀兵.新丝绸之路经济带的国家战略分析：中国的历史机遇、潜在挑战与应对策略［J］.人民论坛·学术前沿，2013（23）：6-13.

［24］张春林.丝绸之路经济带框架下促进新疆对外开放与经济发展的建议［J］.中国经贸导刊，2013（33）：16-19.

［25］黄慧.中国与周边国家地缘经济合作研究［D］.长春：东北师范大学，2011.

［26］耿喜梅.地缘经济理论初探［J］.石家庄师范专科学校学报，2003（2）：11-14.

［27］朱瑞雪.“丝绸之路经济带”背景下中国与中亚国家区域经贸合作研究［D］.大连：东北财经大学，2015.

［28］丁伯根.生产、收入与福利［M］.北京：北京经济学院出版社，1991：12.

［29］王德忠，吴琳，吴晓曦.区域经济一体化理论的缘起、发展与缺陷［J］.商业研究，2009（2）：18-21.

［30］刘胜君.新疆丝绸之路经济带核心区建设研究［D］.长春：吉林大

学，2016.

[31] 王胜今. 中国与周边国家区域合作的研究 [J]. 东北亚论坛，2003 (3)：3-7，96.

[32] 佩鲁. 新发展观 [M]. 北京：华夏出版社，1987.

[33] 安虎森. 增长极理论评述 [J]. 南开经济研究，1997 (1)：31-37.

[34] 马环宇. 协同理论下区域经济合作策略探讨 [J]. 商，2015 (9)：219-221.

[35] 藤田昌久，克鲁格曼，维纳布尔斯. 空间经济学：城市、区域与国际贸易 [M]. 梁琦，主译. 北京：人民大学出版社，2013：1.

[36] 石岚. 复兴丝绸之路，创新发展理念 [N]. 中国周刊，2017-08-15.

[37] 赵萍. 新疆与中亚贸易合作的新机遇、新问题与对策 [J]. 现代经济信息，2014 (1)：128-129.

[38] 林其锬. 新时代中国特色大国外交与五缘文化 [J]. 国际关系研究，2019 (1)：113-126，158.

[39] 张晨. 中国新疆跨境电商发展环境评价研究 [D]. 乌鲁木齐：新疆财经大学，2019.

[40] 王丽丽. 新疆跨境人民币业务4年增长五倍 [N]. 乌鲁木齐晚报，2017-12-15 (A03).

[41] 勒博. 国际关系的文化理论 [M]. 陈锴，译. 上海：上海社会科学院出版社，2012.

[42] 石岚. 为共建共享"一带一路"作出新疆贡献 [N]. 新疆日报 (汉)，2017-10-12.

[43] 基欧汉. 霸权之后：世界政治经济权利与纷争 [M]. 上海：上海人民出版社，2016：56.

[44] 米里. 丝绸之路经济带倡议下上海合作组织发展研究 [D]. 沈阳：辽宁大学，2017.

[45] 中国国际问题研究基金会俄罗斯中亚研究中心. 中亚区域合作机制研究 (论文集) [C]. 北京：世界知识出版社，2009.

[46] 王潇涵. 从上合组织青岛峰会看区域合作及全球治理 [J]. 散文百家，2019 (2)：257.

[47] 邢广存，孙壮志. 上海合作组织研究 [M]. 长春：长春出版社，2007：128.

[48] 陈佳欢. 上合组织发展经验对深化中国周边外交的启示 [D]. 兰

州：兰州大学，2016.

[49] 栾军波. 上海合作组织的战略地位 [D]. 北京：中国人民大学，2008.

[50] 列别捷夫，郑润宇. 上合组织框架内的创新合作：目标、策略与前景 [J]. 俄罗斯研究，2009 (6)：129-131.

[51] 杨恕，张会丽. 评上海合作组织与独联体集体安全条约组织之间的关系 [J]. 俄罗斯中亚东欧研究，2012 (1)：68-76，96.

[52] 王健. 上海合作组织发展进程研究 [D]. 上海：上海社会科学院，2012.

[53] 王维然，陈彤. 关于建立上海合作组织自贸区的回顾与反思：2003—2013 [J]. 俄罗斯中亚东欧研究，2014 (6)：49-54.

[54] 李进峰. 上合组织 15 年发展历程回顾与评价 [J]. 俄罗斯学刊，2017 (6)：45-54.

[55] 韩璐. 深化上海合作组织经济合作：机遇、障碍与努力方向 [J]. 国际问题研究，2018 (3)：56-68，123-124.

[56] 许涛. 中亚区域合作与上海合作组织 [J]. 现代国际关系，2005 (11)：21-27.

[57] 莫莉. 上海合作组织区域经济合作成就斐然 [N]. 金融时报. 2018-06-05.

[58] 李进峰. 上海合作组织发展报告 (2018) [M]. 北京：社会科学文献出版，2018.

[59] 金英姬. 上合组织：开创区域合作新模式，构建命运共同体 [J]. 中国发展观察，2018 (12)：10-12.

[60] 李恒海，邱瑞照，等. 中亚五国矿产资源勘查开发指南 [M]. 北京：中国地质大学出版社，2010.

[61] 陈静静，张晓娜. 中俄在上海合作组织内部的分歧与竞争 [J]. 西伯利亚研究，2008 (2)：52.

[62] 刘萍. "一带一路" 背景下中国与哈萨克斯坦新能源合作研究 [D]. 乌鲁木齐：新疆财经大学，2019.

[63] 夏祖军，卢芳. 成果丰富 影响深远 [N]. 中国财经报，2006-10-24.

[64] 张衡. 亚行投资超 50 亿美元 支持 CAREC 2030 战略实施 [N]. 中国财经报，2017-10-31.

[65] 陈维. 论 "中亚区域经济合作计划" 的地位与作用 [J]. 西部学刊，

2014（6）：28-32，47.

[66] 高志刚，韩延玲. 中亚国家区域经济合作模式、机制及其启示 [J]. 新疆社会科学. 2014（4）：73-77.

[67] 新疆维吾尔自治区金融学会，丝绸之路经济带及新疆周边国家国别研究报告 [M]. 北京：中国金融出版社，2016.

[68] 高煜. 丝绸之路经济带产业一体化：问题、障碍与对策 [J]. 开发研究，2015（3）：17-21.

[69] 新疆金融学会课题组，刘遵乐，吴昊. 中亚五国2012年上半年经济形势分析及趋势判断 [J]. 金融发展评论，2012（10）：64-69.

[70] 张栋，董莉. 后危机时代中亚五国经济发展变化情况：回顾、比较和未来展望 [J]. 金融发展评论，2017（10）：57-75.

[71] 唐宏，陈大波. 中亚地区经济发展特征及时空演变 [J]. 中国科学院大学学报，2015，32（2）：214-220.

[72] 唐小松. 论中国对中亚国家的公共外交 [J]. 教学与研究，2018（2）：50-58.

[73] 王海燕. 中国新疆在中亚区域经济合作中的战略定位 [J]. 中国高新区，2006（8）：62-63.

[74] 高常水，于源. 中国参与和推动中亚区域经济合作的战略 [J]. 经济研究参考，2013（58）：72-75.

[75] 戴晓芳，郑圆圆，戴翔. 危机冲击下全球贸易如何"崩溃" [J]. 国际贸易问题，2014（12）：25-36.

[76] 廉晓梅，许涛. "逆全球化"与东亚区域经济合作的发展前景 [J]. 东北亚论坛，2017，26（5）：68-77，128.

[77] 戴翔，张二震. 逆全球化与中国开放发展道路再思考 [J]. 经济学家，2018（1）：70-78.

[78] 孙榕. 2018年夏季达沃斯论坛 将创新融入"一带一路" [J]. 中国金融家，2018（10）：69-70.

[79] 刘翔峰. "一带一路"倡议下的亚太区域经济合作 [J]. 中国宏观经济研究，2018（2）：5-11.

[80] 贺湘焱. 中国新疆与中亚五国地缘经济合作发展研究 [D]. 乌鲁木齐：新疆师范大学，2007.

[81] 马凤强. 中国与中亚国家发展友好合作的基本经验 [J]. 新疆社会科学，2018（2）：119-122.

[82] 李东阳, 杨殿中. 中国对中亚五国直接投资与双边贸易关系研究 [J]. 财经问题研究, 2012 (12): 90-95.

[83] 孙壮志. 中亚国家跨境合作研究 [M]. 上海: 上海大学出版社, 2014: 215-219.

[84] 杜梅. "丝绸之路经济带"背景下中国新疆与哈萨克斯坦经贸合作发展研究 [D]. 乌鲁木齐: 新疆大学, 2016.

[85] 聂文元, 李豫新. 上海合作组织框架内中国新疆与周边国家区域经济合作机制探析 [J]. 俄罗斯中亚东欧市场, 2008 (12): 17-21.

[86] 张方慧. "一带一路"背景下中国与中亚国家经贸合作、现状、机制与前景 [J]. 现代管理科学, 2018 (10): 18-20.

[87] 孙钰, 贾亚男. 国家主权让渡与"一带一盟"对接中的机制构建 [J]. 经济研究参考, 2018 (63): 10-20.

[88] 李翠萍. "一带一路"倡议实施下推动中哈货币合作的战略选择 [J]. 甘肃金融, 2018 (7): 62-65.

[89] 章庆慧. 中国与中亚国家交通运输合作研究 [D]. 上海: 华东师范大学, 2015.

[90] 郝新鸿, 闫国疆. 科学、政治与国家安全: NASA 科研"排华"事件反思 [J]. 科学学研究, 2014, 32 (11): 1613-1619.

[91] 马欣然, 崔艳萍. 中亚铁路通道发展对策研究 [J]. 铁道运输与经济, 2017, 39 (3): 85-89.

[92] 郭惠君. "一带一路"背景下中国与中亚地区的投资合作: 基于交通基础设施投资的视角 [J]. 国际经济合作, 2017 (2): 71-75.

[93] 章庆慧, 蔡畅. "丝绸之路经济带"构想下的"无差异空间"与区域合作 [J]. 大陆桥视野, 2015 (6): 50-55.

[94] 刘萍, 陈闻君. 上合组织框架下中国与中亚国家新能源合作实证研究 [J]. 河南科技学院学报, 2018, 38 (7): 77-83.

[95] 蒋荔, 赵丽. 利用地缘优势 把握潜在商机 发展我国西向国际通信网络 [J]. 世界电信, 2013, 26 (5): 57-62.

[96] 邱佳慧. "一带一路"国家互联网发展现状研究 [D]. 杭州: 浙江传媒学院, 2016.

[97] 李豫新, 聂文元. 中国新疆与周边国家信息通信合作前景分析 [J]. 俄罗斯中亚东欧市场, 2008 (3): 18-22.

[98] 陈文新, 谢婷婷. 中国新疆与中亚国家金融合作的可行性及对策

[J]. 会计之友（上旬刊），2010（4）：31-34.

[99] 张祥建，赵素君. "一带一路" 倡议下上海建设跨国财富管理中心模式研究 [J]. 科学发展，2017（8）：87-95.

[100] 王丽丽. 将乌鲁木齐建设成丝绸之路经济带核心区区域金融中心 [N]. 乌鲁木齐晚报（汉），2018-08-26.

[101] 曹勇. 外汇局新疆分局支持构建全方位对外开放新格局 [N]. 金融时报，2018-02-02.

[102] 程贵，姚佳. "丝绸之路经济带" 战略下人民币实现中亚区域化的策略选择 [J]. 经济纵横，2016（6）：95-100.

[103] 郑周胜. 丝绸之路经济带跨境经贸合作对人民币区域化的影响研究：基于中国与哈萨克斯坦相关数据的检验 [J]. 财经理论研究，2017（3）：39-47.

[104] 孙铭. 欧亚经济联盟为人民币走出区域化困境带来转机 [J]. 欧亚经济，2015（5）：97-109，128.

[105] 玉素甫·阿布来提，玛依拉. 中国与哈萨克斯坦金融合作探析 [J]. 亚太经济，2015（2）：33-38.

[106] 李翠萍，张文中. 丝绸之路经济带国际核心区货币合作研究 [J]. 新金融，2016（10）：21-26.

[107] 朱莉. "一带一路" 倡议下中国新疆与中亚五国金融合作问题研究 [J]. 新疆财经，2018（6）：71-78.

[108] 海风. "一带一路" 让新疆开放提速 [N]. 新疆日报（汉），2017-11-23.

[109] 聂志强，刘婧. 新疆同中亚各国开展技术转移的重点领域与主要路径分析 [J]. 科技进步与对策，2012，29（17）：72-75.

[110] 张志新，张少杰，武杰，等. 中亚地区的体育文化交流 [J]. 体育学刊，2011（5）：57-61.

[111] 晁瑾. 新疆建医疗服务集群高地 [N]. 新疆日报（汉），2017-05-10.

[112] 晁瑾. 共扬 "健康丝路" 风帆 [N]. 新疆日报（汉），2017-07-06.

[113] 倪超军，李豫新. 上海合作组织框架内中国新疆与周边国家区域经济合作模式初探 [J]. 俄罗斯中亚东欧市场，2007（12）：18-24.

[114] 聂文元. 中国新疆与周边国家区域经济合作机制研究 [D]. 石河子：石河子大学，2008.

[115] 王迎迎. 上海合作组织框架下新疆主体功能区的划分 [D]. 石河子：石河子大学，2009.

[116] 陈楠. 全球化时代的城市外交：动力机制与路径选择 [J]. 国际观察，2017 (5)：87-100.

[117] 庞岩. 推进新疆—中亚贸易发展的金融合作研究 [J]. 当代经济，2014 (19)：76-77.

[118] 仇�''，李金叶. 中国与中亚国家交通运输业的合作发展探讨：基于"一带一路"战略背景考量 [J]. 对外经贸实务，2016 (12)：22-26.

[119] 宋春辉. 上海合作组织机构发展研究 [D]. 北京：外交学院，2010.

[120] 玉素甫·阿布来提. 新疆在 SCO 和 CAREC 中的战略地位及新疆参与的意义分析 [J]. 经济研究导刊，2011 (10)：136-138.

[121] 陈岩，王兵银. 中俄经贸合作：机遇 挑战 对策 [J]. 特区经济，2012 (6)：63-65.

[122] 韩俊俊. 亚投行：与现有经济组织的互补、合作 [J]. 祖国，2015-04-08.

[123] 张文中. 环阿尔泰区域经济圈建设：亚洲开发银行的经验与启示 [J]. 新疆财经大学学报，2014 (1)：5-11.

[124] 高峰. 亚投行为什么火？ [N]. 中国青年，2015-05-08.

[125] 刘慧. 上合扬帆再启航，共建繁荣与和平 [N]. 中国经济时报，2018-06-04.

[126] 王晓泉. "欧亚全面伙伴关系"带来的历史性机遇与挑战 [J]. 俄罗斯学刊，2017，7 (2)：27-37.

[127] 宋欢. 亚行 CAREC 机制下中国（新疆）与中亚国家能源合作浅析 [J]. 合作经济与科技，2014 (5)：4-5.

[128] 王江，陶磊，周潮然. "一带一路"沿线上合组织助推中国装备制造业"走出去"的影响研究 [J]. 西安财经学院学报，2018，31 (2)：56-63.

[129] 张庆萍，朱晶. 中国与上合组织国家农业贸易与投资合作：基于"一带一路"战略框架下的分析 [J]. 国际经济合作，2017 (2)：63-70.

[130] 赵华胜. 上海合作组织：评析与展望 [M]. 北京：时事出版社，2012：109-112.

[131] 中国人民大学重阳金融研究院百年变局课题组. 乘风破浪 行稳致远：上海合作组织十七年进展评估 [R]. 北京：中国人民大学，2018.

［132］刘成帅.中国对一带一路沿线国家出口潜力及影响因素分析［D］.北京：对外经济贸易大学，2018.

［133］沈琳琳.推进中巴经济走廊建设［N］.人民日报海外版，2016-04-18.

［134］刘宗义.中巴经济走廊建设进入新阶段［N］.企业家日报，2019-04-02.

［135］胡那尔·白力汗.基于PEST模型的建立中哈自由贸易区战略研究［N］.现代经济信息，2014-05-23.

［136］胡曼丽，展新鲁，浅议新形势下新疆标准化工作服务于经济社会发展的几点把握［C］//第十五届中国标准化论坛论文集，2018：10.

［137］李易峰．"电力丝路"重构能源输送格局［N］.中国电力报，2015-10-13

［138］吴菁.丝路情缘：新疆风光题材壁挂设计［D］.长沙：湖南师范大学，2018.

［139］王丽丽.新疆丝绸之路经济带核心区区域金融中心建设成效渐显［N］.乌鲁木齐晚报（汉），2018-08-26.

［140］朱新光，张深远，武斌.中国与中亚国家的气候环境合作［J］.新疆社会科学，2010（4）：56-61.

［141］李亚林.中亚地区的国际组织研究［D］.兰州：兰州大学，2007.

［142］杨铌紫，等.共商合作、共续友谊、共谋未来［N］.重庆日报，2019-05-16

［143］张以湘，汪晓文.PPP模式在新亚欧大陆桥沿线地区建设中的运用［J］.宏观经济管理，2007（7）：53-54.

［144］王亚娟．"一带一路"背景下：新疆铁路建设的PPP模式研究［J］.北京城市学院学报，2015（4）：31-36.

［145］王新影.PPP模式在国际发展援助中的应用及前景展望［J］.区域与全球发展，2019，3（2）：36-46，154-155.

［146］张旭华.跨境经济合作区的构建与中国的跨边境合作策略探析［J］.亚太经济，2011（4）：108-113.

［147］胡超．突破边界效应：城市化与边境民族地区外向型经济发展［J］.国际经贸探索，2009（8）：15-20.

［148］宋建华.新疆跨境经济合作区：中哈霍尔果斯国际边境合作中心发展态势与政策创新［J］.东南亚纵横，2013（10）：42-45.

[149] 杜敏. 国际贸易概论 [M]. 北京: 对外经济贸易大学出版社, 2001.

[150] 郑雪平, 米军. 上海合作组织 (SCO) 区域经济合作发展模式研究 [J]. 徐州师范大学学报, 2006 (2): 106-111.

[151] 刘力, 宋少华. 发展中国家经济一体化新论 [M]. 北京: 中国财政经济出版社, 2002.

[152] 宫雪. 上合组织主要成员国构建自由贸易区的可行性与战略途径研究 [D]. 长春: 吉林财经大学, 2017.

[153] 张玉清. "一带一路" 能源合作模式探讨: 以中巴经济走廊能源项目为例 [J]. 国际石油经济, 2017, 25 (12): 13-16.

[154] 王玉娟, 何小雷. 加强上海合作组织环保合作, 服务绿色丝绸之路建设 [J]. 中国生态文明, 2017 (3): 33-37.

[155] 高志刚, 王彦芳. 构建 "环阿尔泰山次区域经济圈" 合作模式与合作机制的思考 [J]. 新疆财经, 2015 (6): 15-22.

[156] 卢光盛, 邓涵. 经济走廊的理论溯源及其对孟中印缅经济走廊建设的启示 [J]. 南亚究, 2015 (2): 1-14, 154.

[157] 卢光盛, 邓涵, 金珍. GMS 经济走廊建设的经验教训及其对孟中印缅经济走廊的启示 [J]. 东南亚研究, 2016 (3): 35-43.

[158] 高鹏. 亚投行 (AIIB) 的建立背景、面临挑战及对策 [J]. 金融与经济, 2015 (5): 17, 32-36.

[159] 张丽平. 亚投行, 助力亚洲互联互通 [N]. 人民日报, 2014-11-13.

[160] 陈昕. 大湄公河次区域东西经济走廊发展研究与借鉴 [J]. 管理世界, 2012 (12): 179-180.

[161] 杨国华. 论《跨太平洋伙伴关系协议》(TPP) 与我国多边和区域一体化战略 [J]. 当代法学, 2016, 30 (1): 32-42.

[162] 李子先, 孙文娟, 何伦志. 推动上海合作组织区域经济一体化模式及路径研究 [J]. 新疆大学学报 (哲学·人文社会科学版), 2014, 42 (5): 87-92.

[163] 张宁. 上海合作组织自贸区的可能性分析 [J]. 辽宁大学学报 (哲学社会科学版), 2017, 45 (4): 140-148.

[164] 胡贝贝, 吴笛, 李新. 上海合作组织自贸区建设及其经济效应分析 [J]. 国际展望, 2018, 10 (3): 50-69, 154-155.

[165] 郭爱君, 毛锦凰. 丝绸之路经济带: 优势产业空间差异与产业空间

布局战略研究 [J]. 兰州大学学报（社会科学版），2014（1）：40-49

[166] 苏华，冯亮. 丝绸之路经济带"点—轴带动"发展模式构想 [J]. 学术探索，2016（9）：86-92.

[167] 张崇钰. 青岛峰会后的上海合作组织 [J]. 淄博师专论丛. 2019（3）：282.

[168] 推动共建丝绸之路经济带和 21 世纪海上丝绸之路的愿景与行动 [N]. 智富时代，2015-03-01.

[169] 张宁. 上合组织自贸区是"丝绸之路经济带"与"大欧亚伙伴关系"的新平台 [J]. 欧亚经济，2016（5）：61-63，128.

[170] 杨恕，王术森. 丝绸之路经济带：战略构想及其挑战 [J]. 兰州大学学报（社会科学版），2014（1）：23.

[171] 2015 博鳌论坛观点. 构建亚投行金融平台，助力"一带一路" [N]. 环球市场信息导报，2015-03-25.

[172] 苏小莉. 贸易便利化与对外直接投资的出口效应 [D]. 北京：对外经济贸易大学，2018.

[173] 王海运，等."丝绸之路经济带"构想的背景、潜在挑战和未来走势 [J]. 欧亚经济，2014（4）：5-58，126.

[174] 高志刚，江丽. 中国与哈萨克斯坦油气资源领域合作的博弈分析 [J]. 国际经贸探索，2014（4）：89-93.

[175] 哈肯. 协同学：大自然构成的奥秘 [M]. 凌复华，译. 上海：译文出版社，2005.

[176] 陈英，杜彬恒. 研究生思想政治教育协同管理模式构建与优化：基于协同理论 [J]. 西南农业大学学报（社会科学版），2013，11（3）：124-126.

[177] 马莉莉."一带一路"建设中发挥上海合作组织平台的作用 [J]. 海外投资与出口信贷，2017（2）：42-45.

[178] 韩璐. 上海合作组织与"一带一路"的协同发展 [J]. 大陆桥视野，2019（4）：60-65.

[179] 余晓钟，高庆欣."一带一路"战略实施过程中的协同创新研究 [J]. 科学管理研究，2016，34（3）：16-19.

[180] 王树春，刘思恩."一带一路"建设与上海合作组织合作路径探析 [J]. 俄罗斯东欧中亚研究，2018（5）：106.

[181] 陈玉荣，汤中超. 经济全球化背景下的"丝绸之路经济带"国际学术研讨会综述 [J]. 国际问题研究，2014（1）：126-132.

致谢

本书是在前期国家社科基金项目研究报告基础上完善而来的，在新疆财经大学专著出版基金资助以及课题组主要参与人项目经费支持下出版。在此特别致谢为本书研究和写作做出了努力的团队成员：

新疆财经大学丝路经济与管理研究院陈闻君教授：承担第一、五、七章的研究任务，并负责全书统撰、修改。

新疆师范大学地理科学与旅游学院黄佛君副教授：承担本书第四、六章的研究任务。

新疆维吾尔自治区社会科学院中亚研究所石岚研究员：承担本书第二章的研究任务及修改。

新疆财经大学金融学院周丽华教授：承担本书第三章的研究任务。

特别感谢新疆财经大学副校长高志刚教授对本书选题思路和内容的专家指导。特别感谢俄语翻译罗勇先生，感谢刘晓婷、刘萍、余乐、刘丽慧、苏长青、徐阳、张旭东、张帅等研究生助研团队人员在资料数据的搜集整理、文献整理以及完稿前细节修正上所做的努力。

探索和坚持，终将成就科研道路上的每一次进步和提升。没有研究能尽善尽美，完成时总发现很多遗留问题和新的问题有待论证和探求，也有新的选题在讨论中出现。相信只要努力，事虽难，做则有成！

陈闻君

2022 年 4 月